바람을 비추는 등불처럼

인간적인 것과의 재회

나남출판

박호성

박호성(朴虎聲) 교수는 부산에서 태어나 1973년 서울대 외교학과를 졸업하고, 독일 베를린 대학에서 정치학 석사 및 박사학위를 받았다. 1987년부터 현재까지 서강대학교 정치외교학과에서 정치사상을 가르치고 있으며, 서강대 사회과학대학 학장과 공공정책대학원 원장직을 겸하여 맡고 있다.
저서로는 《사회주의와 민족주의》, 《평등론》, 《남북한 민족주의 비교연구》, 《수렁의 정치, 수레바퀴의 정치학》 등이 있으며, 이 중 《평등론》은 우리나라에서 처음 시도된 평등에 관한 체계적 연구라는 평가를 받아 1996년 한국정치학회 학술상을 수상하였다. 최근에는 《우리 시대의 상식론》, 《빵소니정치와 3생(三生)정치》 등을 펴냈다.

본문畵 · 조 상

홍익대학교 동양화과와 뉴욕대학교(NYU) 대학원에서 회화와 미디어아트를 전공했다. 현재 서울예술대학 디지털 아트학부 교수로 재직중이며, 다수의 개인전을 통해 동양화에 기반을 둔 드로잉부터 평면, 입체설치, 미디어아트 등의 영역을 넘나드는 다양한 작품세계를 보여준다.

나남신서 · 1185

바람을 비추는 등불처럼
인간적인 것과의 재회

2007년 1월 5일 발행
2007년 1월 5일 1쇄

저자 • 朴虎聲
발행자 • 趙相浩
편집 • 방순영 · 신지영
디자인 • 이필숙 · 김지현
발행처 • (주)나남출판
주소 • 413-756 경기도 파주시 교하읍
출판도시 518-4
전화 • 031)955-4600(代) 팩스 • 031)955-4555
등록 • 제1-71호(79.5.12)
홈페이지 • www.nanam.net
전자우편 • post@nanam.net

ISBN 978-89-300-8185-6
ISBN 978-89-300-8001-9 (세트)
책값은 뒤표지에 있습니다.

나남신서 · 1185

박호성 수상록

바람을 비추는 등불처럼

인간적인 것과의 재회

NANAM
나남출판

序詩와 더불어

박호성 교수의 책 앞에 몇 마디 드립니다

高 銀

양심이 안으로 용광로인데
겉으로는 꽃인 사람

어차피 한국 사회과학 하노라면
걸리기 마련인
그 경직증세 물리치니

어느 때는 10년 문사인 듯
술 취한 밤
누가 누군지 몰랐다가

깨어나면 쓰디쓴 미소에
나비 두어 마리 너훌너훌

그전에도 모르고 지냈던 건 아니지만, 내가 박호성 교수와 흉금을 터놓고 지내게 된 사연은 1990년대 초 미국 서부 버클리에서 비롯되었습니다.

버클리는 1980년대 후반부터 내가 자주 그곳에 가야 할 일이 생겨 지금까지 네댓 번 오가며 낯을 익힌 곳입니다. 바로 거기서 내 초청강연이 끝난 뒤 박 교수는 그곳의 다른 벗들과 함께 나를 알바트로스로 끌고 갔습니다.

그 맥줏집은 1960년대 이래 미국에서 가장 자유로운 대학생들의 모임터인 버클리의 젊은이들에게 '학생 혁명'의 추억 어린 고향 노릇을 하곤 하는 곳이었습니다. 지금까지도 그 술집은 몇천 시시짜리 절구통 같은 맥주잔을 비우는 장거와 함께 매우 명예로운 곳으로 남아 있는데, 그곳에서 박 교수는 그야말로 말술을 사양치 않는 호기를 부렸습니다.

나는 맥주파가 아니어서 몰래 위스키를 가지고 들어가 그걸 마시는데, 주인 사내가 그 술 마시다 들키면 장사 못 하게 된다며 몹시 싫어하기에, 아예 그 독주를 맥주잔에 들이부어 맥주인 체하며 마셔댔습니다.

그런데 박 교수의 행각은 거기서 간단히 끝나지 않았습니다. 충청도 출신 교포 아주머니가 경영하는 한국 식당으로 진출해서는 이번에는 한국 소주를 마셔야 했습니다.

박 교수는 몸도 호리호리해서 어느 때는 금방 넘어질 듯이 보이기도 하지만, 그게 아니었습니다. 노자 《도덕경》 속의 어느 구절이 떠오를 만큼 그 몸은 유연하되 도저한 바 있었습니다. 마침내 샌프란시스코 공항으로 가 비행기를 타야 할 시간이 왔는데, 박 교수는 내 귀국 일정까지 붙들고는, 이국 땅에서 만난 김에 며칠 더 마시자는 것이었습니다. 버클리 대학에서 한국문학 강좌를 맡고 있던 서울대 권영민 교수의 차를 재빨리 잡아타지 않았으면 나는 영락없이 박 교수의 손아귀에 들어갈 뻔했었습니다.

그런 뒤 그는 돌아와서 다시 학생들을 가르치고, 나는 나대로 이런 일 저런 일로 바쁜 생활을 보냈습니다. 그러던 어느 날 나는 우편물 속에서 아주 두툼한 책 두 권을 발견했는데, 그건 박 교수가 미국에서 쓴 《평등론》을 비롯한 그의 역저들이었습니다.

그 후 그는 어이없는 교통사고를 당하여 거의 목숨을 잃는다고들 했었는데, 기적인가 싶게 회복하여 다시 지난날의 심신으로 돌아가 그 열정과 그 성찰이 삶과 학문에 더해지고 있습니다.

박 교수가 이번에 내놓은 이 수상록은 그동안 그가 어느 월간지에 연재했던 것들과 그에 덧붙여 쓴 다른 글들을 묶어 책으로 만든 것입니다. 이 글들을 읽어보건대, '아아, 여기에 적나라한 인간이 살아 있다!'하는 감회를 자아내기에 충분한 것들이었습니다.

저 고대 중국 시에도 그리고 보들레르의 시에도 나오는 신천옹(信天翁), 날갯짓 없이도 하늘을 날아가는 그 알바트로스의 이름으로 하여금, 어찌 한 잔 술이 없을 수 있겠는가.

여기 박호성 교수의 행복한 앞날을 축원하며 섣부른 노래 하나를 덧붙여 두는 바입니다.

1998년 여름 안성에서

고 은

2000년 캐나다 밴쿠버 앞바다에서 태평양을 바라보며 ⓒ박호성

끝내는 그냥 저질러버리고 말았습니다.

저는 또 '저질렀습니다'.

한글사전을 찾아보면 '저지르다'라는 말은 "잘못하여 그르치다, 탈을 내다"라는 의미로 풀이되어 있습니다. 그러나 저는 이 단어를 보통 건전한 상식으로는 감히 해볼 궁리를 내지도 못할 일을 당돌하게 선뜻 해치워버리는 철없는 우격다짐 정도로 이해하고 있습니다. 하지만 저는 그에 덧붙여 조촐한 '역설' 같은 것이라도 불현듯 창조해내려는, 풋내 나긴 하지만 가상하기도 한 용맹스러움의 하나로 너그럽게 봐주기도 합니다.

물론 제게도 소박한 꿈이 있긴 합니다. 이를테면 계속 저질러나가긴 하되 최소한 물불을 가릴 줄 아는 지혜 정도는 갖출 수 있게 되길 소망합니다. 하나 저는 자신이 감당하지도 못할 일을 처음으로 덥석 크게 한 입에 베어 무는 바로 그 순간에, 바야흐로 지혜의 이빨이 돋아나기 시작하리라 믿고 있습니다.

저는 예전부터 주위 사람들과 대화를 나누며 제 전공분야인 정치사상 쪽을 거들먹거리기도 하면서 입버릇처럼, "수상록 같은 걸 한번 써보았으면…"하고 주제넘게 주워 섬기긴 했습니다. 그러면 또 주위에서는 기가 차기도 했겠지만 인정 넘치는 포용심으로 고무격려를 아끼지 않는 너그러움을 보여주기도 했습니다.

물론 저는 의당 환갑이나 지난 후 넉넉히 쌓인 삶의 지혜로 인생을 되돌아보며 가슴 가득한 예지를 고이고이 풀어나가야 그런 글이 깨어 있는 울림을 흥건히 남길 수 있으리라 믿어 의심치 않았습니다. 그리고 그게 사실 올바른 삶의 문법이기도 합니다.

솔직히 말씀드리면 저 자신부터가 애초에, 제 정도의 연배에 그리고 더구나 드러내 보일 만한 삶의 체험도 변변히 갖추지도 못한 주제에 회고록 냄새를 풍기기도 하는 수상록을 쓴다는 걸 아니꼽고 불안하게 생각했습니다.

우리 한국 사람은 어릴 때부터 등뒤에서 다른 사람 얘기를 해서는 안 된다는 수신교과서적 교육을 받으면서 자라왔습니다. 그러나 한국 사회는 또 모든 게 인간관계나 인맥의 오랏줄로 얽히고 얽혀 있기 때문에, 다른 사람을 가타부타 입에 올리지 않고서는 대화 자체가 성립하지 않거나 말 한마디 시작하기가 거의 불가능할 정도로 특이한 곳이기도 합니다. 그래서 저는 웃어른들이나 쓸 수 있는 이런 글을 쓰면 등뒤에서 사람들이 또 손가락질이나 하지 않을까 하는 자연스러운 두려움을 지니고 있었습니다. 저와 비슷한 처지에 놓여 있는 누군가가 똑같은 걸 시도했다면, 저도 분명히 등뒤에서 그를 흔쾌히 비웃었을 겁니다.

그래서 한동안 망설이기도 했습니다. 그러다가 평소에 제가 좋아하는 표현대로 그냥 '저질러버린'게 이 글이 되었습니다.

화살처럼 곧으면 죽기 쉽지만 먹줄처럼 곧으면 칭송 받을 수 있다 했습니다. 그러나 이미 화살은 활시위를 떠났습니다. 한데 무엇보다 그 활시위를 힘껏 당기게 만든 것은 얼마 전 제가 겪은 흥미로운 교통사고였습니다.

하기야 저는 교통사고를 당한 직후 '무작정 상경파' 출신인 듯한 담당의사들의 무분별하고 '정략적인' 판결로 '지옥'을 다녀오긴 했습니다. 그들은 극적인 권위의 힘을 빌려 나의 죽음까지 당당히 예고하였던 것입니다. 그러나 곧이어 '무죄석방'이 뒤따랐습니다. 그 의사들은 이제 '기적'이니 '천운'이니 하는 찬사로 자신들이 저지른 오류를 미화하거나 정당화하는 듯이 보이는 멋진 재치를 또 과시하였습니다.

온 사회에 '막가파'식의 '막가이즘'이 횡행하는 것처럼 보였습니다. 이를테면 의사들의 일기예보는 사망 임박이었고, 실제 당일 기상상태는 '기적'으로 종결된 것입니다. 저는 제 의지와는 아무런 상관도 없이 천국과 지옥 사이를 오락가락하며 애꿎은 제 가족과 친지들의 가슴만 태웠습니다.

일반 서민들은 병원에서 그야말로 개돼지 취급을 감수해야 합니다. 허나 엉뚱하게 지옥으로 향하는 것처럼 보였던 저를 '천국'으로 이끌었던 것은 정작 저의 순박한 이웃이었습니다. '기적'을 행한 것은 의사들은 물론 아니었고, 하늘도 더더구나 아니었습니다. 사실은 이 눅진한 이웃들의 다정한 판결과 집행이 더욱 절묘했습니다. 그들의 지극한 정성과 보살핌 덕으로 저는 결국 '무죄석방'되었습니다. 그리고 또 이 글까지 쓰게 되었습니다. 하기야 그 의사들 덕에 저는 퇴원 후 '부활한 예수'라는 분에 넘치는 별호까지 얻어 걸치긴 했습니다만.

어쨌거나 젊은 시절부터 그렇게도 저를 괴롭히던 죽음에 대한 두려움도 이젠 없어진 듯합니다. 죽음이 두렵지 않다는 걸 알게 되면서, 저는 살아가는 방법을 조금씩 깨치기 시작했습니다. 교통사고는 저에게 독약이 아니라 보약이었습니다. 나무를 사랑하기 때문에 나무에 가위질을 하는 것처럼, 불행이 일단 나의 앞을 가로막으면서 나에게 새 길을 열어 준 것입니다.

저는 인간을 보았습니다.

그러나 이제 저는 인간을 쳐다보지 않고 들여다보게 되었습니다. 하여 저는 고독합니다. 하나 외롭지는 않습니다.

어쨌거나 저는 주위로부터 사무치는 보살핌을 받은 셈입니다. 한 사람이 '일어서는'

것은 그가 잘나서가 아니라 뭇 사람들의 조그만 정성이 쌓이고 쌓임으로써 비로소 가능하다는 것을 저는 새로이 체득한 것입니다. 사실 저는 원님 덕에 나팔을 많이 불었습니다.

교통사고 후에, 수상록 같은 것에 대한 평소의 제 턱없는 야망을 잘 알고 계시던 몇몇 주위 분들이, 이제 천당도 갔다오고 지옥도 다녀왔으니 그냥 이 기회에 한 번 '저질러버리는' 게 어떠냐고 저를 부추기며 배후선동까지 하는 인정미 넘치는 아량을 베풀어주시기도 했습니다. 아마도 병문안 같은 다정한 위로 차원의 것이었을 터이지만, 저는 곧이곧대로 받아들여 어리석게도 성큼 만용을 부리는 꼿꼿한 어리석음을 범한 셈이 되었습니다.

처음에는 어느 계간지 하나가 얘기되다가 끝내는 급작스럽게 월간지로 변신하는 바람에 저는 어지간히 헐떡거렸습니다. 평소 보물찾기하듯 그분 말에 즐겨 귀기울이곤 하는 당시 중앙일보 부국장 정춘수 선배께서 또 헌신적으로 앞장서서 저를 헐떡거리게 만들었던 것입니다. 저는 고마웠지만, 월간 중앙은 정녕코 고되었을 터입니다.

결국 저는 물론 제 가슴 밑바닥에서도 뻔뻔스레 용트림하고 있던 막가파식 교활성과 적당히 야합한 셈입니다. 이런 유형의 글은 환갑이나 지나 느긋하게 인생을 돌아볼 겨를이 생길 때 써야 하지 않을까 하고 또 마음을 고쳐먹기도 하다가는, 의사들이 죽는다, 산다 할 정도의 교통사고까지 최근에 겪었으니, 주위 사람들이 비웃거나 손가락질하지는 않겠지 하고 또 자신을 능청스럽게 위로해보기도 했습니다. 그러다가 꿈에도 그리던 시골의 티끌 정도나마 보여주는 경기도 일산으로 이사온 후에, '승용차 탄 김삿갓'이란 놀림도 받아가며 산천초목을 헤집고 유랑 다니다가, 드디어 저지르기로 결단을 내렸습니다. 하기야 시골에 가까이 다가가기 위해 실은 교통사고까지 필요했었노라고 말할 수 있을 정도로, 메마른 환경에 제 자신이 살고 있긴 했습니다만.

국어대사전에는 '수상록'이란 것이 "일정한 계통이 없이 그때 그때마다 떠오르는 생각이나 느낌을 기록한 책"으로 정의되어 있습니다. 요컨대 난무하는 순간적 발상을 정해진 체계 없이 되는 대로 기록해놓은 글 정도의 의미가 아닐까 합니다.

그러나 저는 '떠오르는' 생각을 '계통 없이' 기록하지는 않았습니다. 계획적으로 '떠올린' 생각을 '체계'를 갖추어 담아내느라고 나름대로 몸부림은 쳤습니다. 저는 사상 속에서 삶을 찾고, 생활 속에서 사상을 들여다보고 싶었습니다. 물론 '살아남는' 일이 아니라 '살아가는' 꼿꼿한 목소리를 담아내고자 뒹굴기는 했습니다. 삶의 여러 애틋한 흔적들과 그에 이어지는 일종의 생활 철학적 사념의 파편들을 이삭처럼 주워 모으려고 애쓰기는 했습니다. 하지만 또 글쎄 입니다.

이따금씩 저는 이런 생각을 해보곤 했습니다. 우리는 '길'을 잃지는 않고, 그걸 다만 잊고 있을 따름이라고. 그러니 오직 기억해내기만 하면 되지 않겠는가 하고요. 그것은 항상 우리 존재의 핵심에 자리잡고 있다, 진리, 아름다움, 축복, 신, 그걸 어떻게 부른들, 그것이 가리키는 것은 오직 하나다, 삶은 오직 자신의 벗에게만 신비를 드러낸다, 삶이 우리에게 가슴을 열어줄 때 비로소 우리는 길을 알게 되지 않겠는가 하고 말입니다.

저도 이 길을 찾아 나서보리라는 얕은 식견과 허황한 욕심으로 이 수상록을 애써 끼적이긴 했습니다. 하나 길은 앞으로 뻗어 있고 저의 가슴과 마음은 뒤로만 움직이기 일쑤였습니다. 그것도 오늘의 길을 걷고 있음에도, 한편으로는 이미 지나간 과거 속으로 마냥 되돌아가거나, 아니면 아직 오지 않은 미래 속으로 하염없이 걸음을 옮기곤 한 것입니다. 그리하여 종종 상념의 길을 잃었습니다. 하지만 저는 제 자신이 돌아서지는 않고 다만 돌아갈 뿐이라는 걸 잘 깨닫고 있습니다.

어쨌든 저는 우리 가까이 누워 있는 이 세계를 누드 모델로 삼고 싶었습니다. 이 세계는 침묵하고 있습니다. 그러나 침묵은 물론 부재가 아닙니다. 하여 이 세계 속에는 우리들 인간의 뜨거운 시선을 기다리는 숱한 의미가 보석처럼 숨어 있습니다. 하지만 이 세계의 침묵에 맞서 의미를 채굴해내는 작업은 일종의 투쟁이며 모험이기도 합니다. 이를테면 인간의 존엄성을 쟁취하기 위한 고귀한 상상력의 충동질이라는 말입니다. 왜냐하면 숨은 의미를 채굴해내는 일은 정신적 고뇌와 긴장을 필연적으로 요청하며 날카로우나 따스한 자신의 내적 결단을 촉구하기 때문입니다. 그러므로 단지 이 세계에 대해 뜨거운 애정을 지닌 자만이 냉혹하게 입다물고 있는 이 세계의 침묵의 문을 열 수 있습니다. 말하자면 이 세계에 대해 뜨거운 애정을 지닐 때만 이 세계는 꽃잎이 열리듯 자신의 신비를 보여주려 한다는 말입니다.

저는 이것을 '우주와의 애정행위'라 부르곤 합니다. 사실 저는 제 나름대로는 날카로운 비수를 움켜쥔 채 이 세계와의 애정행각에 탐닉하고자 애쓰긴 했습니다.

저는 우리를 가까이 둘러싸고 있는 이 세계를 감히 발가벗기려 용트림하긴 했습니다. 관심이 많으면 많이 보게 되고, 많이 보면 많이 알게 되고, 또 많이 알면 많이 사랑하게 되지 않겠는가 하면서 말입니다. 이 세계의 누드화를 그려낸다는 다짐과 욕심으로 이 글을 풀어나가고자 꿈틀거리긴 했습니다. 하나 근심은 욕심에서 생겨나지 않을까요. 써내고는 또 근심에 사로잡히게 되는 건 바로 이러한 저의 지나친 욕심 탓일 것입니다.

한마디로 무척 힘들었습니다. 신음소리조차 내기 쑥스러운 노릇이었습니다. 한 번도 경험해보지 못한 일을, 게다가 걸음마 배우듯 삶의 지혜를 겸허하게 익혀가야 할 주제에, 또 그것도 뻔뻔스럽게 공개적으로 써 젖혔으니, 얼마나 힘들었을까요.

문장도 깔끔해야 하고, 사상적 메시지도 담겨 있어야 하고, 체험담도 섞어가며 쉽고 재미있게 써야 하는 등의 깃발 같은 주문들이 제 내면에서도 더불어 나부끼기 시작했습니다. 하나 발가벗는 사람은 자신의 몸매보다는 어줍잖게도 남의 시선을 더 두려워합니다. 제가 꼭 그 꼴이었습니다. 마른 논바닥 같은 솜씨나마 그걸 어떻게 가다듬어 나갈까 보다는 남이 뭐라고 할까에 더 신경을 썼습니다.

우선 저는 새로 나온 여러 종류의 두터운 한글사전부터 사들였습니다. 저는 중학교 들어가서 처음 영어 배우기 시작하느라 영어사전 뒤질 때처럼 한글사전 몇 권을 이 잡듯 뒤

졌습니다. 부지런히 찾고 따지긴 했습니다. 그리고 피가 마를 정도로 다듬고 고쳐 쓰긴 했지만, 타고난 재주의 벽을 돌파할 수는 없었으니 어쩌겠습니까. 그래도 저를 유일하게 위안해준 것은 모자란 사람을 다독거리기 위해 옛 선인들이 너그럽게 마련해놓은 '대기만성(大器晩成)'이라는 자상한 글귀였습니다.

어느 수도자 얘기가 있습니다.

거기서 죽으면 구원받아 곧장 천국으로 향할 수 있는 가장 성스러운 곳이 어딘가에 있다고 했습니다. 그러나 그 수도자는 그런 곳에 가서 죽어 천국에 간다면 그건 아무 가치도 없는 일이라 하여 그곳을 뿌리쳤다 합니다. 그리고는 죽으면 당나귀로 다시 태어난다고 일컬어지는 곳에서 죽어 천국에 가야 그게 비로소 의미 있는 일이라 하여 오히려 그곳을 향해 떠났다 합니다. 물론 그 수도자는 오로지 자신에게만 철저히 의지하려는 단호한 자세를 지켜나갔습니다. 참새 등속과는 달리, 독수리는 떼지어 날지 않습니다. 저도 감히 그런 수도자를 흉내내는 기분으로 이 글을 끼적이긴 했습니다.

하나 능력이 모자라 이 정도 글밖에 쓰지는 못하면서도, 온갖 법석은 혼자 피워대었습니다. 저는 '심지어' 성능 좋은 소형 휴대용 녹음기까지 마련했습니다. 그래서 차를 타고 달리다가도 불현듯 생각할 거리가 머리에 떠오르면, 그걸 이내 녹음해두었다가는 집에 돌아와 풀어쓰곤 했습니다. 길 한복판에 갑자기 차를 세워놓고 수첩에다 끼적거릴 수도 없는 노릇이었습니다. 나중에 보면 하찮은 것일 수도 있었지만, 급작스럽게 떠오르는 생각의 실마리들이 효자 노릇할 경우가 적지는 않았습니다. 잊혀져 곧장 허공에 흩어져버렸다면 얼마나 아쉬웠을까, 할 때가 종종 있었습니다.

사실 난생 처음 '저질러보는' 일이라 저에게는 그야말로 '전투상황'과 진배없었습니다. 피가 마르는 듯하기도 했습니다. 딴 사람들이 차안에서 핸드폰을 들고 즐겁게 통화하고 있을 때 저는 녹음기를 잡고 비장하게 혼자 중얼거리곤 했습니다. 그러다가 때때로 홀로 빙

그래 웃기도 했었지요.

저는 수첩과 녹음기를 항상 같이 들고 다녔습니다. 가령 사람들이 많이 왔다갔다하는 식당 같은 곳에서 갑자기 녹음기를 꺼내들고 중얼거릴 수는 없는 노릇이었기에, 저는 수첩과 녹음기에다 작업을 적절히 분담시키는 지혜를 개발하기도 한 것입니다. 어쨌든 저는 수첩과 녹음기로 완전 무장한 채 생활하였습니다. 생전 처음 써보는 종류의 글이라 누구에겐가 충고를 절실히 받고도 싶었으나 전문적 학술성이 가미된 작업도 아니라 누구에게 마땅히 코멘트를 부탁할 수도 없는 처지였습니다. 그래서 한 번은 동네 아주머니 한 분에게 보여주고 조언을 구하기도 한 적이 있을 정도였습니다.

8·15 이후 우리나라를 일관되게 지배해온 이념이 있다면, 그것은 '후딱후딱' 또는 '대충대충' 정신, 아니면, '빨리빨리, 그러나 아무렇게나' 이데올로기일 것입니다. 성수대교와 삼풍백화점의 붕괴는 그 조그만 사례에 지나지 않는다고 말할 수 있겠지요. 해서 근래에 저는 새로운 구호 하나를 개발해내었습니다. 높은 자리에 계신 분이건, 학생이건, 장사꾼이든지를 가리지 않고, 저는 한결같이 "물 한 모금 마실 때도 목숨 바치는 자세로 임하면 만사형통이다!"하고 읊조리고 있습니다. 저 역시 이 글을 그런 자세로 썼습니다.

이를테면 저는 수상록과 금실 좋게 동거한 셈이었습니다.

수상록은 저의 메아리요, 그림자였습니다. 메아리를 위해 소리치는 것은 아니지만 메아리는 소리를 따라 생겨나고, 그림자를 위해 움직이는 것은 아니건만 그림자가 이를 따라 하는 식이었다고나 할까요. 저는 '승용차 탄 김삿갓'이라는 별칭을 주위에서 얻어 걸치며 부지런히 시골길을 휘적거리기도 했습니다. 그리고 차안에서 열정적으로 북소리 카세트 테이프를 들었습니다. 그러면서 머릿속에서는 끊임없이 수상록의 구성과 흐름과 어구만 생각했습니다. 그러고도 겨우 이 정도의 글밖에 되지 못하였습니다.

하여 월간지에 제 글이 실리기 시작하면서 "당신이 무슨 파스칼이라고 팡세 같은 걸 쓰겠노라 소란을 피워대느냐" 하는 애정 어린 핀잔을 듣기도 했습니다. 그러는 와중에 저는 사상적 고뇌의 흔적이라도 언뜻 엿보일 수 있는 체험담 섞인 두엄 같은 글줄이라도 쓸 수 있다면 하고 무엄하게 홀로 들뜨기도 했습니다.

한마디로 이 글은 저의 부끄러움의 기록입니다.

저는 30여 년 전 유학을 떠날 때도 누군가에게 '자연스러움'을 배우고 돌아온다면 더 바랄 게 없을 것이라 얘기한 적이 있습니다. 그러나 지금도 제 소망은 아직 꼭 같은 것으로 머물러 있습니다. 자연스러움은 부끄러움이 없을 때 비로소 자연스럽게 생겨날 수 있는 것입니다. 이런 의미에서 여기 모인 글들은 자연스러움을 학습하기 위한 제 부끄러운 버둥거림의 조그만 발자취라 할 수 있습니다. 아직도 저는 아등바등거리고만 있습니다.

'선무당이 사람 잡는다'고, 이 글을 쓴 저 같은 사람이 바로 작두 위에 올라선 선무당은 아닐는지요. 그러면서도 닳고닳아 반질반질해진 오래된 가구를 쓰다듬으며, 그것이 가구로 바뀌기 전 숲 속의 푸른 나무였을 때 그곳에 둥지 틀고 노래하던 새의 노랫소리를 듣는 시인의 마음가짐을 닮고 싶은 야욕까지 감히 부렸습니다.

옷이 해지면 버리고 새 옷을 찾으면서 제 몸이 낡아 쓸모 없게 되었는데도 훌훌 털어버릴 줄 모른다고 꾸짖듯이, 글을 써 내려가다가 버려야 할 글귀들도 마냥 붙들고 앉아 못내 아쉬워 끙끙거리기만 할 때도 적지 않았습니다. 인쇄에 넘기는 마지막 순간까지 하나라도 더 고쳐 보려고 매달리긴 했습니다. 마차가 시원찮게 달릴 때는 수레가 아니라 말 엉덩이에 채찍을 내리쳐야 하는데, 저는 괜스레 수레 모퉁이만 쥐어박았는지도 모르겠습니다. 피 흘리는 자세로 거듭 쓰고 거듭 생각에 매달렸으나 만들어놓고 보니 이 지경입니다.

모든 글 쓰는 이들의 바람이 다 그러하듯이, 저 역시 모든 독자들이 제가 쓴 글자 하나하나를 묘비명 읽듯이 전심전력을 다해 읽어주길 갈망합니다. 저는 이 글을 읽는 분들이 띄어쓰기, 쉼표, 자구 하나하나에 일일이 다 잔신경을 써서 읽어주시길 청하고 싶습니다. 이를테면 제 얘기를 눈이나 머리로만 읽으려 하시지 말고 온몸으로 읽어주시길 감히 청원드린다는 말입니다.

영국의 전기작가 험프리 카펜터(Humphrey Carpenter)는 "자서전이란 가장 존경할 만한 형태의 거짓말"이라 을러댄 적이 있습니다. 어쨌든 생활수필 등도 포함해 자전적 얘깃거리들이 끼여든 글들은 이렇게 될 가능성이 지극히 농후합니다. 저의 이 글도 아마 이런 범주에서 크게 벗어나지는 않을 것입니다.

하나 "독창적인 문필가는 어느 누구도 모방하지 않는 사람이 아니라, 어느 누구도 모방할 수 없는 사람"을 일컫는다는 사토브리앙(Chateaubriand)의 명쾌한 일갈에 스스로를 많이 위안하기도 했습니다. 각주를 달기도 겸연쩍은 글이라 사토브리앙의 이 이야기에 적이 힘입기도 했습니다. 하기야 그동안 여기저기서 읽은 남의 글들이 내 몸 속에 피처럼 녹아들기도 하여 마치 제 말인 것처럼 스멀거리며 튀어나오기도 했는데, 사토브리앙의 이 지적을 앞세워 혼자서 스스로를 적잖이 위안하기도 했음을 고백하지 않을 수 없습니다. 하나 미국의 외설문학 작가인 패트릭 데니스(Patrick Dennis)가 "나는 언제나 깨끗한 종이 한 장과 더러운 마음을 가지고 글을 쓰기 시작한다"고 솔직히 털어놓은 것처럼, 저도 이 범주에서 크게 벗어나지는 못할 것입니다.

우리가 잘 알다시피 벼는 익을수록 머리를 숙이지 않습니까. 하지만 고개를 너무 숙여버리면 흙 속에 파묻혀 죽어버립니다. 거문고 줄도 너무 팽팽하면 줄이 끊어져버리고 또 너무 느슨하면 소리가 나지 않지 않습니까. 그래서 저도 이 글들이 흙 속에 파묻히는 벼나 끊어지는 거문고 줄처럼은 되지 않도록 하기 위해 자주 오두발광을 떨기도 했습니다.

이 책 마지막에 갖다 붙인 〈행복론〉이란 글은 이 수상록과는 달리 요즈음에 쓴 글이 전혀 아닙니다.

30여 년 가까이 흐른 제 대학 3학년 시절 봄 어디다 끼적인 것인데, 까마득히 잊고 있던 것이 최근에야 '발굴'되었습니다. 이 글을 은행원답게 낡은 지폐처럼 수십 년 동안 간직하고 있다가 제 수상록과 관련하여 이른바 최초공개식으로 제 손에 쥐어준 것은 저의 죽마고우인 배종수 군입니다. 우리가 송두리째 다 까먹고 있던 일을 그 친구 – 지금은 거제도 장승포에서 정신지체장애인 생활시설인 애광원에서 헌신적으로 땀을 흘리고 있지만 그 당시엔 외환은행 분당 지점장으로 있던 – 가 환기시켜준 셈입니다. 그 녀석이 대학 재학중 군대로 떠나지 않으면 안되었을 무렵, 우리 꼬마친구 여럿이서 그걸 함께 기억하자는 뜻으로 기념문집을 하나 만들었던 적이 있었습니다. 물론 컴퓨터도 없던 시절이라 등사기로 밀어 하나하나 만들었던 듯한데, '행복'이란 공동주제를 정해놓고 다 함께 썼던 글을 그 친구가 새롭게 우리 앞에 사이렌소리처럼 불쑥 내민 것입니다.

서툴고 유치하고 조잡한, 그러면서 또 현학적으로 베껴 쓰기도 한 글이긴 하지만 어린 시절을 잠시나마 추억하게 만들어준 그 녀석에게 고마움을 표하기도 하고 또 재고정리도 하는 차원에서 한 획 고치지 않고 감히 그대로 같이 싣는 무례함을 범하기로 했습니다. 모든 글이란 나름대로 역사성을 갖고 있는 것이어서 함부로 아무 글이나 마음대로 써 젖혀서는 안 된다는 것을 30년 만에 발굴한 저의 이 글을 보며 다시 공개적으로 다짐하는 뜻 역시 참으로 의미 있을 듯싶기도 해서 그냥 같이 붙였습니다.

개인적으로는 제 여린 생각들의 발자취 하나가 홀연히 다시 빛을 본 덕에 제 자신의 사고의 긴 흐름이 물꼬를 잡은 듯해서 기쁘면서도 두렵습니다. 마치 오래된 낡은 일기장을 우연히 다시 찾아 읽어보는 느낌입니다. 하나 흥미롭게도 이 〈행복론〉에 등장하는 글귀나 어감 등이 오랜 세월 후에 쓴 이 글 속에 다시 그대로 재현되고 있는 현장도 살필 수 있었습니다. 그래서 제 친구 하나는 제가 30년 동안 발전한 게 하나도 없다고 놀리기도 했습니다.

그리고 이 글의 말미에 시건방지게 나란히 갖다 붙인 후시(後詩)는 비슷한 시절 제가 철없이 가슴앓이하며 산사(山寺)를 헤매다니던 시절, 계룡산 갑사 부근의 어느 민박집에 잠시 머물고 있을 때 끼적인 것입니다.

그땐 아직 그곳에 전기가 들어오기도 전이라 어느 날 밤 저녁밥을 혼자 지어먹고서는 촛불을 켜놓고 우두커니 앉아 그걸 바라보고 있다가 불현듯 '영감'이 떠올라 홀연히 몇 분도 걸리지 않고 써 갈긴 게 이 시입니다. 감히 이렇게 불러도 좋다면, 이른바 즉흥시인 셈입니다. 한데 그 당시의 설익은 통증이 저에게는 나름대로는 그래도 진하게 두런거렸던지 억지로 그걸 외우지도 않았는데도 그 글귀가 종내 제 뇌리를 떠나지 않고 남아 있었습니다. 어쨌든 그 유치한 즉흥시의 정서가 아직도 제 머릿속에 철없는 풋사랑처럼 똬리를 틀고 앉아 있습니다.

그리하여 "산불이여 타라" 하던 저의 철없는 절규나 "서낭당 쌓이는 돌 또 하나 얹고 하얀 길 백리라 타는 길 천리라도 마다할까만"하는 저의 기원과 결의는 아직도 변함이 없습니다. 그리고 아직도 저는 "불빛 바라보는 불빛같이 고운 눈"을 언젠가 꼭 갖게 되길 뜨겁게 소망하고 있습니다. 그래서 창고 정리하는 기분으로 이 시도 이 책 말미에다 터억 갖다 얹었습니다.

늘 그러하시듯이 고은 선생님은 또 당신의 업보이기라도 한 것처럼 스스로의 보시(布施)행각을 멈추지 않으셨습니다. 분에 넘치는 시(詩)와 귀한 글월까지 한데 묶어 저의 미래를 축복하시면서, 저에게 또 어떻게 겸허하게 살 것인가를 누진히 가르치고 계십니다. 당신은 이렇게 보잘것없는 제 글을 앞장서 빛내주시고 계십니다.

그리고 "새로운 휴머니즘을 위하여"라는 제목을 단 마지막 장은 이 책의 결론 부분에 해당한다고 말할 수 있습니다. 처음 책에는 없던 부분입니다. 이 주제야말로 내가 앞으로 지향해야 할 내 자신의 개인적인 세계관과 인생철학의 기본 토대가 되는 삶의 원칙과 직결된 탓으로, 이미 다른 책에서도 중요한 몫을 차지했던 적이 있습니다. 저는 2005년 "새로운 휴머니즘을 위하여"라는 부제를 붙여, 《우리 시대의 상식론》을 발간한 바 있는데, 바로 이 책에 이 장을 그대로 실은 적이 있습니다. 그러나 새로이 단장하는 새 수상록에 이 주제를 어떻게 빠뜨릴 수 있겠는가 하는 곤혹스러운 조바심에서 이를 다시 끌어내어 이 책에서 대폭 변형 · 축소하여 다시 한 번 더 재활용하고 있음을 밝힙니다. 이렇게 새 단장을 하는 와중에 첫 번째 책에는 들어있던 몇몇 글들을 빼고, 근래 새로이 쓴 〈'한국은행' 팝니다〉와 〈엘리베이터 속의 고독〉 두 장을 새로이 집어넣기도 했습니다. 다시 한 번 더 깐깐히 고치고 또 다듬기도 했지만, 아직도 마음이 놓이지는 않습니다.

저는 여기 실린 저의 글이 오해되기보다는 차라리 이해되지 않는 게 더 낫다는 오만한 생각까지도 지니고 있음을 솔직히 고백하지 않을 수 없습니다. 경멸당하느니 차라리 증오받는 것이 오히려 바람직한 일인 탓입니다. 언제 필지 모르는, 혹은 필지 안 필지조차도 모르는 화분에 언젠가는 꽃을 볼 수 있으리라는 희망으로 매일 열심히 물 뿌리는 심정으로, 이 글을 썼고 또 앞으로도 그렇게 살아가고 싶습니다. 제딴은 인간의 값이 아니라 값어치를 찾고 지키기 위한 새로운 만남의 장이라도 주선하고 싶었던 것입니다.

이 글은 따스한 가을 시냇물이 흘러내리고 서늘한 봄바람이 살랑거리는 얼음같이 빛나는 오두막집의 기록입니다. 허나 저는 가을 물처럼 서늘하게 자신을 다스리고 봄바람처럼 따뜻하게 남을 사랑하는 각오와 정성이 이 글들 속에 혹시나 깃들여 있길 스스로는 희망하고 있습니다.

이 책은 원래 1998년 가을에 처음으로 세상 구경을 했습니다.

여기저기로 불려 다니기도 하면서 속절없는 호기심을 꽤나 자극하기도 했던지, 이 책은 곧 시장바닥에서 사라져버렸습니다. 절판이 된 탓에, 이따금 저자인 저에게까지 이 책을 구할 수 없느냐는 문의가 오기도 했습니다. 그런 와중에 숱한 세월이 흘렀습니다. 전 인생에 한 번 겪을까 말까한, 목숨이 왔다갔다하는 지독한 교통사고 체험의 소산으로 이 수상록이 태어난 탓에, 저는 저 나름대로, 이 책에 대해 특별한 애정과 애착을 가져왔습니다. 그 탓으로 그 교통사고 덕에 제 자신이 '부활한 예수'라는 분에 넘치는 별호까지 얻어 걸친 것처럼, 이 책도 '부활'할 수 있다면 하는 바람을 줄곧 지녀왔습니다.

그런 와중에 같은 서울에서 오락가락하면서도 마주칠 기회를 별반 만들지 못하던 옛 친구, 나남출판 사장 조상호 박사를 내가 살고 있는 일산 옆에 붙어 있는 출판도시에서 재회하게 되었습니다. 술잔을 앞에 두고 오랫동안 쌓인 회포를 오래도록 정답게 풀어나가던 말미에 이 책 이야기가 나오자마자, 그는 나남에서 복간하자며 전광석화처럼 저질러버리는 것이었습니다. 이런 조 사장을 두고 "대담한 사람인지, 무모한 사람인지 알 수 없다"고들 입을 모으는 출판계의 풍문을 익히 들어 잘 알고 있는 나로서도, 번갯불에 콩 구워먹는 느낌이었습니다. 이 책은 이렇게 우리 두 '동지'의 우정의 산물로 눈 깜짝할 사이에 부활할 수 있었습니다. 경남 거창의 대주자학자 능인 김계유 선생께서도 이 책의 부활을 위해 나보다 더 열렬히 전국을 동분서주하시며 기도해 주셨습니다. 감사합니다. 그리고 서울 예술대학에서 교편을 잡고 계신 조상 화백님께서는 이 책의 멋들어진 부활을 가다듬기 위해 멋진 삽화까지 그려주셨습니다. 두 손을 가지런히 모으겠습니다. 이 책의 '역사적인' 부활에 걸맞게 새로이 단장하고 새 책의 제목도 바꾸어 보았습니다. 첫번째 책의 부제였던 '바람을 비추는 등불처럼'을 제목으로, 그리고 원제목이었던 '인간적인 것과의 재회'를 이번에는 부제로 삼았습니다.

감히 양치기라도 한번 되어보려 나섰다가 오히려 양이나 되지 말았으면 하는 게 지금 저의 솔직한 바람입니다. 나남 편집국 용사들 감사합니다.

옛 고구려 땅 개백현(경기도 고양) 동빈재(凍彬齋)에서, 2006년 늦가을
글 쓴 사람

바람을 비추는 등불처럼

인간적인 것과의 재회

차 례

제 3 부 걸림돌을 디딤돌로

제 1 부

깨끗한 것은 언제나 더러운 것으로부터

핑크빛 수녀복

무엇을 향해 빌든, 기도한다는 것은 인류사적인 일이다. 왜냐하면 그것은 우리 인간 스스로가 허약하다는 것을 솔직히 자인하는 정겨운 꼼지락거림이며, 나아가서는 가슴 그득한 우리의 갖가지 번뇌들을 어떻게 해서라도 한번 물리쳐 보겠노라는 인간적 다짐의 겸허한 표현일 수 있기 때문이다.

때때로 신앙의 자유라는 게 얼마나 편리한 것이 될 수 있는가. 물론 신앙이라는 것과 까마득한 인연을 맺고 사는 사람도 때로는 절이나 수도원을 찾을 수 있다. 우연한 기회에 한 번쯤 뭔가 빌어본다는 것도 후손을 위해 그리 밑지는 일만은 아닐 것이다. 가벼운 등산복 차림으로 고색창연한 절 옆을 지나치다가도 우리는 어정쩡하게나마 두 손을 한데 모으고 뭔가 읊조려보기도 하지 않았는가.

산보와의 동거생활

나는 어이 어이해 짧지 않은 기간 동안 독일에서 공부랍시고 해볼 수 있는 행운을 얻어 걸친 적이 있다. '해외유학'이라는 멋들어진 어휘를 감히 갖다 붙일 정도의 수준에는 결코 미치지 못하지만, 그래도 남들이 고국에서 발버둥치며 절규하고 있을 때 나는 최루탄가스 없는 이국의 맑은 하늘 아래 태연히 앉아 그 고매한 진리탐구라는 것에 몰입할 수 있는 비굴한 행복을 만끽할 수 있었던 것이다.

하기야 부끄러움을 배우던 시절이었다. 더구나 그것도 나의 무능력이 크게 도와준 덕에 늦도록 장가도 가지 못하고 홀로 여유만만하게. 그래서 방학만 되면 나는 한오금의 눈치도 살필 필요 없이 어디론가 훌쩍 떠날 수 있었다. 그야말로 나는 표표히 떠날 수 있는 자유인이었던 것이다.

떠난다는 것은 얼마나 보람 있는 일인가. 그것은 일상으로부터의 탈출이며 미지의 세계를 향한 도전일 수 있다. 원래 가닿기 위해 떠나는 법이다. 말하자면 도착하기 위해 출발하는 것이다.

나는 병을 앓고 있었다. 살벌한 전쟁 상흔으로 얼룩진 도시의 한모퉁이에서 집시 같은 어린 시절을 보낸 나에게는 호젓한 시골에 대한 고옥(古屋) 같은 향수가 늘 숙환처럼 얼렁거리고 있었다. 그게 바로 주범이었다. 아무리 이 잡듯 개발된 유럽이긴 하지만, 그래도 수도원 주위에는 어항 속 같은 고적함이 유물처럼 남아 있었던 것이다. 그래서 나는 그리로 즐겨 떠나곤 했다.

연분이 있는 독일 신부를 통해 수도원을 소개받거나, 그게 여의치 않으면 직접 수소문해서 대한의 남아답게 무조건 편지를 띄웠다. 나는 이렇게 썼다.

> 나는 이따금 떠나지 않고는 배기기 힘든 베를린 장벽 속에 갇혀 있는 한국 고학생이오. 숙박비까지 내며 거기서 달포나 묵어 지낼 여유 있는 형편은 아니오만 사정이 허락한다면 나를 그냥 좀 거둬주시오, 조용히 책 좀 읽고 싶소.

그러면 그 쪽에서는 최대한 이웃사랑의 모범을 보여주려고 애쓰곤 했다. 때로는 하느님이 보우하사 그윽한 수도원의 상냥한 호텔방 같은 것을 한 칸 얻게도 된다. 물론 먹고 자는 것은 말할 것도 없고 빨래까지 다 공으로 해주는 은총을 부여받는다. "대한독립 만세!" 라는 환성이 왜 스멀거리지 않겠는가. 특히 중세 때부터 내려오는 고풍스러운 수도원들은, 우리나라의 빼어난 사찰들처럼 조용하고 우아한 숲이나 강가에 자리잡고 있는 경우가 많아, 나에게는 정말 패러다이스였다. 누가, 그리고 무엇이 부러울 수 있겠는가.

행인지 불행인지 나는 테니스채조차 한 번 잡아본 적이 없는 스포츠 고아다. 그래서 고작 할 줄 안다는 게 돈들이지 않고 두 다리로 마냥 걷는 일밖에 없다. 그런 나에게 수도원은 하루종일 천자문 읽고 산보하기에는 그야말로 천국 같은 곳이었다. 이런 걸 안성맞춤이라 하던가. 나는 부지런히 걸었다. 걷고 또 걸었다.

산책은 물론 나에게 가하는 자기고문의 시간이긴 했다.

그러나 여태껏 남아 있는 유학생활의 추억거리가 고작 전천후 산보밖에 없는 것처럼 느껴질 정도니, 나는 산보와 금실 좋게 동거한 셈이었다. 산보는 나의 메아리요, 그림자였다. 메아리를 위해 소리치는 것은 아니지만 메아리는 소리를 따라 생겨나고, 그림자를 위해 행동하는 것은 아니건만 그림자가 이를 따라 하는 식이었다고나 할까.

혼자 사는 행운을 가진 탓에 한밤중이건 낮이건 새벽이건 가리지 않고 나는 언제나 가출하는 시간을 마음내키는 대로 골라잡을 수 있는 자유를 마음껏 향유할 수 있었다. 물론 그게 출가 비슷할 때도 없진 않았지만. 흔히 주위에서는, 그렇지 않아도 혼자 사느라 외로울 텐데 또 뭐가 잘못돼 수도원에까지 들어가느냐, 혹 신부라도 되고 싶어 그러는 건 아니냐고 놀리기도 하고 윽박지르기도 하는 등, 힐난도 하고 걱정도 해주었다. 그게 사실은 다 동포애였지만.

한 번은 구경도 해보지 못한 네덜란드가 걸렸다. 어쨌든 나는 행운아였다. 물론 '무임 편승' (*Autostop*, 히치하이크)이라고 부르는, 길에서 공짜 차 얻어

타는 고투를 벌이지 않으면 안되었지만. 어차피 죽은 나무 꽃 피우러 온 '무작정 상경파' 유학생이었으니 두려울 건 없었다. 그 해는 하늘이 별로 돕지 않았는지 혹은 특별히 배려했는지, 내 손에 들어온 게 네덜란드에 있는 독일 수도원이었던 것이다.

대장정이 나를 기다리고 있었다. 차비가 없기도 하고, 또 가난한 땅의 백성인고로 잘 사는 나라에서 그걸 아끼려는 당당한 애국심에서, 나는 새벽 일찍부터 베를린 고속도로 출발점에 나가 헌병처럼 버티고 섰다.

그러나 나를 공짜로 태워다 줄, 인류애로 충만한 빈 차를 잡는 일은 또 얼마나 숨가빴던가.

통일 이전의 독일이라 서백림에서 서독으로 나가는 고속도로는 한군데로만 열려 있었다. 그래서 그 출구에 나가 늘어서면 어쨌든 서독으로 나가는 마음씨 좋은 차를 한 지점에서 쉽게 나포할 수 있는 지정학적 유리함이 있었다. 물론 벤츠같이 잘 먹고 잘사는 차들은, 왜 길 밖으로 나와 동냥질하냐고 우리를 차 대가리로 우아하게 밀쳐대기 일쑤였지만. 그들은 질서와 안정을 지키는 순교자들 같았다.

그러나 어쩌다가 걸려들 양심세력 한 대가 바로 내 목적지까지 어찌 한번에 화끈하게 주욱 같이 가리라 기대할 수 있겠는가. 하지만 공짠데, 낯선 도로 위에서 나와 인연을 맺을 복음 같은 차량을 손꼽아 기다리며 열 시간을 버티면 어떻고, 또 하룻밤을 보낸들 어떠리. 이 텅 빈 길 위에서 나는 배짱과 기다림을 배우고 또 운명이라는 것과 친숙해질 수 있는 호기(好機)를 붙잡을 수도 있었으니.

이번에는 더운 여름이었지만 고작 이틀밖에 걸리지 않았다. 모험과 우여곡절 끝에 독일 국경을 넘어 그 수도원이 있는 네덜란드에, 그것도 쌩 공짜로,

도달하였다. 금메달을 목에 건 한국 선수처럼, "고국에 계신 동포 여러분 감사합니다, 대한민국 만세!" 하고 부르짖고 싶기까지 했다.

네덜란드에 독일 수도원이 존재하게 된 것도 독일 역사와 깊은 관련을 맺고 있다.

1871년, 프러시아에 의해 최초의 독일 통일이 이루어져서 독일제국이 성립하였다. 독일제국은 자연스럽게 개신교 지향적이고 프러시아 중심적이었다. 이때부터 1887년 사이에 프러시아와 독일 가톨릭 교회 간에는 이른바 '문화투쟁'(*Kulturkampf*)이 전개되었다. 비스마르크는 그러한 독일제국에 반기를 드는 적대세력의 구심점으로 가톨릭 교회를 지목하였던 것이다. 그에 따라 국내에 가톨릭 수도원을 건립하는 일조차 법적으로 허용치 않았다. 이러한 문화투쟁의 여파로 독일에서 쫓겨나 국경 가까이에 있는 네덜란드에 터를 잡게 된 것이 바로 이 수도원이었다.

물론 여기서도 나의 산보투쟁은 곧 시작되었다. 든든한 여름날의 훈풍에 머리카락을 휘날리며 나는 강둑을 거닐기도 했고, 또 나룻배로 강을 건너 목동처럼 목초지대를 어슬렁거리기도 했다. 그러던 어느 날 나는 이상한 건물 한 채를 발견하였다. 산보투사는 이내 긴장할 수밖에 없었다.

높은 담벼락이 둘러쳐지고 철문은 튼튼히 잠겨 있었다. 그런데 유독 한 곳이 숨통처럼 비죽이 터져 있었는데 유리창으로 안이 들여다보이게끔 되어 있었다. 하지만 그것도 고루한 쇠창살로 숨가쁘게 가로막혀 있었다. 그러나 흥미로운 것은 수녀와 신부들이 바로 그 완강한 창살 앞에서 두 손을 모으고 열심히 기도를 올리고 있는 광경이었다. 인정머리 없는 감옥같이 생겨먹은 곳에서 기도는 또 웬 기돈가. 혹 그 속에 우리나라처럼 위대한 사상범이나 애국자라도 갇혀 있단 말인가. 그렇다면 이들도 정의구현사제단들인가, 나는 의아

했다.

나는 한국인답게 한두 사람을 밀치고 우아하게 창살 쪽으로 진출했다. 그런데 도대체 어인 일인가. 창문 아래로 멀찍이 내려다보이는 큰 건물 내부에는 지하성당 같은 성스러운 기운이 저녁 강물처럼 흘러내리고 있었다. 게다가 섹시한 핑크빛이 은은한 안개처럼 서려 있었다. 오호라, 신부들도 핑크빛에는 약하구먼.

나는 갑자기 재미있는 유머가 생각났다. 어느 젊은 신부가 오른쪽에는 늙은 수녀 그리고 왼쪽에는 젊고 아리따운 수녀를 앉히고 그 가운데 앉아 시외버스를 타고 시골길을 털털거리며 달리고 있었다. 커브를 돌다 차가 오른편 할머니 수녀 쪽으로 기울어지면 신부는 조용히 "주여, 유혹에서 나를 지켜주소서" 하고 기도했고, '다행히' 왼쪽으로 쏠리면 "주여, 당신 뜻대로 하소서" 하고 읊조렸다 한다.

알고 보니 그곳은 봉쇄수녀원이란 곳이었다. 물론 난생 처음 보는 곳이었다. 몸이 아프든 나이가 많든 가리지 않고, 모든 수녀들이 속세식 당직제로 돌아가면서 24시간을 쉬지 않고 빈틈없이 제단을 지키며 기도를 바친다 했다. 이 봉쇄수녀원은, 물론 자유의지로 들어오긴 하지만, 일단 한번 들어오게 되면 죽어서 나가는 일 이외에는 밖으로 거의 나가지 못하게 되어 있다 한다. 가족이 와도 창살을 사이에 두고 죄수처럼 면회할 수 있을 뿐이다. 이 수녀들은 한마디로 무기형을 선고받은 신앙의 전사(戰士)들인 셈이다. 그래서 '보통' 신부와 수녀들이 이 창살 안에 '갇혀' 싸우는 수녀들을 찾아가 이들을 바라보며, 자신들의 약해져 가는 신앙심을 굳히기 위해 기도를 바친다고 했다.

이 봉쇄수녀원의 수녀들은 일반 수녀와 신부들까지도 계도하고 단련시키는 참회와 보속의 특전용사들인 것이다. 예수님의 친위 기동타격대라고나 할까.

그러나 이들은 핑크빛 수녀복을 입고 있었다.

핑크빛과 불, 그리고 망월동

누가 핑크빛이 달콤하고 선정적이고 화려하다고 말하는가. 핑크빛은 처절한 색깔이다. 아니, 핑크빛은 잔혹하다. 그래서 오히려 성스럽기까지 하다.

위엄은 징벌의 위력을 감추고 있을 때 힘을 발휘할 수 있다. 불의 성질은 세차서 보기만 해도 무서우므로 사람들은 두려워 가까이 가려고 하지 않는다. 그래서 불로 인해 죽는 사람은 많지 않다. 그러나 물은 대단히 부드럽게 보이는 탓으로 사람들은 물을 무서워하지 않아 도리어 물 때문에 죽는 사람은 많다. 냉혹스러움을 안고 있을 때 성스러울 수 있다. 이를테면 하늘은 천벌을 예감케 하므로 성스러울 수 있는 것이다.

사람은 불을 무서워하지만, 불구경하기는 좋아한다. 그 무서움이 자신에게는 한 줌의 미력조차 발휘하지 못한다는 것을 알게 되면, 인간은 다른 곳으로 향하는 공포의 매스게임을 즐긴다. 활활 타오르는 불꽃은 전율을 일으킬 수밖에 없다. 그러나 바로 그 때문에 그것은 성스러울 정도로 인간을 숙연하게 만드는 힘을 갖고 있다. '불빛 바라보는 불빛같이 고운 눈', 그것이 아마 참다운 인간의 눈빛일 것이다. 핑크빛 수녀복을 바라보는 사람들의 눈빛도 그런 것이었을까.

광주 망월동은 핑크빛 핏자국이 선연한 봉쇄수녀원이다.

우리는 언제나 그곳에서 성화처럼 타오르는 저항의 모닥불을 잡초처럼 만날 수 있다. 그리고 그 불꽃은 꺼져가고 있는 우리 가슴속의 불씨를 종교처럼 부활시킨다. 그곳에서 우리의 불편한 양심은 정의에 대한 신앙심으로 거듭나는 것이다. 그곳은 산소 같은 바람이 불어오는 곳, 그래서 우리는 언제나 신선한 피를 수혈받을 수 있다. 망월동은 핑크빛 수녀복으로 둘러싸인 곳이다.

우리는 누구나 가슴속에 '핑크빛 수녀복'을 간직해야 한다. 아니, 늘 핑크빛 수녀복을 걸쳐야 하지 않을까. 아니, 핑크빛 수녀복 군단으로 온 거리가 넘실거리게 된다면….

핑크빛 수녀복은 하나의 '역설'이다. 그것은 신전 앞에서 회초리를 휘두르는 예수의 분노와도 같은 모습이다. 이를테면 그것은 서늘한 열정이다. 어느 시인은 "새벽 햇살 받는 강물"을 노래한 적이 있다. 그것은 뜨겁다. 그러나 번쩍거리지 않는다. 그리고 해초처럼 정갈하다.

이처럼 인간 역시 역설적 존재여야 한다.

'달면 삼키고 쓰면 뱉는다'는 '감탄고토'(甘呑苦吐)라는 말이 있지 않은가. 이 경구(警句)는 우리 보통 인간들이 평소에 어떤 모습으로 살아가고 있는가 하는 것을 잘 빗대고 있다. 그러나 인간은 거꾸로 '써도 삼키고, 달아도 뱉을' 수 있어야 한다. 쓴 것을 삼킴으로써 쓴 것을 줄일 수 있고, 단 것을 뱉음으로써 단 것을 더욱 풍부하게 만들 수 있다. 버림으로써 얻을 수 있는 존재가 바로 인간이라 하지 않던가.

하나 우리의 호들갑스러운 자신감이 부주의를 낳지 않도록 하기 위해 쉬운 일은 어려운 것처럼, 그리고 우리의 느닷없는 소심함이 용기를 꺾지 않도록 하기 위해 어려운 일은 쉬운 것처럼. 하물며 칼자루를 쥔 존재는 항상 겸손해야 하지 않겠는가. 칼자루를 쥐었다는 사실 자체가 자신의 허약성을 그대로 드러낼 수도 있는 것일 터이니. 가장 좋은 것일지라도 그 칼날 쪽을 쥐면 고통이 밀어닥치고, 아무리 적대적인 것이라 할지라도 그 칼자루를 잡으면 방패가 될 수도 있음에랴.

모름지기 인간은 역설을 뒤좇아야 한다.

역설을 사랑한다는 것이 운명을 너그럽게 마주하며 인생을 힘껏 부둥켜안는 일을 일컬음에랴. 사랑이란 원래 향유하고 싶어 찾아 헤매는 고통 아닐런가. 열매를 맺으려 땀흘려 일하는 호박꽃의 화사함을 따를 수 있을까만, 그래도 가시라는 것 없이 장미의 아름다움이 꽃필 수 있다던가.

모래는 흩어질 줄 알기 때문에 진정으로 뭉칠 수 있다. '모래처럼' 흩어지는 모래가 결국 콘크리트처럼 시멘트와 단단히 엉킬 수 있지 않은가. 웃음이 아니라 눈물을 흘리게 하는 것, 그것이 진정한 코미디이듯이. 안전할 때만 위엄을 갖추는 겁쟁이가 될 것인가, 아니면 스스로를 낮춤으로써 위엄을 높일 것인가. 오랏줄에 묶인 채 꼿꼿이 걸을 것인가, 아니면 비틀거리며 걷더라도 자유롭게 살 것인가.

"밤은 가라앉은 잠수함…" 이라는 시구(詩句)처럼 역설을 사랑하는 인간의 훈훈한 정취, 그 얼마나 아름다운 모습일까. 진정으로 봄이 무엇인지 하는 걸 겨울이 되어야 비로소 알 수 있는 것처럼.

하나 삶이 고달파 우리는 꿈을 갖는가, 아니면 꿈을 갖기에 삶이 고달파지는 것인가. 하지만 꿈은 꿈을 꿀 자격이 있는 사람에게만 찾아오는 것이거늘. 한데 꿈을 꾸기 위해 우리에게 과연 아름다운 눈이나 멋들어진 안경이 필요할까.

모름지기 고통은 꿈의 걸림돌이 아니라 꿈의 디딤돌, '핑크빛 수녀복' 은 복락(福樂)에 이르는 뿌듯한 고난의 행군임에랴.

코와 코뚜레, 그리고 부자연스러운 인간의 자연

향기와 색깔, 그리고 숭늉

'코카콜라'나 '달나라 로케트'가 아니라 '숭늉'이나 '계수나무 한 나무 토끼 한 마리', 이런 것들이 우리에게 훨씬 더 푸근하게 아우러지는 우리의 오랜 가락이 아닐까?

우리는 소풍 같은 것을 가더라도 흔히 '자연을 벗삼는다'는 말투를 즐겨 덧붙인다. 그 말 속에는 물론 자연을 즐기면서도 자연을 가까운 벗처럼 생각하는 우리들의 손때 묻은 인간적 겸허함이 깃들어 있다.

자연을 벗삼는다는 것은 특히 우리 동양인의 오래된 생활전통이기도 하다. 그러니 자연을 순수한 정복의 대상으로 삼아 마구잡이로 처 빼어 들어가는 것보다는, 오히려 자연과 동화하고 자연을 닮아가려는 몸짓이 우리들에게는 더욱 친근한 것이었다. 그러므로 서양인들처럼 자연을 갈아엎거나 자연과 전쟁을 벌여나가는 게 아니라, 자연 속에서 노니는 온유한 음풍농월(吟風弄月)이 우리네 본연의 삶의 흔적이었노라 이를 수 있다.

자연을 향해 삿대질하기보다는 자연으로부터 무언가를 배우고자 했던 것이 우리 옛 어른들의 기특하고 갸륵한 마음가짐이었던 것이다. 그로 인해 우리는 물론 이른바 근대적 과학문명을 뒤늦게 밟아나감으로써 자연과 싸움질하는 데 익숙했던 '앞선' 자들로부터 억눌리고 노략질 당하는 아픈 세월을 겪기도 했다. 그리고 지금도 그 상흔을 짊어진 채 후유증에 시달리고 있기도 하다.

장자(莊子) 선생처럼 풀이하면 소의 네 발을 자연이라 이른다면, 소의 코를 꿰뚫고 있는 코뚜레를 문화나 문명이라 일컬을 수 있다. 이렇게 본다면 서양인은 오히려 자신들의 코에 열심히 그리고 성공적으로 코뚜레를 만들어 걸고 그것에 질질 끌려다녀온 존재라 할 수도 있지 않을까. 서양은 과연 앞서가고 있는가?

서양의 것에는 겉으로 드러나는 '색깔'만 요란하다면, 우리 동양의 밑바탕에는 속으로부터 스며 나오는 '향기'가 이내처럼 그윽하다. 서양이 색깔의 문화라 한다면, 동양은 향기의 문화라 이를 수도 있지 않을까.

물론 인간은 자연에 얽매여 있다가 점차 자연을 부리고 거느리는 쪽으로 옮아 살아왔다. 그것을 우리는 흔히 문명이니 발전이니 하고 높이 받든다. 그러다가 근래에 들어서는 다행히 자연을 인간존재의 마지막 은신처처럼 생각하는 새로운 기운이 감돌아 자연과 벗하던 이른바 '동양정신'에 대한 향수나 동경이 새롭게 샘솟기도 하는 눈치다. 예컨대 환경운동이라는 것도 다 그런 움직임과 맥락이 닿아 있는 것은 아닐까. 하나 시대의 진보는 자연환경의 퇴보임에랴.

비 자연과학도의 자연 공부

자연과학은 자연에 관한 체계화된 지식이라 할 수 있다. 하지만 자연과학도는 자연과학을 배운다고 말하지 자연을 배운다고는 말하지 않는다. 그러나 고대 희랍의 유물론 철학자인 데모크리토스도 인간이 이룩한 문명의 진보 중 상당부분이 다른 동물의 형태를 관찰하여 모방하였기 때문에 가능하였다고 하지 않던가. 사람들은 가령 거미로부터 직조 기술의 힌트를 얻었고, 새들로부터 노래하는 법을 배웠으며, 제비들이 집 짓는 것을 보고 벽돌을 쌓아 집을 지을 수 있었다는 것이다. 송구스러운 말이긴 하지만, 나는 다행히 그런 자연과학도가 아니어서인지, 감히 자연을 배울 수 있는 소중한 혜택을 이따금 누린 적이 있다.

부풀려 말해도 좋다면, 내가 기억해낼 수 있는 가장 가슴아픈 이른바 자연과의 첫 조우는 아마도 꽃으로 시작하는 듯하다.

나는 초등학교 하급학년 시절 성적이 밑바닥을 맴돌았다. 좋게 해석하면, 6 · 25 끝난 지 얼마 되지 않아서 먹고사는 일 때문에 한 학기에 학교를 서너 달씩 결석해야 했으니 그게 당연한 결과 아니었겠는가고 자위할 수도 있다. 내 기억으로는 60여명의 학급에서 57,8등을 거뜬히 쟁탈한 편이었으니, 특히 내 모친의 절망감은 가히 짐작하고도 남는다. 하루는 어머니께서 나를 부르시더니 다음 학년 올라가서 제일 꼭대기 몇 등까지 올라가면, 뭐 하나, 내 해달라는 대로 해주시겠다고 약속하셨다. 약속준수야말로 우리집 가훈이니, 어머니께서 그걸 어기실 리는 만무한 일이었다.

하나 나는 아연 긴장할 수밖에 없었다. 얼마나 환상적인 제안인가. 그러나 나에게는, 제길헐, 기적이 필요했다. 밑바닥에서 정상 부근까지가 얼마나 까마득한 길인가. 나는 기적을 빌고 또 빌었다. 내 간곡한 기도 탓에 하늘도 뭉클했던지 결국 날 도왔다. 어느 날 나는 내 소망을 털어놓을 자격을 당당히 쟁취한 것이다. 학교에서 집까지가 왜 그렇게 먼지, 나는 희랍 병정처럼 달렸다. 그때 우리는, 그 당시로서는 물론 흔한 일이기도 했지만, 여러 가난뱅이 살림집이 한데 뒤엉켜 비좁은 울타리 안에서 북적거리며 살고 있었다.

나는 엄숙히 내 희망사항을 피력하였다. 나는 한 뼘도 안 되는 침침한 마당 한구석을 가리키며, 저기다 꽃을 심고 싶다고 어머니께 말씀드렸다. 갖고 싶은 게 무진장 많았는데, 왜 하필 그놈의 꽃이 불현듯 머리에 떠올랐는지. 어머니와 나는 늦은 밤까지 여기저기를 헤매다녔다. 꽃 파는 가게가 어찌나 눈에 띄지 않았던지. 한참을 뒤진 끝에 가까스로 꽃을 사긴 샀다. 우리는 집으로 돌아와 끙끙거리며 땅을 팠다. 그리고 초췌한 마당에 그 꽃들을 가지런히 심었다. 나는 다음 날 새벽 보초처럼 일찍 눈을 떴다. 그리고 숨가쁘게 마당으로 좇아 나갔다. 그러나 어인 일인지, 밤새 집중 폭격이라도 당한 듯 꽃이 죄다 말라 비틀어져 있는 게 아닌가. 몰사한 것이다.

그 시절 어찌 우리에게 우아한 꽃에 관한 나무 젓가락만한 지식이라도 있었겠는가. 우리는 힘들여 시장 어디에선가 병에 꽂는 꺾꽂이 꽃을 한아름 사다가 땅에 점잖게 심어 논 것이었다. 그 꽃들은 다만 임자를 잘못 만난 죄로 우리들에게 애꿎은 타살만 당한 것이다. 그러나 그렇게 공들여 구한 아름다운 꽃이 메말라죽자 나는 그걸 주저 없이 쓰레기더미에 갖다 처박아버렸다.

그 '후유증' 탓이었는지는 모르지만 20대 후반 한때, 나는 유학자금을 마련한답시는 고귀한 환상을 품고 감히 나무장사를 결행한 적이 있었다. 말하자면 '자연'을 사고 팔아 당차게도 눈 깜짝할 새 일확천금을 거둬들이겠다는 화려한 꿈을 꾸었던 것이다. 정원기사들과 더불어 시골까지 가서 나무도 뿌리째 파서 사다 옮겨 심어놓고, 정원공사 주문도 이따금 따기도 하고, 또 비닐하우스 속에서 화분도 키워 팔기도 했다.

그러다가 어느 겨울날 비닐하우스 안에 있는 관엽식물을 아홉 날 동안 정성껏 불을 잘 때주다가 딱 하룻밤 불을 꺼뜨린 탓에 그걸 몽땅 몰살시킨 적도 있었다. 인간도 비슷하리라. 아홉 개를 잘해주다가 하나만 잘못해도, '저 죽일 놈' 하고 쌍심지를 켜지 않는가.

한곳에 오래 심어둔 나무는 잎도 무성하고 때깔도 아름답다. 그러나 우리

'전문가' 들은 그런 것을 시골 농장에서 오히려 싼값에 사온다. 왜냐하면 한군데서만 곱게 자란 탓으로 딴 데 옮겨 심으면 자생력이 약해 곧잘 쓰러질 수 있기 때문이다. 그러나 어릴 때부터 여러 군데를 옮겨다니며 살아온 나무는 잎도 떨어지고 가지도 앙상하게 못 생겼으나 값이 훨씬 비싸다. 자생력이 왕성해서 어떤 땅에 옮겨 심어도 금세 당당히 뿌리내리기 때문이다. 그러면 곧 멋들어진 나무로 변한다. 그러나 화원을 찾아온 손님들은 한곳에서 오래 자란 이쁜이들만 찾는다. 원가가 훨씬 싼 것이었는데도 몇 배 비싼 값을 불러야 고개를 끄덕이며 기필코 그걸 사가고야 마는 것이다. 내실은 약하지만 겉만 번지르르한 것이 항상 환영받았다.

야욕으로 시작한 나무장사에 어찌 고통이 따르지 않을 리 있었겠는가. 오줌도 썩지 않으면 거름 구실을 하기는커녕 오히려 나무를 죽이는 살초제 노릇을 한다고 했다. 나는 대낮인데도 나무에 함부로 오줌을 내갈기는 주정꾼과 다툰 적이 있다. 억센 정원사들도 그를 감당하지 못해 어쩌다가 내가 그와 부딪치게끔 되었다. 그런데 실수로 급소 어디라도 건드렸는지 내 가벼운 손놀림 하나에 그가 그만 맥없이 푹 주저앉는 바람에 나는 일꾼들 사이에서 일약 태권도 고단자로 등극하기도 했다.

어디 그뿐이었던가. 화원 문 열던 바로 그날 밤 어느 취객의 정밀한 시차 공격으로 코까지 물어 뜯기기도 했다. 개가 아니라 사람에게 코를 정확히 물렸으니 신문 날 일이었다. 개업을 축하해주기 위해 그 자리에 왔다가 정보부 이야기 등으로 본의 아니게 우연히 싸움을 불러온 내 후배 하나는, 지금은 저명한 시인이 되어 있지만, 그 개업식 날 밤을 함께 파출소에서 보내는 신세가 되지 않으면 안 되었다.

그러다가 비록 적은 액수이긴 하지만 나는 개업하자마자 사기도 당했다.

사기꾼은 역시 점잖고 고상하게 차려입었다. 나 같은 어리빙빙한 젊은이까지 등쳐먹은 천주교 신자라던 금테안경 낀 할아버지 사기꾼 한 사람을 찾느라, 홧김에 모든 일을 멈추고, 일 주일 동안이나 그가 산다고 거짓 일러준 마을을 파월 용사처럼 속속들이 수색하기도 하였다. 하나 내 미숙한 비분강개는 당연히 헛수고로 끝날 수밖에 없었다.

이른바 유학자금 마련차 일확천금을 꿈꾸다 나는 결국 자연의 매를 맞았다. 물론 돈은 한 푼도 벌지 못하였다. 대지에 뿌리내리는 나무가 어찌 화장품이나 선풍기처럼 팔릴 리 있겠는가. 뿌리를 끊어낸 채 심거나 팔아치울 수도 없는 노릇이고. 눈비와 거친 바람, 또 때로는 따뜻한 햇빛 속에서 오랜 세월을 묵묵히 갈고 닦아온 나무들이 복권 당첨되듯 일순간에 화끈한 특혜를 베풀어 주길 기원하는 인간들의 경박한 몸놀림에 어찌 장단을 맞출 리 있겠는가.

자연을 부자연스럽게 대하는 인간

자연은 다 바라보고 있다. 허지만 쉽게 입을 열지는 않는다. 자연은 자신에게 쏟아준 인간의 애정에 자연스럽게 귀기울일 줄 아는 것이다. 그러나 우리 인간은 자연을 부자연스럽게 끌고 다니려고만 한다.

꽃을 사랑한다면서 그 꽃을 꺾는 존재가 인간이며, 그리고 아름답다고 꺾은 꽃이 시들면, 꼭 그 어린 시절의 나처럼, 그걸 여지없이 쓰레기통에 처박아 버리는 게 또한 인간 아닌가. 그러하니 가장 아름다운 것이 가장 모질게 버림받을 수 있다는 것을 깨우쳐 알아야 하는 존재가 또한 인간일러라. 마찬가지로 잡초가 아무리 성가시고 쓸모 없는 것이라 하더라도, 과연 그 누가 바위틈을 뚫고 피어오르는 풀꽃까지 뽑아버릴 수 있겠는가.

멋들어지게 어느 철학자는 인간을 잎이나 나무라 한다면 자연은 나무나 숲이라 일컬을 수 있다고 하였다. 숲만 보고 나무를 보지 못할 것인가, 아니면 나무만 보고 숲은 보지 않을 것인가. 나무를 떠난 잎이 정녕코 살 수 있겠는가.

자연은 우리 인간들의 마지막 동반자다. 그러므로 인간이 자연을 학대하는 것은 곧 자신의 삶 그 자체를 학대하는 것이 된다. 자연이 인간의 소유물이 아니라 오히려 인간이 자연의 소유물임에랴.

따라서 우리는 자연으로부터 부지런히 배워야 하지 않을까. 하나 우리가 반드시 명심해야 할 일은 인간은 자연을 따름으로써만 자연을 지배할 수 있다는 사실이다.

이를테면 자연은 인간의 교사다. 아리스토텔레스도 《정치학》이라는 책 속에서, “자연은 모든 것을 인간을 위해 불완전하고 무의미한 것으로는 만들지 않는” 존재라 하지 않던가. 루소도 인간이 자기 자신의 참다운 본성을 찾아내기 위해 자연으로부터 배우지 않으면 안되고 그러기 위해 “숲 속에 은거”하라고까지 권유하지 않았는가. 나아가서 루소는 모든 인간이 거짓말투성이인 책이 아니라 결코 거짓을 말하지 않는 자연의 소리에 귀기울이라고 당부하기까지 하였다. 그러나 자연은 인간에 의해 자연스럽게 폭행 당하기만 하는 존재로 전락하였다.

자연은 어머니의 품이며 학교며, 절 같은 곳이다. 자연의 모든 것이 책이고 스승이며 성직자다. 그러하니 자연과 멀어진 문명인들은 문명화되는 수준과 속도만큼 순수의 빛을 상실할 것이다. 자연은 곧 겸허와 순수를 가르친다.

하니 자연에 귀 기울 게 어디 한둘인가.

그윽이 내려 쌓이는 눈에서 차곡차곡 쌓아가는 땀흘린 결실의 아름다움

을 엿듣고, 머물지 않고 마냥 흘러가는 구름의 헌거로움에서 사리(私利)에 파묻히지 않는 탁 트인 여유를 엿볼 수 있다. 둥글었다 이지러졌다 하는 달의 의연함에서 즐거워도 날뛰지 않고 쓰러져도 신음하지 않는 유유자적함을 배운다. 바람이 부는데 흔들리지 않는 나무도 이상하지만, 바람이 이미 자는데도 계속 흔들리는 나무도 온전한 나무가 아님에야.

이인로가 파한집(破閑集)에서 말하듯 "뿔 있는 놈은 이빨이 시원찮고, 날개가 있으면 다리가 두 개뿐이며, 이름난 꽃은 열매가 없고, 고운 빛깔의 구름은 쉬 흩어지는 것처럼", 인간 역시 크게 다를 바 없는 존재 아닐까. 비범한 재주와 눈부신 자질이 크게 뛰어나면 공명(功名)이 떠나가 함께하지 않음도 그러한 이치와 마찬가지라 일컬을 수 있을 터이니. 미인박명(美人薄命)이니 재승박덕(才勝薄德)이라고도 하지 않던가. 하나 다른 꽃보다 앞서 피는 꽃이 지는 것도 물론 더욱 빠를 수밖에 없음을 잘 깨닫는다면, 우리의 한탄도 줄어들지 않겠는가.

·

인간은 자연의 일부다. 아니, 자연 그 자체다. 자연의 영어 단어는 '네이처'(*nature*)인데, 이 말은 라틴어 '나투라'(*natura*)에서 유래하였고 그 뜻은 '태어남'이나 '만들어짐'이라 한다. 요컨대 서양에서의 자연(*nature, natura*)이란 '생명이 나타나는' 것으로 풀이된다. 그러므로 자연을 가장 많이 닮은 생명체가 인간이라는 것이다. 아니, 인간 자체가 바로 자연이라는 말도 된다.

이런 의미에서 인간이 자연과 더불어 그리고 자연의 질서에 따라 함께 살아가야 함은 자연스러운 이치라 할 수 있다. 괴테가 그랬다던가, "자연과 가까울수록 병은 멀어지고, 자연과 멀수록 병은 가까워진다"고. 의성(醫聖)으로 일컬어지는 희랍의 히포크라테스도 "자연이 아니면 몸 안의 질병을 결코 이겨낼 수 없다"고 힘줘 말한 적이 있을 정도다.

어쨌든 오늘날 인간의 치료도 자연의 섭리를 따라야 한다는 자연의학적 주장이 점차 설득력을 얻고 있는 현실이다. 동사(凍死)하거나 산불에 타죽거나 사람이나 맹수에게 죽임을 당한 산짐승의 시체는 간혹 볼 수 있지만 병으로 죽은 짐승들의 모습은 보기 어려운 것처럼, 인간에게도 원래 자연치유력이 있다는 것이다. 요컨대 자연과 인체는 대단히 유사한 구조로 짜여져 있다는 것이 그들의 믿음이다. 곧 바위를 사람의 뼈로 그리고 흙을 사람의 살로 풀이한다. 마찬가지로 물은 피, 강줄기는 혈맥, 그리고 풀뿌리와 나무뿌리는 모세혈관에 각각 걸맞은 것으로 이해한다.

자연의학과 인연을 맺고 있는 전문가들의 이야기를 들으면 서양의학도 애초에는 한의학과 다를 바가 없었다는 것이다. 말하자면 히포크라테스도 인간의 자연적 체질을 다양하게 분류하고 그에 따라 인간의 품성적 기질이나 직업 등을 잘게 나누었을 뿐만 아니라 또 그에 맞는 병의 치유법까지 제창하였는데, 실은 그러한 방식이 근대에 이르기까지 지속되었다는 말이다.

그러나 서양 의학을 망친 건 바로 병균을 발견한 코흐(Robert Koch)라는 것이다. 왜냐하면 세균을 찾아내고 나서부터는 육체의 총체적인 구조와의 관련성 속에서 치료가 이루어지지 못하고 단순한 국부치료가 가능해졌기 때문이다. 예컨대 눈이 충혈되면 양의는 안약만을 준다. 또는 위염이 발생하면 양의는 항생제를 주는데 그게 또 지독해 소화제를 같이 주는 경우도 많다는 것이다. 그러면 위염 자체는 치유될지 모르지만 간이나 콩팥 등 아무 잘못도 없던 다른 장기들까지 항생제의 독성 때문에 심각한 손상을 입게 된다는 말이다.

이들에 따르면 건강이라는 영어 단어 '*health*'의 어원은 '전체 건강'이라는 뜻의 '*hal*'인데, '*health*'와 '*whole*'(전체)이라는 말이 여기서 비롯했다 한다. 또한 의학은 영어로 '*medicine*'이라 하는데, '치료한다', '나누어 측정한다'는 뜻을 가진 라틴어 '*medicina*'에서 유래했다 한다. 이런 사실을 통해 서양의학이 인간과 자연을 분리하고 인체를 여러 조각으로 잘게 나눠 분석함으로써 그걸 마치 기계부속품의 조합처럼 이해하는 관점에 입각해 있다는 것을 잘 알 수 있다고 말한다.

자연의학적 이해방식에 따르면, 가령 몸에 열이 날 때, 그것을 심신의 균형과 조화를 회복하기 위한 자연치유력의 발동현상으로 받아들임으로써 증상만을 완화하는 해열제를 쓰는 대신 오히려 열을 돋우는 약초나 음식을 먹는 게 당연한 것으로 인식된다. 이를테면 우리의 오랜 생활관습처럼 이열치열(以熱治熱)인 셈이다. 예컨대 옛 중국의 명의 화타도 가슴에 쌓인 분노로 인해 생긴 어느 고관대작의 울화병을 오히려 화를 돋구어 고쳤다고 전한다.

그리고 "통(痛)은 통(通)이다"라는 말이 있다. 말하자면 우리 신체의 어느 부위에 통증이 생기면, 그것은 모든 막힌 부분을 뚫어주어 반드시 그걸 통하게 하라는, 즉 질병을 치료케 하려는 자연의 본능적 사전경고나 사전요청이라는 말이다.

요컨대 모든 증상은 인간의 신체를 정상으로 되돌리기 위해 자연치유력이 자연스럽게 움직이기 시작하는 표시라는 뜻이다. 그러므로 그것은 신체에 이상이 있거나 과도한 무리가 가해지고 있다는 사실을 알려주는 신호등 역할을 하는 것으로 이해된다. 따라서 그 증상을 없애려고 거기에 양의학적으로 약을 투입하거나 수술을 가한다면, 그건 아예 신호등 자체를 제거함으로써 더욱 심각한 질환을 유발시키는 어리석고 자연을 거스르는 잘못된 행위가 되는 셈이다.

나도 오래 전부터 이러한 것들에 관해 대단한 들은 풍월이라도 있는 것처럼, 정치학 강의시간에 사회과학 분야에서의 '양의학적' 접근법과 '한방적' 방법론이란 개념을 어줍잖게 만들어내 그걸 이따금 풀어먹을 때가 있다. 내 강의에서도, 우리가 사회와 정치를 고찰할 때 전체 구조를 파편처럼 잘게 부숴 조각조각 내는 대신, 사회구조의 구성인자들을 전체적이고 유기적인 관련성 속에서 총체적으로 투시하는 '한방식' 또는 '자연의학적' 방법론이 보다 바람직하지 않겠는가 하는 투의 설명이 이루어지는 것이다. '자연정치론' 이라 주워섬길 수 있을까.

이를테면 사회 내부에 모순이나 분규가 발생할 때, 그러한 현실을 학문적으로 해석하는 방식도 비슷할 수 있다는 요지인 것이다. 요컨대 그 병리현상의 출현을 그러한 문제점들을 신속히 극복함으로써 사회의 건강성 회복에 매진하라는 '사회적 자연' 의 자연스러운 요청이요 경고로 받아들이는 실천론적 사회관찰이 보다 사리에 맞지 않겠는가 하는 말이다.

왜 호박꽃이 장미꽃보다 아름다운가

한마디로 인간은 자연의 산물이다. 그러므로 자연의 순리에 따르는 삶의 태도야말로 가장 자연스러운 인간적 자세라 할 수 있지 않을까.

인간은 자연의 산물 중에서 가장 영리한, 아니 정확히 말하면, 가장 교활한 존재다. 인간만큼 대대적이고 계획적이고 상습적으로 자기 자신의 종족을 파괴하고 말살시키는 포유류가 과연 자연 어디에 존재하겠는가. 어디 그뿐인가.

예컨대 누에는 애벌레처럼 생겼고 뱀장어는 뱀과 닮았다. 그래서 사람들은 누에나 뱀장어를 보면 징그럽다고 질겁하기 일쑤다. 그러나 실 뽑는 여인들은 즐거이 누에고치를 어루만지며, 어부와 뱀장어 장수는 흥겹게 뱀장어를 쓰다듬는다. 이처럼 자신의 이해관계에 따라 자연을 어루더듬기도 하고 기피하기도 하는, 그렇지만 영원히 자연을 등지지는 못하는 기회주의적 생물이 인간 아니겠는가.

목이 탈 때 사람은 샘을 찾는다. 그러나 목을 축이고 나면 사람은 금세 샘에 등을 돌린다. 황금접시에 담았던 귤이라도 과즙을 짜내면 즉시 시궁창에 내던져지지 않는가. 물에 빠져 허우적거릴 때는 안간힘을 써 움켜잡으려 애쓰던 나무토막도 뭍에 오르면 허심탄회하게 내팽개치는 게 인간이다. 어쨌든 항문으로는 썩은 냄새를 내뱉으면서도 코로는 황홀한 향기만 맡고 싶어 안달하는 존재가 인간 아닌가. 그러한 인간이 어찌 향내만 맡자고 할 것인가. 가령 열쇠로 문을 잠글 때는 이게 열리면 어떡하나 하고 속을 태우지만, 그걸 열 때는 거꾸로 이게 열리지 않으면 어쩌나 하고 걱정하는 딱한 주제꼴이 바로 우리들 아닌가 하는 말임에랴.

하나 이러한 이중성을 인간 자신은 알려고 하지 않는다. 정원의 꽃들이 향기롭고 아름답게 되길 원한다면 때때로 거름에서 풍겨나오는 고약한 악취를 맡을 각오를 하지 않으면 안 되는 게 자연스러운 이치 아니겠는가. 하지만 인간은 향기는 항상 향기여야 하고 구린내는 항상 구린내여야 한다는 단세포적 욕심을 버리지 못한다. 향기와 구린내 사이에 준엄한 장벽을 쌓아놓고는 오로지 향기로만, 향기로만 매진하려 할 뿐이다. 심지어는 향기가 아닌 것을 향기라 우기고 구린내가 아닌 것을 구린내라 윽박지르기까지 하지 않는가. 이처럼 인간의 욕망은 끝이 없다. 그러나 근심은 욕심에서 생겨나는 것임에랴.

하나 "뱁새가 깊은 숲에 보금자리를 만드는 데 필요한 것은 나무 한 가지에 불과"하고, "두더지는 강에서 물을 마시지만 필요로 하는 물은 배를 채울

만한 분량뿐"이라 하지 않던가. 낙타는 엄청나게 무거운 짐을 등에 질 수 있지만, 개미는 불과 부스러기 하나밖에 지지 못한다. 하지만 둘 다 모두 온 힘을 다 기울인다는 점에서는 다를 바 없다. 마찬가지로 코끼리는 어마어마한 양의 물을 마시지만, 쥐는 겨우 한모금의 물밖에 마시지 못한다. 그래도 쥐나 코끼리 모두 배를 가득 채운다. 인간 역시 크게 다를 바 없다. 천 칸의 대궐이라도 하룻밤 자는 데는 한 칸 방이요, 만 석의 땅을 가졌어도 하루 먹는 데는 쌀 한 되뿐이지않은가.

열매를 맺으려 땀흘려 일하는 호박꽃의 뛰어남을 장미가 어찌 따를 수 있겠는가만, 과연 자연이 장미꽃더러는 예쁘다하고 호박꽃보고는 못 생겼다고 밉다 할 것인가. 결국 같은 의미에서 자연 앞에서는 인간도 평등한 존재다.

그러나 우리가 결코 망각해서는 안 될 것이 있다. 요컨대 인류가 우리를 '시민'으로 만들어주기 전에 대자연은 우리를 먼저 '인간'으로 만들어주었다는 사실을. 그러하니 사람을 헐뜯고 미워하고 업신여기면서 과연 산과 들과 강을 좋아한다거나 꽃과 숲의 향내를 사랑하고 새소리를 즐긴다고 말할 수 있을까. 사람이 싫어 자연에 파묻힌다는 말보다 오히려 사람이 좋아 그리로 향한다는 말이 더욱 진솔하지 않을까.

루소도 《에밀》에서 "자연은 절대로 우리를 기만하지 않는다. 우리 자신이 언제나 스스로를 기만하는 것"이라 힘줘 말하였다. 그렇기 때문에 루소는 신이 창조한 모든 것은 선(善) 그대로이었으나 인간의 손길이 닿자 모든 것이 악으로 변하였다고 개탄하지 않았던가. 말하자면 그는 양심을 사랑하고 이성을 깨닫고 자유를 선택하는 것을 선(善)으로 인식하였다. 그리하여 우리에게 내면의 신적인 목소리를 경청하도록 촉구하였던 것이다. 루소가 "자연으로 돌아가라"고 외쳤다면, 그것은 단지 '자연상태'에서의 인간의 자족과 행복에 대한 그리움의 표현일 뿐이었다. 그러므로 자연으로 돌아간다는 것은 그에게는 이 사악한 인간사회 속에서 어떻게 하면 '자연상태'와 같은 낙원을 복원할 수 있을 것인가 하는 자신의 따스한 소망에 대한 다짐 비슷한 것일 수 있다.

자연을 죽이면, 자연이 죽여

'자연'(*nature*)이 인간의 '본성'으로 풀이되는 것도 결코 우연한 일은 아니다. 사전에서도 자연이 "사람이나 물질의 본디의 성질, 본성"으로 해석되고, '자연스럽다'라는 말이 "꾸밈이나 거짓이나 억지가 없어, 어색하지 않다"고 묘사되고 있다.

맑스도 '인간의 자연화'(*Vernatürlichung des Menschen*)와 '자연의 인간화'(*Vermenschlichung der Natur*)를 강조한 적이 있다. 그에게 자연은 물론 인간화하고 사회화한 자연이다. 그러므로 변화시킬 수 없는 자연은 존재하지 않는다. 자연은 인간에 의해 변화하고 인간은 또 그를 통해 자신의 자연, 곧 본성을 변화시키는 것이다. 인간은 자연의 일부일 뿐만 아니라 동시에 자연을 변형시키는 힘으로 인식된다. '자연의 인간화'란 결국 '자연의 사회화'를 의미하며, 인간적 노동의 지속적인 투여과정을 일컫는다. 맑스에 따르면, 그러나 인간은 사회화한 자연, 이를테면 개조된 자연의 인간화, 곧 사회의 개조, 즉 '사회의 인간화'를 지향한다. 그러므로 맑스는 인간의 역사과정을 자연의 사회화와 사회의 인간화의 종합, 즉 노동과 해방의 총화로 파악하는 것이다. 그리고 이러한 역사과정 중에 '인간의 자연화', 요컨대 인간의 자연, 즉 본성의 변화가 이루어짐을 역설하고 있다. 그러므로 인간과 자연 간에는 변증법적 상호관계가 성립한다는 말이 된다.

이를테면 자연은 인간의 원류다. 하나 인간에 의해 자연스럽게 더럽혀지는 조상인 것이다.

나는 여름철 한때, 북한강 상류지역인 강원도 사북면 원평리의 어느 후미진 봉놋방에서 한 달 가까이를 보낸 적이 있다. 이른바 자연과 벗삼아 글도 읽고 강기슭을 따라 산책도 일삼았다. 그러나 그 집은 식당도 겸하고 있어 이따금 무리지어 토종닭을 해치우러 오는 인파에 휩싸일 때가 있었다. 하나 산언덕과 들판을 자유롭게 쏘다니는 닭들도 알을 낳기는 해서 언덕배기 한곳에 산란터도 만들어져 있었다. 하루는 대대적인 인파가 휩쓸고 지나간 후라 닭이 고갈되어 버려서인지 어느 곳으로부턴가 닭들이 트럭으로 대량 유입된 적이 있었다. 물론 사료도 대대적으로 살포되었다. 이들은 죽이기 위해 잠시 정성껏 먹이는 토종닭들이었다.

다음날 이른 아침잠에서 깨어났을 때, 나는 이 닭들이 하필 내 방에 딸린 쇠락한 부엌 한구석에다가 이미 잡혀먹히기 위해 팔려온 첫날 밤에 서둘러 훌륭한 알 낳기 짚풀더미를 만들어놓은 것을 발견했다. 이 닭들은 곧 닥쳐올지도 모르는 자신의 죽음은 초월한 채, 그 혼란의 와중에도 미래의 후손번식을 위한 보금자리 만들기부터 서둔 것이었다. 하기야 인간보다 훨씬 탁월하게 후계자 양성부터 솔선한 것이다. 물론 싱싱하고 뽀오얀 알들이 내 눈에 즉시 포착되었다. 이게 웬 떡이냐 싶었다. 역시 나는 존귀한 인간이었다. 그리고 나는 이 알들을 나의 숭고한 인간적 존엄성을 기리기 위해 깨뜨렸다. 그 계란들은 당장 내 건강 증진의 희생물로 순교당할 수밖에 없었다. 신선하고 싱그러웠다. 그리고 나는 상습범이 되었다.

나는 이에 힘입기도 하면서 강줄기를 따라 매일 네댓 시간 이상을 산보에 헌납하였다. 여윈 내 허벅지에도 비 온 후 시냇물 불듯이 근육 비슷한 게 불어나는 느낌이었다. 하나 서울로 돌아온 지 한 달 만에, 마치 나를 위해 순교당한 그 순결한 달걀들의 넋을 위로라도 하려는 듯이, 나는 뜻밖의 교통사고를 당했다. 그리고 나의 두 다리는 완강한 깁스로 포박 당하였다. 어떻게 근육을 만든 다리들인데 싶어 절망감이 엄습했다.

그러나 내 머릿속에는 이내 두 유형의 거지 이야기가 떠올랐다. 그야말로 완벽하게 빈털터리인 두 거지가 있었다. 하루는 길을 가다가 만 원짜리 지폐를 한 장 줍게 되었다. 그러나 반응은 전혀 달랐다. 거지 갑(甲)은 욕지거리를 퍼부으며, 손에 들어오려면 다발이 걸려도 부족할 텐데 달랑 단돈 만원 이게 뭐냐, 나는 지지리도 재수 없는 녀석이야 하는 투였다. 그러나 거지 을(乙)은 달랐다. 그는 "이제 됐다"하고 환호성을 내질렀다. "이제 99만원만 더 있으면 나는 백만장자가 돼" 하고 그는 열심히 길을 헤쳐갔다. 두 거지가 앞으로 걸을 인생 길은 얼마나 다를까. 나는 흔쾌히 두 번째 거지를 따르기로 했다. 그 달걀들 덕분에, '깁스로 뭉쳐지긴 했을망정 내 목숨은 앗기지 않은 거야' 하고 나는 나 자신을 위로했다. 그 토종닭의 알들은 내 몸속에 아직 살아 있었다.

인류는 인간과 가장 가까이 있는 자연부터 차례차례 숙청해 온 역사를 밟아왔다고 말할 수 있다. 그리고 역사는 예컨대 토인이나 아메리카 인디언 그리고 에스키모 등, 자연에 가까운 것들이 어떻게 신속히 핍박당하고 축출당하였던가를 잘 보여준다. 가령 미국 남동부 애팔래치아 산맥 남쪽 끝에 살면서 농경과 수렵생활을 해오던 인디언 체로키족 1만 3천여명 정도는 1838년에서 39년에 걸쳐 오클라호마의 보호구역으로 강제이주당했다. 하지만 1,300킬로미터의 행진중에 추위와 음식부족, 병, 사고 등으로 무려 4천여명 정도의 체로키들이 목숨을 잃었다 한다.

그러나 자연에서 가장 멀리 떨어져 나온 것이 가장 늦고 힘들게 자연으로 되돌아갈 수 있다. 예를 들어 흙이나 나무집은 부서지면 쉽게 자연으로 되돌아갈 수 있지만, 시멘트나 공산품, 화학제품 등의 쓰레기가 자연화되기는 대단히 힘들다. 사실 이러한 것들이 근래 환경오염이나 자연파괴의 주범으로 일컬어지고 있지 않은가. 그래서 머지않아, 우리는 남의 집을 방문할 때, 미식가를 위해 특별히 만들어진 고급상점에서 최고 브랜드의 생수를 사서 선물로 건네야 할지도 모른다.

그러나 단순하지만 또 단순히 잊혀지는 것은, 인간이 존재하기 이전에도 자연은 존재하였고, 인간이 죽는다고 자연이 따라 죽지는 않지만 자연이 죽으면 인간은 반드시 따라 죽는다는 사실이다. 아니, 자연을 죽이면 자연이 죽인다.

예전 서유럽의 환경운동가들은, 숲으로 도배한 나라에 살면서도, "나무가 죽는다. 그러면 곧 우리 인간이 죽는다"는 순진한, 그러나 사실은 처절한 구호를 현수막에 써서 거리에 내다 걸곤 했다.

'돌아가다'라는 단어를 국어사전에 찾아보면 "본디 있던 자리로, 또는 오던 길을 되돌아 다시 가다"로 풀이되어 있다. 그러나 흥미로운 것은 그 말이 동시에, 예컨대 "할아버지가 돌아가셨다" 하는 식으로, '죽다'의 높임말로도 사용된다는 것이다. 인간이 죽으면 도대체 어디로 '돌아가는' 것일까? 자연 아닐까. 새가 아무리 땅을 박차고 높이 솟구쳐 올라도 필경 다시 땅으로 되돌아올 수밖에 없는 것처럼.

우리는 자연 속에서 태어나고 자연 속에서 살고 있다. 지금 이 순간에도 우리 인간은 그 속에 있고 자연은 우리의 가운데 있다. 그리고 어느 날 우리는 다시 그 속으로 사라져갈 것이다. 그런데 우리 인간이 그 자연을 느끼지 못하는 것은, 자연이 멀리 떨어져 있기 때문이 아니라 그것이 너무 가깝고, 우리가 한 번도 그곳에서 벗어난 일이 없기 때문일 것이다. 자연 속에 우리 인간이 있듯이 우리 인간 안에 자연이 있으며, 자연과 인간이 둘이 아니고 곧 하나임을 자연스럽게 깨달아야 할 것이다.

자연은 인간적이어야 하고, 인간은 또 자연적이어야 할 것이로다. 자연과 인간은 생명공동체이기 때문에, '자연을 인간답게, 그리고 인간을 자연스럽게', 이것이 우리의 삶의 구호가 되어야 하지 않을까.

힘을 사랑하는 인간과 사랑의 힘을 가진 인간

가까운 일만 하더라도 성수대교나 삼풍백화점의 붕괴, 그리고 한보사태와 북한 주민의 굶주림 등, 우리는 많은 몹쓸 일들을 겪으며 살고 있다.

그러나 자연이 우리에게 보여주듯이 썩은 풀숲에서 여름밤을 밝히는 반딧불이 나오고 더러운 흙 속에 살던 굼벵이가 자라 가을 바람에 이슬 마시는 매미가 되는 것처럼, 그리고 진흙탕 속에서 연꽃이 피는 것처럼, 진실로 깨끗한 것은 언제나 더러운 것으로부터 나오고, 밝음 또한 언제나 어두움에서 비롯하는 것이다. 방향성(芳香性) 식물은 성장하는 동안에는 향기를 내지 않는다. 하지만 이슥고 땅 위에서 짓밟히고 으깨어지면 달콤한 향기를 사방에 흩날린다.

그러므로 비리와 부조리를 잘 퇴치함으로써 더욱더 밝고 깨끗한 세상을 만들어나가는 것, 이것이 보다 중요하고 바람직한 일이 아니겠는가. 요컨대 걸림돌을 디딤돌로 만들어나가는 지혜 같은 것을 우리는 자연으로부터 얻을 수 있을 것이다.

햇빛 비치는 좋은 날씨만 계속되면 모든 게 사막으로 변한다. 휘몰아치는 거센 비바람이 있기에 새싹이 돋아난다. 하나 사막은 어딘가에 샘을 숨기고 있기 때문에 아름다운 것이다. 그러므로 그 샘을 찾아야 한다. 사람은 흔히, 그게 절실히 필요한 것이라면, 삼 년 묵은 영험한 쑥을 갖기를 원한다. 그러나 그 삼 년 묵은 쑥을 허둥거리며 찾아 나서기만 하지, 그걸 바로 오늘 당장 만들어서 삼 년 후에 쓰려고는 생각하지 않는다. 세찬 바람이 불어닥칠 때라야 비로소 강한 풀을 분별할 수 있음도 깨달아야 하지 않을까.

인간은 모름지기 자연의 자연스러운 산물로 살아가야 할 것이다. 작은 이슬방울, 가느다란 실개천 하나하나까지 다 받아들임으로써 비로소 바다의 가없는 깊이가 온전해진다는 것을 잊지 말아야 한다. 자신이 깨끗하다 하여 남의 더러움을 기꺼이 포용치 못한다면 그것은 참된 깨끗함이 아니라 결벽증에 지나지 않고, 자기가 옳다고 여긴대서 남에게까지 그 길을 강요하려 든다면 그것은 옳음이 아니라 자기도취일 따름이라는 가르침을 어이 모른 척할 것인가.

인간이란 어차피 자연에서 와서 더불어 자연으로 되돌아갈 피붙이 공동운명체 아닌가. 부귀한 사람도 빈천한 사람도 언젠가는 모두 자연으로 돌아간다. 흙이 되기는 매일반일 터인데, 어찌 조그만 눈앞의 이익을 탐해 그 허망한 싸움을 그칠 줄 모르는가.

방금 내 몸 속에서 더운 피를 타고 흐르던 나의 숨결이 바로 옆사람의 가슴으로 흘러 들어가는 공기가 되고, 조금 전 어느 집 문창살을 부러뜨린 거센 바람이 지금은 내 이마의 땀결을 고르는 부드러운 미풍이 되어 살랑거린다. 그러하니 자신만 생각하며 인생여로를 홀로 걷는 사람은 그 인생의 마지막 길도 결국 홀로 끝내게 될 것임은 자명하지 않겠는가.

사람끼리 나누는 악수는, 아니 함께 부여잡는 손은, 또 얼마나 인간적이며 자연적인가. 우리는 단 한 사람의 손만을 잡는 게 아니라, 여태까지 그들이 더불어 손잡았던 모든 사람들의 손을 다같이 잡는 셈이 된다는 것을 마음에 새겨두어야 할 것이다.

어리석은 자는 자연을 섬기고, 옅은 자는 자연을 짓부수며, 지혜로운 자는 자연에서 배울 터이다. 힘을 사랑하는 인간이 아니라 사랑의 힘을 가진 인간이 자연과 어우러지리라.

아아, 인간이 보고 싶다

우리 한국인은 과연 인도적 민족인가?

냉전체제로 얼어 붙었던 1980년대 어느 해 늦가을쯤 북한 소 한 마리가 '탈북' 한 적이 있었다. 아마 홍수가 터져 휴전선 바로 밑 김포 부근 어느 섬까지 떠밀려온 모양이다. 그때 자랑스러운 대한민국의 어느 TV는 저녁 정기 뉴스시간에 "인도주의적 견지에서 이 소를 빨리 구출해야 한다!" 고 절규한 적이 있다. 그리고 우리 언론의 생리에서는 당연한 반응이었겠지만, 또 군사작전이기나 한 것처럼 불 뿜는 취재경쟁을 전개하였음은 물론이다.

우리네 시장바닥에서는 이렇게 가축 한 마리에까지도 스스럼없이 '인도주의' 를 역설할 정도로 인간미가 넘쳐흐른다. 그런데 과연 우리 민족은 인도적인가?

예컨대 올림픽 얼마 후에 미국 언론은 한국인의 '아기수출' 을 경쟁적으로 비판한 적이 있다. 이를테면 그들은, "아시아의 신흥공업국으로 '88 올림픽' 주최국임을 자랑하는 한국은 정부의 은밀한 지원 아래 해마다 6천 명 가량의 어린이를 미국 가정에 입양시키고 있으며, 미국 가정에 입양되는 외국 어린이의 59%가 한국 출신" 이라고 꼬집은 것이다.

한국인은 과연 인도적 민족인가

사실 그 무렵 사회복지를 책임지고 있다는 국내의 여러 '자선' 단체들은 더 높은 '수익'을 보장하는 해외입양에만 정력을 쏟으면서 치열한 '수출경쟁'까지 벌이고 있었다. 심지어 보건사회부 감사결과 홀트 아동복지회 등 해외입양기관들이 입양아동을 더욱 많이 그리고 보다 빨리 쟁취하기 위해, '목좋은' 고아원 등 복지시설과 병원 등의 의료기관에 양육비, 사례금 명목으로 막대한 청탁성 돈을 미리 갖다 뿌린 것으로 밝혀진 적도 있다. 그야말로 고아 선도매입이었던 것이다. 6 · 25 직후라면 누군들 '정상참작'이라도 하지 못할 것인가. 그러나 올림픽을 치르고 선진국 대열에 돌입하고 있다며 소란법석을 떠는 나라에서 '아기 수출량'이 갈수록 증가한 것이다.

북한이 스웨덴이나 덴마크 등지의 공항에서 한국으로부터 '팔려오는' 어린이들의 사진을 찍어 그것을 선전자료로 활용한 것은 널리 알려진 사실이다. 그들이 이런 '고아수출'을 '동족을 팔아먹는' 반민족적 '만행'이라 규탄할 때 우리는 과연 어떻게 반박할 수 있었겠는가? 그리고 뜨거운 혈육의 정을 강제로 끊긴 채 동생은 이 나라로, 언니는 저 나라로 뿔뿔이 흩어졌다가 서로에 대한 그리움을 달랠 길 없어 낯선 이국 땅에서 자살로 어른들의 비인간적 불륜을 고발하는 한국인 해외입양 어린이들의 참담한 보도를 접할 때, 우리들 어른들은 도대체 무슨 배짱으로 얼굴을 치켜들 수 있겠는가.

그러나 '기다리고 기다리던' 한국인 입양아를 자기네들 공항에서 처음으로 마주하는 순간 반가움의 눈물을 주체하지 못하는 '코쟁이' 양부모들의 정겨운 모습을 우리는 그냥 무심코 지나쳐버릴 수만 있는 것일까. 왜 우리는 비정하게 '팔아치우는데', 그들은 마냥 기쁨의 눈물을 흘리는가? 많은 이득을 남겼다는 장삿속에서 참다못해 뿌리는 감격의 눈물일까, 아니면 위선일까.

걸핏하면 '인간적으로 하자'는 말을 거들먹거리기 좋아하는 우리 한국인들은 정말 인도적 민족인가?

나도 한때 이러한 '고아수출' 의 일익을 담당한 적이 있었다.

1970년대 후반 어느 가을이었다. 대망의 큰 뜻을 품고 나도 감히 유학이라도 한번 해보겠노라고 김포공항을 뜬 적이 있다. 높이 울려 퍼지는 학문의 고귀한 세계와는 아무런 인연도 가져본 적이 없던 나는 다만 인생을 한 번 시험해 보리라는, 내가 즐겨 쓰는 말로 하면, '한번 저질러보겠다' 는 철없는 실험정신으로 서른 살 가까운 나이에 만용을 부린 것이 이른바 독일 유학이란 것이었다. 사실 나는 '무작정 상경파' 였고, '죽은 나무 꽃피우기' 하는 심정뿐이었다. 내 호주머니 속에는 가는 편 비행기삯 외에 달랑 한 두어 달 가량 버틸 수 있는 돈 정도나 들어 있었을까, 자연스러운 일이었다.

마침내 나는 수소문, 수소문 끝에 그 유명한 홀트의 문을 두드릴 수 있게 되었다. 나는 드디어 알아낸 것이다. 홀트 입양아를 유럽 양부모측에 전달만 해주면 '항공료' 가 반값으로 잘린다는 것이다. 얼마나 큰 횡재인가. 물론 출국했다가 한달 내로 되돌아오는 왕복여행객도 동일한 요금이었으니, 이들에게는 보다 더 큰 이득이 돌아갔음은 말할 나위도 없다. 그러니 경쟁은 치열할 수밖에 없었다. 그리하여 이러한 인간적 '자선' 에 헌신할 유리한 기회를 쟁취한 사람은 또 소개꾼에게 인사치레로 커미션까지 집어줄 수밖에 없었음은 한국 사회에서는 어쩔 수 없는 예의고 염치였을지 모른다. 어쨌든 홀트는 역시 '자선' 으로 똘똘 뭉친 인류애적 기관이었다. 대체로 한 팀당 꼬마 세 녀석을 할당받았다.

내가 역사적으로 한국을 뜨던 날, 나는 그 녀석들을 '인수' 하기 위해 이른 아침 합정동 어딘가에 있는 홀트 사무실로 갔다. 우리 일행은 일종의 인수인계식을 엄숙하게 봉행하였던 것이다.

누군지는 알 수 없는 사람들이었지만 정해진 시간에 주로 여인네들이 모여들었다. 그들은 인도주의로 강력히 무장한 듯한 애잔한 표정으로 우리와 그 어린애들을 둘러쌌다. 그러고는 입에 침을 튀겨가며 절절한 목소리로 순결한 기도를 바치는 것이었다. 묘령의 여인들이 튀긴 성스러운 침방울이 내 뺨에 살풋이 내려앉기도 했다. 요컨대 어쩔 수 없이 정든 조국을 떠나는 불쌍한 이 어린 '천사'들을 주님께서 잘 보살펴달라는 취지였다.

나는 서서히 기분이 언짢아지기 시작하였다. 이 기도는 또 무엇인가, 그리고 '팔려 가는 천사'는 또 무엇이란 말인가. 자신들이 보살펴야 마땅한 애들을 외국인에게 넘기면서 그 책임은 '주님'에게로 돌리는 투가 아닌가. 왜 이들은 이렇게도 비통해 하는가. 물론 나는 연로하신 내 어머님께는 공항에 나오시지 말라고 당부 드렸다.

실증근거를 보지는 못한 채 나중에야 들어 안 일이지만, 입양아 '수송' 비용은 입양받는 양부모쪽에서 부담하는 것으로 사전에 이미 약속되어 있다는 것이다. 말하자면 애들 운반비용까지 그리고 운반책의 수고료까지 양부모들이 스스로 다 떠맡는 셈이다. 그런데 우리는 이 싼 비행기값이 웬 떡이냐 하며, 눈물 쏟을 정도로 그 자비로움을 고마워하기만 했다. 홀트에서는 결코 '항공료'니 '비행기삯'이니 하는 천박한 말을 쓰지는 않고, 우리가 내는 이 눈물겨운 쌈짓돈을 단지 '헌금'이라고만 불렀다. 말하자면 국제적 자선사업에 바치는 우리의 고결한 헌신인 셈이었다.

나는 비행기 속에서 다양한 투쟁을 전개하지 않으면 안되었다. 한 녀석에게 우유병을 물리고 있으면 딴 녀석이 울부짖고 해서 그 쪽으로 달려가는 사이에 우유병 문 녀석은 그만 좌석 밑으로 굴러 떨어지기 일쑤였다. 그 외국 항공기의 멋진 스튜어디스들이 헌신적으로 나를 도와주었음에도 내 젖먹이는 방법은 서툴렀고 울음 달래는 수법도 그리 탁월치 못하였다.

이제 한 이삼십 년 흘렀으니 이놈들도 지금은 다 커서 어른들이 되었을 터인데, 이국 땅에서 잘들 살고나 있는지, 아니면 아직 살아있기라도 한지. 물론 이름도 얼굴도 모른다. 스쳐 지나가는 공항에서 양부모쪽 사람들을 잠깐 만나 이 애들을 건네준 탓으로 이 사람들이 어디에 사는 어떤 사람들인지 전혀 알 수도 없다. 그런 게 물론 감히 내 소관도 아니었다. 솔직히 말하면 지금까지 그들을 뼈저리게 머릿속에 떠올려본 적도 없다. 사실은 이따금 속 편하게 그저 오붓한 추억거리처럼 더듬어보기만 할 뿐이다. 속마음으로는 단지 여가선용처럼 한 번쯤 해보는 이런 회상만으로 나는 나의 '인간애'를 적당히 합리화하고 과장하는 버릇만 키우고 있는지도 모른다.

그 후 본격적인 유학생 시절 나는 남부 독일의 어느 조그만 시골마을에 조용히 책이나 좀 보려고 잠깐 머문 적이 있었다. 어느 날 그 동네 서점에서 일하는 할머니 한 분이 시골에서 보기 힘든 이상하게 생긴 낯선 외국인이 이따금 왔다갔다하니, 흔하게 듣는 말이지만, 날더러 어디서 왔냐고 물었다. 코리언인 것을 알고 나서는 이 마을에도 한국에서 온 어린애가 하나 살고 있다면서 시골 할머니답게 솔선해서 주선에 나섰다. 그렇지 않아도 홀트와 연관된 내 호기심을 정답게 자극했다.

결국 나는 그 한국 애를 데리고 살고 있는 독일 부부들을 만나게 되었고, 그 집에 초대까지 받게 되었다. 그 부부는 한국에 선교사로 와서 수년 동안 봉사생활을 하다가 몇 년 전 귀국할 때 이 어린애를 입양했다는 것이다. 나는 한국 사람답게 애가 없냐고 이 부부에게 물었더니, 좀 큰애들이 둘이 있다고 말했다.

한번은 이 부부가 자기집에 와서 한국 요리를 한번 하지 않겠냐고 해서 나도 독일 음식에 질리기도 했던 터라 기꺼이 좋다고 했다. 물론 별 재료는 없었지만 나는 소매를 걷어붙이고 성심껏 요리를 준비했다. 김치는 당연히 있어야 할 것 같아 물었더니, 밭에서 기르던 상추 비슷한 것을 한 움큼 날래 뽑아다주었다. 나는 고춧가루도 넉넉히 뿌리고 해서 맵상한 겉절이 김치 비슷한 것을 만들었다. 뛰어난 선수가 되기 위해서는 반드시 훌륭한 운동기구가 있어 주어야만 하는데, 도무지 그게 아니었다. 그저 맵게만 되었다.

그러나 우리의 그 한국 어린애가 역시 빼어난 선수였다. 그 녀석이 싹쓸이하듯 김치를 독차지해서 입 안으로 밀어넣었다. 그러고 나서는 자기 독일 엄마를 향해 눈을 흘기며, 어정쩡한 독일어로 "엄마는 이런 맛있는 것도 안 만들어 줘" 하고 말하면서 어리광피우듯 울먹거리기도 했다. 우리의 꿋꿋한 꼬마 동포가 결국 그 매운 김치를 바닥내고 말았다. 이것을 '피' 탓이라 해야 할지, 나는 잠시 어리둥절했다. 예닐곱 살쯤이나 되었을까, 그 녀석은 역시 어김없고 자랑스러운 우리의 핏줄이었던 것이다.

미꾸라지의 후예들

두말할 필요도 없이 인도주의란 소 같은 동물을 향한 인간적 자비심의 발로가 아님은 너무나 뻔한 노릇이다. 인도주의란 이 땅에서 더불어 살다가 다시 이 땅 속으로 더불어 돌아갈 동료 인간에 대한 인간적 공감이며 애정이요 존중심을 일컫는 말이다. 하나도 복잡할 게 없다.

동유럽 공산권이 본격적으로 허물어질 무렵, 나는 다른 민족들이 중대한 역사적 변화를 겪으며 신음하고 있을 때 그에 대해 제대로 알지도 못하며 거짓말만 주워섬기다가, 이른바 자료수집차 현장검증을 위해 그곳을 찾은 적이 있다. 그러다가 그 중에서도 가장 살기 힘들다는 폴란드의 수도 바르샤바에서도 며칠 묵게 되었다.

바르샤바는 한 많은 과부 같은 도시였다. 돈이 아쉽기도 했지만 나는 애써 값싼 민박을 구했다. 그리고 거리 구경을 다니다가는 식당에 들러 간단히 점심을 해결하곤 했다. 어느 날 시내에 있는 어떤 후줄그레한 대중식당에 들어갔다. 흔히 잘 놀라고 또 기꺼이 감탄할 준비와 각오가 되어 있는 게 여행객이긴 하지만, 식당으로 들어가자마자 나는 또 한 번 놀랐다.

미국에 잠시 머물 때도 나는 길을 건너다 말고 촌스럽게 한번 놀라 우뚝 선 적이 있었다. 신호등 없는 건널목을 건너려는데 지나가는 차가 점잖게 서 주기에 나는 흠칫 놀라서 길을 건너다말고 고맙다고 공손히 절을 꾸벅하는 촌티를 보인 것이다. 길 건널 때마다 한국에서 하도 공갈협박을 일삼는 우락부락한 차들의 눈치만 긴장과 불안 속에 살피던 버릇이 살에 배어 있어, 나는 우아하게 양보하는 미국차 운전사를 향해 마음에서 우러나오는 자연스러운 고마움을 표시한다는 게 길 한가운데 그냥 우뚝 서서 동방예의지국 신사답게 머리를 조아리고 만 것이다.

어쨌든 그 식당에 들어섰을 때, 손님이 그리 많은 편은 아니었다. 그러나 놀랍게도 유니폼을 입은 종업원들이 식당 한구석에 깨끗이 차려진 테이블에 둘러앉아 담배도 피우고 환담을 즐기고 있는 게 아닌가. 대낮에 어찌 저렇게 보무도 당당히 농땡이를 칠 수 있을까, 나는 식사 주문을 받으러온 아가씨를 심문했다. 그 아가씨 왈, 저것은 우리 종업원들이 한가할 때 앉아 쉬라고 일부러 만들어놓은 '합법적인' 휴식공간이라는 것이다. 그래서 우리는 서둘러 할 일이 없으면 틈틈이 거기 앉아 집안일이나 개인적 문제들에 관해 곧잘 대화를 나누곤 한다는 말이다.

그때 또 자연스럽게 내 고국이 떠올랐다.

우리네 식당에서는 대낮에 종업원들이 식당 한가운데 점잖게 둘러앉아 담배를 피우고 또 자기들끼리 조용히 담소를 즐긴다는 것이 상상이나 될 수 있을까. 나도 종종 목격하였다. 우리 종업원들이 복도에 지명수배자처럼 서거나 또는 화장실에 힘들게 쭈그리고 앉아 담배를 훔치듯 피우고 있는 모습이라든지, 그리고 그러면서도 주인이 어디서 갑자기 나타나지 않나 정탐꾼처럼 연신 눈치를 살피는 몸놀림 같은 것은 흔히 볼 수 있는 광경이다. 아니 그것은 우리의 일상이다.

말하자면 폴란드인들에게는 당연한 인간적 권리인 것이, 우리 한국인들에게는 꾀돌이들이 피워대는 눈가림의 요령이요, 눈치를 살피지 않으면 안 되는 무엄한 태업의 일종으로 비치는 것이다. 심오할 것도 없다. 오래된 서유럽적 영향 탓일까, 아니면 공산주의 사회에서 체험한 인간적 단합 노력의 전통 때문일까, 어쨌든 내가 본 그 폴란드 식당에는 요컨대 소박한 인간존중의 인도주의가 자연스레 꿈틀거리고 있었던 것이다.

그런데 요즈음 우리 사회는 어떤가?

한마디로 인간적 화합의 몸짓이 아니라 경쟁적 이기주의가 더욱 살인적으로 기승을 부리는 듯하다. 타인에 대한 증오와 자신에 대한 열애만이 가장 확실한 삶의 밑천인 것처럼 보이기도 한다. 대학강의실에서조차 어느 학생이 현재 우리의 최대관심사는 '속도전'이라고 정직하게 고백하는 걸 들은 적도 있다. 말인즉슨 요즘 대부분의 대학생들은 어떻게 하면 남보다 빨리 좋은 직장에 취직해서 남보다 빨리 많은 돈을 벌 수 있겠는가 하는 것만을 고뇌한다는 말이다.

나는 인간의 이기적 본성이 무엇인지 알고자 하면, 골치 아픈 철학서적을 뒤적거리지 말고 대한민국의 도로에 차를 몰고 잠깐 나가보라고 권한다.

긴 이야기 필요 없이, 우리는 거기서 가장 적나라하고 상습적인 이기심의 화려한 충돌을 체험할 수 있다. 예컨대 옆 차선이 조금이라도 잘 빠지는 듯하면 잽싸게 그 쪽으로 끼어 들었다가 또 금세 다른 쪽으로 서커스 하듯 내빼는 차량행렬은 흔히 보는 일이다. 그러나 자기는 마구 끼어 들면서도 남이 부득이 접어들고자 하면 어림도 없는 일이다. 그러나 황급히 새치기하는 차의 뒤 트렁크에는 '여유와 양보'라는 스티커가 점잖게 붙어 있다. 어쨌든 천부적인 전투태세가 이미 강력히 완비되어 있다. 클랙슨 소리가 금세 폭죽처럼 작약한다. 양보하는 법은 거의 찾아보기 힘들다. 예컨대 트럭은 철갑부대, 버스는 공수부대, 택시는 기동타격대인 듯하다. 그리고 오토바이는 나비처럼 날아서 벌처럼 쏜다. 일반 승용차는 대기만성형 저격병들이라고나 할까.

어차피 우리는 언제, 어디서, 어떤 차가 갑자기 자신에게 뛰어들어 비수처럼 덮칠까 하는 불안이 꼬리를 물고 이어지는 숨막히는 흐름 속에 내던져진다. 우리는 확실히 '불확실성의 시대'를 온몸으로 살고 있음에 틀림없다. 그 도로에서 우리는 인간에 대한 불신을 배우고 또 갈고 닦는다. 과연 푸른 신호등을 믿고 길을 건너도 되는 것일까. 어찌 보면 무서운 일일 수 있다. 사실 수많은 익명의 인간들이 각자 세련된 살인적 이기주의로 무장한 채 티격태격 무섭게 치닫고 있는 것이다.

그러면서도 우리는 또 서로를 믿고 운전대를 잡는다. 그 와중에 우리는 어느 차가 어느 쪽에서 갑자기 기습할 것인가를 그런 대로 지혜롭게 판독하는 법을 익혀나간다. 요컨대 한국의 도로 위에서 우리는 어느새 인간심리학 전문가들이 되어 가는 것이다. 노름하는 것을 보면 그 사람의 인간됨됨이를 잘 알 수 있다고 말한다. 그러나 나는 운전하는 자세를 보면 그의 인품과 인생행로까지도 쉽게 짐작할 수 있다고 확신하는 편이다.

말하자면 이런 식이다. 가령 보행자가 아무도 없는 건널목인데도 빨간 신호등이 켜져 있다고 마냥 서서 기다리는 분은 청렴결백형(型), 앞서 가라고 멈춰 서서 양보해주는데도 못 끼어 드는 타입은 햄릿형, 천천히 가야 하는 길에서는 급하게 그러나 빨리 달려야 하는 곳에서는 느릿느릿 가는 사람은 돈키호테형, 빨간 신호등 밑에서도 무조건 내닫는 형은 케쎄라 쎄라형, 반면에 날래 치닫지는 못하지만 잠시를 참지 못해 한 발짝씩 한 발짝씩 앞으로 전진하는 형은 소기급성(小器急成)형, 옆차 겁주기 위해 쓸데없이 고속으로 질주하는 사람은 공갈협박형, 앞에 끼어 들게 해달라고 차창까지 내려 손짓 발짓으로 부탁하는 타입은 순정가련형, 깜박이를 켜지도 않고 멋대로 차선을 마구 변경하시는 분은 황야의 무법자형 등이다. 이를테면 각각의 운전 유형에 어울리는 삶의 자세로 자신의 인생을 살아가지 않겠는가 하는 말인 것이다.

어디서나 낙관주의자는 항상 푸른 신호등만 보고 비관주의자는 붉은 신호등만 보지만, 진정으로 지혜로운 사람은 색맹(色盲)이라고 누군가 외친 적이 있다.

어쨌든 우리가 보행자일 때는 건널목에서 공포분위기를 조성하는 듯한 운전사들이 혐오스럽지만, 거꾸로 우리가 차를 몰고 있을 때는 건널목에서 거드름피우듯 여유 있게 건너가는 보행자가 또 그렇게 미울 수가 없다. 물론 몇 초라도 남보다 빨리 갈려고 발버둥들을 친다. 그러나 다른 사람을 돕기 위해 남보다 몇 분이라도 빨리 서둘러 달려가야겠다는 사람은 좀처럼 찾기 힘들다. 명절 때 귀성차량으로 막히는 고속도로에서 남보다 한치라도 더 빨리 가기 위해 멀쩡한 차를 견인차에 매달고 고장난 것처럼 태연히 갓길을 달리게 하는

CHOSANG.06

경우도 개발될 정도다. 대단한 창의력이다.

이 지구가 내일 종말을 고한다면 당신은 지금 무엇을 하겠는가 하고 누가 묻는다면, 우리 한국인은 아마도 "나는 더 급히 차를 몰아 남을 기어코 앞지르고야 말 것이다" 하고 기염을 토할지 모른다. 우리 선조는 곰이 아니라 아마 미꾸라지였을 것이다.

인간의 이기주의가 얼마나 몰염치하게 자행될 수 있는가 하는 것을 우리는 그 거리 위에서 손쉽게 목격할 수 있다. 이기주의의 가투(街鬪)가 치열하게 전개되는 것이다. 우리는 거기서 이기주의의 현란한 난무를 눈꽃처럼 즐길 수 있다.

하나 그게 다일까?

무슨 일 때문인지는 서로 알 길이 없지만, 어쨌든 우리는 바로 같은 길 위에서 어디론가 같은 방향으로 달려가고 있지 않은가. 심지어 우리는 '흐름을 타야 한다' 고 말하면서까지 부지런히 같이 달린다. 이를테면 우리는 짧은 시간이긴 하지만 그 도로 위에서 서로 얼싸안기라도 할 수 있는 엄연한 운명공동체인 것이다. 그 시간과 공간의 폭을 크게 넓혀 생각하게 되면, 우리는 바로 인생의 '동료여행객' 이 되는 법이다. 그럼에도 우리는 적전상륙이나 하듯 서로를 적군처럼 노려보아야만 할까.

인간과 동물, 그리고 '애완인간'

혹시 우리는 옆집이 활활 불타오르고 있는 순간에도 나의 꽃밭에 자상하게 물 뿌릴 수 있는 사람들은 아닐까?

우리는 추운 겨울 골목길에서 들려오는 '찹쌀 떠억—' 하는 목쉰 소리를 따뜻한 안방 아랫목에서나 즐기는 한겨울 밤의 운치로만 생각할 뿐, 입에 풀칠이나 하려고 추운 길 위에서 떨며 내닫는 장사치의 아픔은 모른 척하지는 않는가?

우리는 눈에 티가 들어가면 견딜 수 없어 하고 이빨 사이에 조그만 찌꺼기 같은 게 끼어도 참을 수 없어 안달하면서도, 정작 마음속에 돋아난 그 많은 가시를 두고서는 오히려 태연하지 않은가?

인간은 이성이라는 미명하에 비이성적 행동을 할 수 있는 유일한 피조물이다. 뿐만 아니라 인간만이 웃을 줄 아는 유일한 동물이라는 것은 너무나 명백하다. 그러나 동시에 인간만이 웃음거리가 될 줄도 아는 유일한 동물이라는 것 역시 부인할 수 없는 사실이다.

독일에서 공부하던 시절, 나는 학생할인까지 해주는 남녀 혼탕 사우나를 이따금 찾은 적이 있다. 공부에 찌든 몸을 보살펴 건강증진과 피로회복에 매진한다는 것, 얼마나 그럴듯한 명분인가. 독일어에는 처음 대하거나 친하지 않은 사람들 사이에 쓰는 존칭어가 있고, 부모와 자식처럼 가까운 사이에 쓰이는 이른바 반말이 있다. 그러나 사우나탕은 전혀 딴 세상이었다. 그렇게도 법과 관습을 뒤주 열쇠 차듯 우악스레 놓치지 않으려는 독일인데도 이런 사우나탕에서는 세상에 나서 처음 보는 남녀 사이인데도 금방 말을 놓고 '너, 나' 하는 반말이 직통으로 쓰였다. 서로 발가벗고 있어서 그랬을까.

우리나라로 돌아와 이런 얘기를 우스갯소리로 사업하는 친구에게 들려준 적이 있다. 그랬더니, 그 친구 하는 말, 골치 아픈 외국 바이어와 중요한 협상을 벌여야 할 때는 사업전략상 그를 공항에서 곧바로 호텔 사우나탕으로 데리고 간다는 것이다. 거기서 서로 벌거벗고 얘기하면 상담이 비교적 쉽게 잘 이루어진다는 말이었다.

인간도 동물들처럼 발가벗으면 솔직하고 진실해지는 모양인가. 오죽했으면 근엄한 토마스 모어까지 그 유명한 《유토피아》라는 작품 속에서, 이 지상의 낙원에서는 행복한 가정생활을 미리 기약하기 위해 이미 결혼 전에 남자와 여자가 반드시 나체로 서로를 소개하고 검증한다고까지 말했을까. '나체 선보기', 얼마나 획기적인 혼인 방안인가.

어쨌든 발가벗으면 다를 게 거의 없는, 그리고 금세 동물처럼 가까워질 수 있는 인간들끼리 서로 뺏고 욕질하고 따귀질하는 게 과연 자연스러운 노릇일까. 어차피 인간의 유일한 동지도 인간이요, 유일한 적도 인간이다. 이러한 형편에 서로가 서로에 대해 꼭 늑대가 되어야 할까. 하나 인간이 가장 인간다울 때 인간은 비로소 신을 닮을 수 있음에랴. 인간 속에서 인간의 모습을 찾지 못할 때 우리는 얼마나 불행해질 것인가.

원래부터 우리 인간은 타고난 인간적 신뢰감을 서로 나눠 가지고 있다. 예컨대 예리한 면도칼을 쓰윽쓰윽 문질러대는 생전 처음 보는 면도사에게도 우리는 수염을 깎아달라고 자신의 귀중한 목을 겁도 없이 들이맡길 정도가 아닌가. 가공할 만한 믿음이다. 이럴진대 어찌 옆 인간에게 무심할 수 있겠는가. 사실 거창하게 '만민 평등론'까지 주워섬길 필요도 없다. 우리 모두는 다 한결같이 '끝'이 있을 수밖에 없는 같은 인간들 아닌가.

인간의 삶은 어차피 눈물에서 시작하여 눈물로 끝난다. 물론 태어날 때는 자신이 울고 마지막은 다른 사람들이 울긴 하지만. 그러나 문제는 모든 인간이 자신에게는 끝이 있을 수 없지만 자기 이외의 다른 인간은 모두 죽는 것처럼 착각하는 데 있다. 하지만 틀림없는 사실은 타인을 따스히 받아들임으로써 비로소 우리 인간은 인간적 고독에서 벗어날 수 있다는 것이다.

언쟁이나 다툼 같은 것이 있을 때마다 '인간적으로 하자'라는 말투를 우리들보다 더 즐겨 쓰는 민족이 있을까? 그리고 '인간적'이라는 말을 우리들보다 더 열정적으로 거들먹거리기 좋아하는 민족이 이 지상에 존재할까? 그러나 인간적이라는 말이 인간성의 밑바닥에 가라앉아서야 비로소 허둥지둥 찾게 되는 동물의 울부짖음 같은 것이 되어서는 안 되지 않겠는가.

예컨대 지금 북한 동포가 굶주리고 있다.

'심지어는' 세계식량계획(WFP)의 사무국장까지 북한의 식량대참사 및 기근을 강조하면서, "굶주린 북한 구원은 인류의 임무"라 역설한 적이 있을 정도다. 그러면서 한국의 민간 차원 식량지원 결정에 "정말 감사하다"고 덧붙이기까지 했다. '심지어' 이민족이 '하물며' 동족을 도운 우리에게 감사를 표명할 정도로 지금 우리 민족의 민족애, 아니 인도주의는 이다지도 메말라 버렸는가.

인간은 굶어 죽지 않을 천부적 권리를 지니고 있다. 마찬가지로 인간에게는 주위에 굶어 죽어가는 사람이 있다면 그들을 무조건 도와주어야 할 천부적 의무도 역시 주어져 있다. 이런 게 인간의 인간적 자세 아닐까.

일본에서는 이런 일이 있었다 한다. 도쿄 올림픽 준비로 경기장 확장공사를 하다가 지은 지 삼 년밖에 안 되는 집을 부득이 헐게 되었다. 그런데 인부들이 지붕을 들어내다가 꼬리가 못에 박힌 채 꼼짝 못하는 도마뱀 한 마리를 발견하였다. 그 도마뱀은 집 지을 때 못에 박혀 삼 년 동안이나 움직이지 못하면서도 죽지 않고 살아온 것이다. 인부들은 어찌 이 도마뱀이 한자리에 붙박인 채 굶어 죽지 않고 살아남았는지 몹시 의아해 했다. 그들은 현장검증을 실시했다. 얼마 후 다른 도마뱀 한 마리가 꼬리에 못이 박힌 자기 동료에게 먹이를 물어다 주는 것을 발견하였다. 그 도마뱀은 그 기나긴 삼 년이라는 세월 동안 하루에도 몇 번씩이나 친구를 위해 먹이를 날라주는 고행을 말없이 수행했던 것이다.

하찮은 도마뱀조차 이러하거늘 하물며 우리 인간은 어째야 할까?

이기주의는 비인간적인, 너무나 비인간적인 재앙의 불씨며 뿌리다. 인간의 이기심은 질투와 경쟁심이 만든 새장이다. 그러므로 이기적 인간은 자신 스스로가 만든 새장 속에서 꼼짝달싹 못하거나 짓눌려 있을 수밖에 없다. 이러한 사슬을 장신구처럼 자랑스레 몸에 지니고 다닐 것인가.

이기적 인간이야말로 자신의 값은 알지 모르지만 인간의 값어치는 전혀 알지 못하는 존재임에랴. 남이 이기적이면 상습적인 것이고, 내가 이기적이면 불가피한 것이 된다. 또 남이 이기적이면 그건 자기밖에 모르는 것이고, 내가 이기적이면 그건 남을 보다 확실히 돕기 위한 빈틈없는 신중함 탓이다. 남이 이기적이면 별다른 할 일도 없는데 그러한 것이고, 내가 이기적이면 그건 큰 일에 대비하기 위한 철저한 준비작업이다. 이기적인 사람은 남의 이기주의를 감내하지 못한다.

그러나 인도주의는 사실 지극히 단순한 것일 수 있다.

말하자면 자신이 기르는 애완동물에 쏟아 붓는 애정의 절반이나 100분의 1 정도만을 주위의 힘든 동료인간에게 베풀어주면, 그게 당당한 인도주의가 될 수 있는 것임은 물론이다. 요즈음에는 이런 저런 대학들에서 '애완동물 관리학과' 같은 것도 만들어지고 있다는 소식이 들릴 정도다. 말 못하는 동물에게도 지극한 정성을 기울일 수 있는 존재가 인간인데, 하물며 같은 인간에게는 무슨 복잡한 설명이 필요하겠는가. 그런데 애완동물이 우리의 휴머니즘을 독차지해야만 할까?

이런 애완동물이 부럽고 존경스러운 나머지 '애완인간'이라도 되었으면

하고 목 따갑게 갈망하는 사람이 어디 한둘이겠는가. 하나 두말할 나위 없이 행복한 애완동물이 되기보다는 비참하더라도 인간, 인간이 되어야 하는 게 더욱 마땅한 일임에랴.

유학시절 한번은 주위 동포들한테 터무니없는 일로 극심하게 모함 당하고 나서 촛물처럼 녹초가 된 상태로 새벽에 집으로 돌아왔을 때, 주인집 개가 반갑다고 꼬리치며 나에게 매달렸다. 나는 그 개의 목을 끌어안고 나도 모르게 눈물 흘린 적도 있다. 그 개가 어찌나 고맙던지, 나는 온몸의 피로가 금세 사라지는 느낌을 받을 정도였다. 그때 나는 야릇한 생각을 불현듯이 떠올리고는 피식 웃고 말았다. 개에게는 "개 같은 놈"이 아니라, "이 인간 같은 놈아!"가 가장 치욕적인 욕설이 될지도 모르겠다고. 하나 그래야 하겠는가.

마흔이 되어서도 인간이 싫어지지 않는 사람은 인간을 사랑한 일이 없는 사람이라 하지 않던가. 그래도 나는 인간이 보고 싶다.

나는 애완동물보다는 동료인간을 더욱 사랑할 수 있는, 그저 따뜻한 체온이 감도는 예사로운 인간이 그리울 뿐이다. 정중한 장의행렬에서 비록 우아한 비탄이 쉴새없이 흘러나오긴 하지만 시신을 실제로 묘지까지 이끌고 가는 것은 상여꾼뿐이라 할지언정, 어이 이 바람을 저버릴 수 있겠는가.

아아, 인간이 보고 싶다!

묘지의 미소

무덤과 보신탕

나는 무덤을 사랑한다.

그게 어떤 종류의 누구의 것이든지를 막론하고, 무덤을 업신여기는 자가 가장 교만한 인간일 것이다. 하나 무덤을 고향 같게만 생각한다면, 이 또한 오만한 몸놀림일런가. 어쨌거나 무덤은 나의 참 스승임에랴.

하여튼 가까이 널려 있는 많은 종류의 무덤들이 내 '문화유산' 답사의 주요 목차가 되었다. 나는 고인돌과 돌무덤을 비롯해서, 갖은 유형의 왕릉과 고관대작 및 충신들의 묘소, 그리고 근래 단장한 애송이 시립묘지 등을 한가롭게 찾아보았다.

호랑이는 죽어 가죽을 남긴다더니 인간은 죽어 고작 무덤을 남기는구나 하는 사실을 나는 새로이 발견한 듯 흥분하기도 했다. 아니, 인간이 고작 남기는 것은 묘비명에 새겨지는 생년월일과 이 세상을 하직한 날짜뿐 아닐런가.

남다른 조상을 모시는 다른 분들 보기에 민망한 노릇이긴 하였지만, 나는 또 호기심이 발동했다. 망국의 한(恨)을 머금은 무덤은 어떨까 궁금해 나는 공양왕릉으로 우선 발길을 옮겼다. 역시 망한 나라 임금의 무덤은 초라하고 쓸쓸할 수밖에 없는 것인지. 허나 공기는 맑고 숲은 화사하게 어우러져 있었다. 그곳에 놀러온 어느 늙은이는, 묻지도 않았는데 자발적으로, "여기 참 조옿습니다" 하며 감탄을 늘어놓았다. 과연 무엇이 그 노인에게 좋았을까. 언젠가 자신도 묻히게 될 무덤의 모양새가 멋있다는 말이었을까, 아니면 조용한 숲의 정경이 그렇다는 것이었을까.

외진 곳이라 그런지, 왕릉옆 숲 속에는 개 사육장이 만들어져 있어 개의 울부짖음으로 나뭇잎이 우수수 떨어지는 듯했다. 그러나 거기에는 보신탕용으로 사육되는 개장 앞을 지키는 또 하나의 다른 우아하고 품위 있는 개가 터억 버티고 서 있었다. 그 놈은 잘 빗질된 외래종 포인터였다. 이따금 그 놈 앞을 지나 다른 토종개들이 비명을 지르며 끌려나가곤 했다. 그런데 도대체 그 포인터는 발악하며 끌려가는 다른 동료들을 어떤 생각으로 바라보며 지키고 있을까? 그게 몹시 궁금했으나 물어볼 수는 없는 노릇이었다.

그 왕릉 주위에는 또 다른 재미난 정경이 함께 자리하고 있었다. 한무리의 중년부인들이 "노세 노세 젊어 노세, 늙어지면 못노나니" 하는 노래를 열창하며 손바닥을 두드리면서 돌아가고 있었다. 이 여인네들은 늙으면 심지어 왕이라도 흙 속에 묻힐 뿐이니 젊을 때 실컷 즐기다 가자는 '오로지 놀자주의파' 는 물론 아닐 터이다. 하지만 혹시 그들은 보신탕용 개 사육장을 지키는 덕에 그래도 잠시나마 여유 있어 보이던 또 하나의 다른 개는 아니었을까?

왕릉을 벗어나 오솔길을 걸어나올 때 날곤충 한 마리가 내 어깨 위에 살포시 내려앉았다. 그런데 이놈은 내 어깨 위에 안락하게 걸터앉은 채 묘소 주위 숲 속을 어슬렁거리며 산보하는 나와 종내 함께 자리하였다. 우리는 마치 엄숙한 무덤 앞에 선 삶과 운명의 '동료여행객' (*fellow traveller*)처럼 느껴졌다. 나는 그때 불현듯 어느 러시아인 한 사람이 머리에 떠올랐다. 투르게네프는 〈개〉라는 산문시 한 편을 쓴 적이 있다.

> 방안에 우리 둘만, 개와 그리고 나…. 밖에서는 사나운 바람이 몰아치고 있다. 개는 내 바로 앞에 앉아서 내 눈을 똑바로 쳐다보고 있다. 나도 역시 그녀

의 눈을 바라보고 있다. 그녀는 무엇이든 나에게 말하고 싶은 눈치다. 그녀는 벙어리다. 말을 못 가졌다. 자기가 자기 마음을 모른다. 그러나 나는 그녀의 마음을 알 수 있다.

나는 알 수 있다—이 순간, 그녀에게도 나에게도 같은 감정이 일어나고 있음을. 그리하여 우리 둘 사이에는 아무런 구별도 없다. 우리들은 동등하다. 우리들에게서는 서로가 똑같이 한가닥 가녀린 불꽃이 타오르며 반짝이고 있다. 죽음이 닥쳐와, 그 널따랗고 차디찬 날개를 한 번 펴는 날에는…. —만사는 끝장이 나는 것이다! 우리 둘에게서 어떤 불꽃이 타올랐는지, 이제 누가 알 수 있으랴.

아니! 이것은 짐승과 인간이, 서로 눈을 마주 쳐다본 것이 아니다. …그것은 같은 두 쌍의 눈이, 서로 시선을 교환한 것이다. 그 어느 편에도, 짐승 편에도 인간 편에도—같은 생명이 어깨동무하고 있는 것이다.

여기 헐벗은 광야에 내던져진 채 죽음 앞에서 절대적 평등을 구가하고 있는 한 인간과 한 동물이 형제처럼 어깨동무하는 정경이 그려지고 있다.

한 번은 덕은리 고인돌 무리를 찾은 적이 있다. 여기서 나는 또 흥미로운 현장을 목격하였다. 청동기 시대인들 무덤 바로 옆에 불과 몇십 년 전에 만든 자본주의 시대 인간의 자그마한 무덤이 나란히 붙어 있었다. 그 무덤의 주인이 여태 살아 있다면 그를 꼭 만나보고 싶을 정도였다. 왜 그는 하필 이곳에 자신의 마지막을 남기는 산소를 만들게 하였을까. 혹 그 가족들은 고대인과 현대인의 절대적 평등을 구가하고 싶었을까.

양로원의 오후와 환상

알렉산더 대왕은 죽기 전에 신하들에게 이렇게 지시했다 한다.

“그대들이 내 시체를 거리로 운반할 때, 내 두 손이 밖으로 나오도록 하라. 그것들을 덮지 말지니라” 하고.

이것은 생소한 일이었다. 아무도 죽은 뒤에 그런 식으로 운구된 적은 없었다. 신하들은 이해할 수가 없어서 물었다.

“무슨 말씀이십니까? 이는 일반적 방식이 아닙니다. 몸 전체를 덮는 게 보통 아닙니까. 왜 양손이 밖으로 나오길 바라십니까?”

알렉산더가 대답했다.

“나는 내가 빈손으로 죽는다는 사실을 알리고 싶다. 모든 사람이 그걸 보아야 하며, 아무도 다시는 알렉산더처럼 되려고 해서는 안 된다. 나는 많은 것을 얻었으나 사실은 아직 아무것도 얻지 못했으며, 내 왕국은 거대하지만 나는 여전히 가난하다.”

그는 역시 대왕이었다. 하나 대왕이나 황제라 해도 빈손으로 죽어갈 수밖에 없는 존재, 그게 바로 인간 아닌가. 아침에 눈뜰 때처럼 꿈은 깨어지고 모든 돈이나 권력도 없어지며 왕국도 사라진다. 그래서 죽음이란 하나의 깨어남 아닐런가. 죽음의 순간에 남는 것이 진정한 것이고, 사라지는 것은 헛된 꿈일지니. 아마도 알렉산더는 이런 걸 후대에 알리고 싶었을지 모른다. 또 능히 그럴 수 있는 인물이었기에 그는 대왕이 될 수도 있었으리라.

동유럽 공산정권이 무너질 무렵 나는 폴란드 바르샤바를 잠깐 찾은 적이 있었다. 시내 구경을 다니다가 어느 날 고색 창연한 묘지공원에 들르게 되었다. 그것은 프랑스 혁명 무렵에 만들어진 것이었다. 어느 무덤 옆을 지날 때였다. 나는 우연히 젊고 아름다운 여인의 미소 띤 사진이 붙어 있는 묘지를 발견하였다. 물론 사진은 낡은 것이었지만, 무덤은 미소짓고 있었다. 사진은 늙지 않는다. 그 여인은 남들이 부러워할 만큼 충분히 오래 산 사람이었다. 늙어 떠난 여인의 무덤에 왜 이런 젊고 아름다운 시절의 미소 띤 사진을 걸어두었을까, 나는 한동안 상념에 잠길 수밖에 없었다.

한 번은 홀로 사는 어느 80대 미국인 교수댁을 방문했다가 갓난아기를 쳐다보며 웃음 짓는 그 교수의 사진이 책상 위에 크게 걸려 있는 걸 본 적이 있다. 아기를 바라보며 미소짓고 있는 늙은 할아버지의 사진, 그 할아버지는 낡은 일기장이라도 읽는 느낌이었을까.

그런데 이 미소는 무엇을 뜻하는 것일까? 그 무덤 속의 여인과 아직도 살아 있는 이 할아버지가 짓는 미소는 같은 것이었을까?

토마스 홉스는 동정심이란 것을 "타인의 불행을 보면서 자신에게 닥칠지 모르는 미래의 불행을 허구적으로 상상하는 것"이라 냉담하게 잘라 말하지 않았는가. 가령 아는 이의 죽음을 바라보며 우리가 할 수 있는 게 고작 이런 '동정심' 어린 표정을 짓는 것 이상 무엇이 있겠는가. 그리고 바로 이러한 뻔뻔스러움이 우리를 또 한 번 그지없는 비탄으로 몰아가지는 않겠는가.

어쨌든 홉스의 말을 뒤집어서, 이 미소를, 타인의 행복을 바라보면서 자신에게서 영원히 떠나버린 과거의 행복을 허구적으로 상상하는 것이라 이를 수도 있을까. 한데 타인의 행복을 보면서 자신에게도 다가올지 모르는 미래의 행복을 허구적으로 상상하는 것은 무엇이라 부를 수 있을까? 그것은 환상 아니면 몽상, 또는 착란증일까.

노벨 문학상까지 탄 영국의 세계적인 극작가이자 둘째 가라면 서러워할 독설가이기도 한 버나드 쇼가 만년에 이르렀을 때, 어느 기자가 물었다.

"여생을 아오트 슨트 로렌스에서 보내기로 하였다는데 그 이유가 무언지요?"

우리의 익살꾼 쇼는 이렇게 대답했다.

"몇 해 전에 아오트 슨트 로렌스의 공동묘지를 산책한 일이 있었는데, 우연히 한 비석에 '매리 사우스. 1816년 출생, 1895년 사망. 그녀의 일생은 너무 짧았다' 라고 새겨져 있는 것을 보았소. 그러니 이 마을에서는 80생애도 짧다는 것 아닙니까? 그래서 그곳이 내가 여생을 보낼 가장 적합한 곳이라 생각했지요."

쇼는 과연 미소짓는 몽상가에 지나지 않았을까.

나는 한때 서백림에 있는 어느 양로원에서 아르바이트를 한 적이 있었다. 흰 가운을 터억 걸치고 화장실과 유리창 청소며 침대정리와 늙은이들 밥 먹여주곤 하는 일을 보살폈다.

젊었을 때는 섹시하고 매혹적이어서 분명히 수많은 남성을 울렸을 할머니가 지금은 아무도 찾아오는 사람 없이 한모퉁이에서 혼자 쓸쓸히 눈물짓고 있다. 그리고 하루종일 알아들을 수 없는 말만 되뇌며 입만 하염없이 달싹거리든지 손만 종내 쥠쥠거린다. 양로원의 어느 오후 하루는 독일 수간호원이 나를 부르더니 한 손가락에 끼도록 만들어진 손가락 고무장갑을 주면서 어느 환자에게 연고를 좀 발라달라고 부탁했다. 수간호원이 그렇게 높은 사람인지 하는 걸 나는 처음 배웠다. 그러니 사실 그건 부탁이 아니라 명령이었다. 그 할머니는 질염을 앓고 있었던 모양이다. 내가 다가가니 그녀는 두 다리를 곱게 벌렸고, 나는 그 연고를 질 속에 부드럽게 발라주었다. 나는 물론 여태 총각이었다. 그녀는 대단히 고맙다고 말했고, 우리는 또 보자며 헤어졌다.

누군들 오래 살고 싶어하지 않을까. 그런데 도대체 어떻게 오래 살아갈 것인가? 삶에 대한 절망 없이 삶에 대한 애정이 솟아날 리 있겠는가.

죽는다는 것은 결코 슬퍼할 일이 못 된다. 정녕코 슬픈 것은 죽고 나서도 아무런 부름이 들려오지 않는 것이라 하지 않던가. 옛 어른은 이렇게 말했다. "가장 어려운 일은 명성을 얻는 것이고, 그 다음으로 어려운 일은 명성을 살아있는 동안 유지하는 것이며, 또 그 다음으로 어려운 일은 명성을 죽은 이후에도 유지하는 것이다."라고. 명심할 일이다.

행동적 허무주의와 '불구하고의 세계'

하나 죽음을 두려워할 능력을 가진 인간이 있을 수 있을까?

경험한 적도 없는 것을 어찌 우리는 두려워할 수 있겠는가. 어린애는 불속에 손을 넣거나 뱀을 붙잡는 걸 무서워하지 않는다. 어린애에게 초인적 능력이 있어서가 아님은 물론이다. 단지 그것을 모르기 때문이다.

우리는 삶을 잘 안다. 그러니 그것을 두려워할 수 있다. 삶은 길고 즐거운 죽음, 그리고 죽음은 짧고 괴로운 삶에 지나지 않음에랴. 이 세상에 과연 끝없는 게 존재할 수 있는가.

인생은 유한한 생명에 의해 이끌리는 끝이 있을 수밖에 없는 허무한 한계, 그 자체다. 총칼 번뜩이는 국경선의 밤을 먹이 찾아 이리저리 헤매도는 철새처럼 곤두박질치는 비상과 솟구쳐 오르는 추락으로 점철된 떠돌이 항해, 그게 삶 아닌가.

하여 나는 허무주의자다. 하나 행동적 니힐리즘을 지향한다.

인간의 타고난 숙명인 종말과 허무의 굴레를 겸허히 받아들이면서, 그럼에도 불구하고 마지막까지 한계선을 향하여 내달음질치는 끝없는 꿈틀거림을 쉴새없이 되풀이하는 투사의 눈빛, 넘어지면서 끝없이 다시 일어서고 또 일어서면서 다시 끝없이 넘어지는 것, 그러면서 허허, 웃으며 옷을 툴툴 터는 여유—, 이러한 것이 우리들 삶의 숭고한 문법 아니겠는가. 거듭 거듭 넘어지면서도 삐뚤빼뚤 한 발짝씩 한 발짝씩 걸음마 배우며 나아가는 아기들의 초인적 분투를 우리들이 겸허히 배워야 할 것이다.

'허무'를 향한 지칠 줄 모르는 항진, 과연 풍차를 향해 막무가내로 돌진하는 돈키호테 버금무리일까. 허무에 대한 순결한 사랑으로 허무를 애무하고 포옹하는 넘치는 활력이 우리를 이끌어갈 때, 지평선 위로 언제나 아침 해가 기운차게 솟아오를지니. 허겁지겁 쏟아지는 소나기에 허둥댈 필요는 없다. 그것은 홍수가 아니다. 마치 거센 회오리바람이 이내 잠자듯, 갑작스러운 것은 오래 가지 않는다. 소나기 뒤에 비치는 햇살은 또 얼마나 고운가.

이곳에는 항상 '때문에'가 아니라 '불구하고'의 세계만이 존재한다. 구실거리와 변명만을 찾아 퍼드덕거리는 날갯짓이 아니라 물음을 던지며 덤벼드는 그리고 맞붙어 싸우는 우렁찬 활갯짓의 다사로운 향기가 스며 나오는 곳, 이곳이 바로 '불구하고의 세계'다. 허무함에도 불구하고 솟구쳐 오르는 솔개의 날갯짓을 그리워하는 곳 아니겠는가.

하여 늘 타인들의 시선을 겸손하게 수집해보면 또 어떨까. 사람을 마주할 때 내가 죽었다는 소식을 접하면 과연 이 사람은 어떤 표정과 마음가짐을 보일까를 상상해보며 사람을 바라보는 습관을 익힌다면, 인간이 다르게 보이지도 않겠는가. '시선 수집상'의 행로 역시 그 세계로 다가가는 길목에 있음에랴.

이런 얘기가 있다. 미국의 어떤 도시에서 거부 한 사람이 재산을 물려줄

상속자 없이 죽었다. 그런데 그는 죽으면서 장의사에게 새벽 4시에 장례를 치러줄 것을 부탁하였다. 그러면서 그는 유서 한 통을 남기며 그걸 자신의 장례식이 끝나고 나서 그 자리에 참석한 사람들 앞에서 뜯어보라고 당부했다. 물론 그에게는 생전에 친구가 무척 많았다. 부유한 탓에 그가 도와준 사람도 많았고, 또 그를 존경하며 따른 사람들도 적지 않았다. 그러던 어느 날 그가 죽었다. 그러나 새벽 4시에 치러진 그의 장례식에는 단지 네 사람만 참석했을 뿐이었다. 그 네 사람 앞에서 약속대로 유서가 개봉되었다. 그 유서는 이러했다.

"나의 전 재산은 100만 달러다. 이 돈을 내 장례식에 참석한 분들께 고루 나누어주기 바란다."

죽음이란 사실 갑자기 오는 것이다. 말하자면 모든 죽음은 갑작스러운 죽음이라는 말이다. 하니 점진적 죽음이란 존재할 수 없다. 왜냐하면 인간은 죽든지 아니면 살아 있든지 하기 때문이다. 결코 그 중간은 없다. 모든 인간은 살아 있다가 다음 순간 갑자기 죽게 될 것이다. 하니 죽음이 찾아오기도 전에 완전히 태어났다고 말할 수 있는 인간이 있을까, 산다는 것은 서서히 태어나는 것이니….

물론 로마의 철학자 세네카의 또다른 말에 귀기울일 필요는 있다. 그는 "인간은 죽는 것이 아니라, 자살하고 있다"고 갈파한 적이 있다. 말하자면 인간은 결국 죽는 것이 아니고, 무리한 행동으로 스스로의 생명을 단축시키고 있다는 말이다. 하지만 열매를 맺지 못하고 잎사귀만 무성한 나무는 진정 살아 있는 것이 아니다. 열매를 맺어야 나무는 쓸모가 있는 법, 잎만 무성한 나무는 그늘만을 드리울 뿐임을 알아야 하지 않을까.

죽음 고비와 싸움질하며 불덩어리 같은 사막을 목타게 헤매도는 사람들에게 우연히 무덤이 눈에 띈다면 그건 어떤 느낌을 줄까? 죽음의 공포를 다시

한 번 뼈저리게 몰아닥치게 할까, 아니면 삶의 희망을 뜨겁게 솟구치게 할까. 사막의 무덤은 그들에게는 생명이다. 그것은 주위 어딘가에 사람 사는 인가가 있다는 것을 드러내 보여주는 것인고로.

하여 무덤은 우리가 살아있다는 것을 명백히 재확인시켜주는 징표일 뿐만 아니라, 동시에 우리에게 살아가는 용기를 북돋아주는 사회보장의 한 수단이기도 할 것이다.

모든 것의 끝

끝없는 흐름과 흐름의 끝

'끝없는' 고통이니, '끝없이' 펼쳐진 사막이니 하는 말들을 우리는 심심찮게 떠올리기도 한다. 이 말은 사실 뭔가 '끝'이 없다는 게 아니라, 마치 끝도 없는 것처럼 어떤 힘든 일이 쉽게 잘 풀리지 않는다는 독백이나 푸념 같은 것이다.

10여 년 가까운 유학생활에서 내가 가장 크게 배운 게 있다면 그건 과연 무엇일까 하고, 나는 제법 지난날을 되돌이켜 보며 자신에게 이따금씩 묻는 버릇이 있다. 그런 게 있다면 그건, 물론 보름달처럼 뻔한 것이긴 하지만, 모든 것에 '끝'이 있다는 단순한 사실 하나다.

어느 해였던가, 나는 위생업소였던 탓에 흰 가운에 모자까지 멋있게 걸치고 서백림 변두리에 있는 어느 초콜릿 공장에서 아르바이트를 한 적이 있었다. 그곳에서는 빌어먹을 새벽 6시에 일을 시작하였다. 그래서 나는 잠도 충분히 자질 못하고 새벽에 일찍 일어나 눈 비비며 두 시간가량 지하철을 타야 했다. 새벽에 자고 낮에 일어나던 여유만만한 홀아비 유학생활이 뒤죽박죽 되기 시작한 것이다. 그런데다가 작업도구들이 죄다 강인한 독일 녀석들 체격에 맞게 만들어진 탓으로 우악스럽기 그지없어, 가령 짐수레 같은 것의 손잡이가 나에게는 턱걸이용 철봉대같이 높기만 했다. 하지만 나는 시간외 수당을 더 얹어주는, 그래서 밤 10시까지 계속되는 지원자가 드문 힘든 장시간 노동을 선택한 것이다. 나는 금메달 노리는 선수처럼 늦은 밤까지 일에 매달렸다.

하나 사흘이 채 지나지 않아 드디어 일이 벌어지기 시작했다. 코피가 쏟아지고 치질 기운이 도지는 눈치였다. 나는 헉헉거렸다. 적당한 구실을 붙여 금방이라도 일을 때려치우고 침대에 편안히 드러눕고만 싶었다. 하나 나는 대한의 남아였다. 돈에 눈이 어둡긴 했으나 나는 중단 없는 전진으로 완강히 버텼다. 결국 처음 계약한 대로 몇 주의 일을 끝낼 수 있었다. 아아, 끝이 있었다. 이 웬수 같은 아르바이트에도 끝내는 마지막이 있었던 것이다. 그리고 나의 손엔 적지 않은 돈이 쥐어졌다. 나는 그 장마 같은 아르바이트를 통해 모든 게 끝이 있다는 평범한 진리 하나를 감히 '깨달은' 것이었다.

모든 것에 '끝'이 있는데, 기쁘고 즐겁다고 열광하거나 힘들고 고통스럽다고 통탄할 필요가 있을까?

쇼펜하우어 역시 서양식 '전화위복론'을 잘 깨닫고 있었다.

"우리는 어떤 일에 대해서나 결코 지나친 환희나 비통에 사로잡혀서는 안 된다. 왜냐하면 모든 사물은 변화무쌍하므로 언제 어느 때 정반대의 변화가 일어날지 모르며, 행·불행이나 길·흉에 대한 우리들의 판단은 정확치가 않아, 일찍이 자신이 아픔으로 체험한 일도 나중에 생각해보면 오히려 가장 큰 경사일 수도 있고, 후일에 큰 두통거리가 된 것도 전에는 좋아라고 날뛰었던 일이 비일비재하기 때문이다."

그리하여 "행복할 때는 불행을, 우애에는 반목을, 개인 날에는 흐린 날을, 사랑에는 증오를, 신뢰와 심중의 토로에는 배신과 회한을 분명히 상상해보도록" 해야 한다고 우리에게 가르치고 있다. 요컨대 변모하는 상황에 슬기롭게 대처해나가는 것이 지혜로운 일이라는 말씀이다.

하나 세상 모든 것이 흐르는 강물처럼 덧없지 않은가. 어떤 것도 영원하지 않으며, 한순간에는 반짝하지만 다음 순간에는 물고기보다 더 빠르게 흘러가 버리고 만다. 하지만 강물의 흐름 그 자체는 영원하지 않은가. 마찬가지로 우리의 목숨 비록 다할 것이나, 인간의 삶 자체는 영원할지니. 아무리 슬프거나 고통스러운 일이 닥쳐와도 그것들은 곧 흘러가고 마는 물방울과 같은 것이련만, 하나 그 밑바닥에는 변치 않는 흐름이 영원히 흘러내리고 있다는 걸 어이 잊어버릴쏜가. 생명의 흐름은 이리도 거침없는 것이리니.

물론 우주에서 유일하게 영속적인 것은 변화뿐이다. 하여 변화를 피할 방법은 없다. 우리가 한 번 발을 담근 똑같은 개울물에 두 번 다시 발 담글 수는 없으리니. 우리는 좋든 싫든 변화의 길 위에 서 있는 것이다. 하기야 모두가 변화를 두려워하지만 변화를 담담히 받아들인다면 그건 위안이 될 것이다. 으레 변화란 우리 모두가 감당해야 하는 것이나, 문제는 내가 그것을 변화시킬 것인가, 아니면 그것이 나를 변화시킬 것인가 하는 것 둘뿐. 이를테면 변화의 통제력이 과연 어느 쪽에 놓여 있는가 하는 것이 문제 아니겠는가.

하니 변화 자체에 저항한다는 것은 도도한 삶의 흐름 자체에 맞서 싸우는 것이 되나, 만일 변화와 함께 흘러간다면 우리는 갖은 인내심을 배우게 될 것이다. 변화는 비록 누구에게나 일어나는 것이지만, 내가 그것을 어떻게 감당하는가에 따라 그것은 사뭇 달라지기도 하는 것임에랴. 하나 모든 변화에도 결국 끝은 찾아오고야 말지만, 또 그 끝이 다시금 새로운 변화를 만들어낸다는 걸 어찌 잊을쏜가. 영원한 것은 오직 끝없는 변화뿐이다. 물론 "어떤 것이 도달할 수 있는 최고단계는 그것이 소멸하기 시작하는 단계"라는 헤겔 선생의 말을 귀담아 들어야 하리니.

자연사적 질량불변의 인간법칙

무릇 이 우주는 끝없는 변화와 변화하는 끝을 끝없이 되풀이하는 곳. 이 광대한 우주의 틀 속에서 볼 때 우리는 그저 눈 깜빡할 동안만 이곳에 존재할 뿐이다. 하지만 그 순간이 영원이 될 수도 있음을 잊지 말아야 할 터이다.

나뭇잎이 하루아침에 변하는 것이 아닌 것처럼, 그리고 애기의 첫 돌잔치를 준비하기 위해 실은 수십 년의 세월이 필요하듯이, 영원이 순간의 연속임은 지당한 일이다. 마찬가지로 낙엽이 떨어질 때, 낙엽 지는 그 순간은 봄, 여름, 가을, 겨울의 종합에 다름 아닐러니. 낙엽이 떨어진다고 나무가 죽은 것이랴. 나뭇잎이 떨어지는 바로 그 순간을 위해 숱한 사시사철이 흐르고 쌓여야 했다. 이를테면 순간 역시 영원의 집적일 수 있다. 순간에 영원이 담겨 있는 법.

여기에 영원한 순간과 순간적 영원의 복된 만남이 이루어진다. 나뭇잎이 떨어져 거름이 되고 또 그것이 다시 나무를 키우는 새로운 바탕힘이 되듯이, 개체와 인류 사이에도 이런 인력이 서로를 당기고 있다. 요컨대 인류는 개체의 집적이며, 개체는 인류의 새로운 거름이 되려 떨어지는 나뭇잎과도 같은 것임에랴. 자연과 인간도 나무와 나뭇잎 같은 관계는 아닐는지. 나무인 자연을 영원히 지키기 위해 순간적으로 떨어져 거름이 되는 나뭇잎 같은 인간. 잎 없는 나무가 있을 수 있으며 나무 없는 잎이 존재할 수 있겠는가.

우리의 인생 역시 순간의 총화이리라.

우리의 옛 선인들도 이룬 것이 반드시 무너지게 된다는 것을 알면 이루려는 마음이 지나치게 굳어지지는 않을 것이며, 또 산 것이 반드시 죽게 된다는 것을 알면 삶을 지키려는 일에 지나치게 매달리지는 않게 되리라 우리를 타일렀다. 아울러 조금만 휘저어도 금세 흐려지는 샘물은 그 속에 무엇을 집어넣는다 하여 맑아지는 게 아니라 그냥 내버려두어야 조용히 맑아지는 법이니, 순간적으로 분열과 혼란이 일어날 때 그것이 지나가도록 그냥 놓아둬 버리는 것도 그것을 막는 훌륭한 방책이 될 수 있을 것이다. 안정은 원래 고요히 되찾아지는 법. 영원이 담겨 있는 순간 역시 담담히 지나칠 수 있어야 한다.

하나 우리의 삶에 떳떳한 몸가짐만 있을 수 있겠는가.

죄악을 저지르지만 남 위에 군림하고 아무런 올바른 일 하지 않아도 떵떵거리며 잘 사는 사람들은, 긴 역사에서 볼 때, 순간에 머무는 허망한 존재, 하루살이에 지나지 않는 법. 하여 언제가 될지는 모르지만, 후손 어디에 가서든 반드시 한번은 그 죄갚음할 수밖에 없는 불행에 빠지게 될 터이니라. 반면에 옳고 정직하면서도 궁핍을 면치 못하거나 핍박받는 사람들 역시, 그 후손 어디에선가 필히 그 보답을 돌려받아 행복을 누리게 될 것이다. 이처럼 전 인류사적으로 볼 때, 인간이 누리는 행복과 당하는 불행의 총량은, 가령 개별 가족의 경우, 어디나 마찬가지가 될 것이다. 왜냐하면 살아 있는 세속 현실에서는 모든 게 끝이 있으나, 그 끝은 또 반드시 제 값을 받으며 언제 어디서든 새롭게 되살아날 것이기 때문이다. 이것이 바로 자연사적 질량불변의 인간 법칙이다.

동물의 세계에도 비슷한 현상이 일어난다. 가령 인간의 역사뿐만 아니라 자연사에 대해서도 폭넓은 관심을 지니고 있었던 고대 희랍의 헤로도토스는 다른 동물들을 잡아먹고 사는 짐승들과 잡아먹히는 짐승들 사이의 관계에 대해서 많은 관심을 기울였다. 그는 다른 짐승들에게 잘 잡아먹히는 약한 동물들은 매우 많은 수의 자손을 번식시키는 데 비하여, 잡아먹는 동물들은 비교적 적은 수의 자손만 번식시킨다는 것을 잘 알고 있었다. 이를테면 이러한 번식의 차이가 결국 자연세계의 동물 숫자의 적절한 균형을 이루게 해주는 것이라 본 것이다.

축제 후의 고독

"연꽃 만나러 가는 바람 아니라, 연꽃 만나고 가는 바람처럼" 이란 서정주의 시구처럼, 희망으로 가득 찬 설렘보다 그 설렘이 한풀 꺾인 뒤의 담담함 또한 아름다운 것이거늘. 끝장을 보지 않고 일부러 남겨둔 미완의 여백이 더욱 소중하다 하지 않던가. 어느 선인이 "배부른 것은 맛만 보는 것만 못하고, 이루고 난 것은 장차 이루어지려 함만 못하다" 고 일렀다. 포만감도 좋지만 미각이 살아 있는 부족함이 더 좋을 수도 있는 법이니, 어떤 일이 넘치는 만족감을 안겨주지 못한다 하더라도 절망할 필요는 없으리라. 모든 잔치에는 끝이 있고, 또 끝내 마르지 않는 눈물이란 존재하지 않는 법이어늘 축제 후에는 언제나 고독이 찾아오지 않던가.

그러나 일이 우리를 버리기 전에 우리가 먼저 일을 버리는 것이 또한 지혜의 한 원칙이리라. 때로는 태양도 아직 빛을 발하는 동안에 구름 뒤로 숨어 자신이 지는 것을 보지 못하게 하거늘. 이처럼 종말에 임박해서도 승리를 준비할 줄 알아야 하듯이, 사람도 제때에 재난을 벗어나 치욕을 피할 수 있어야 지혜로울 수 있는 것이다. 미인도 거울이 자신의 늙은 모습을 보여줄 때까지 기다리지 않고, 아직 아름다움을 유지할 때 현명하게도 거울을 미리 깨뜨려버린다고 하지 않던가.

묵자(墨子) 선생은 이렇게 말했다.

"여기에 다섯 개의 송곳이 있다고 하자. 제일 먼저 부러지는 것은 제일 예리한 송곳이다. 또 다섯 자루의 칼이 있다고 하자. 제일 먼저 닳아 없어지는 것은 제일 잘 드는 칼이로다. 그리고 제일 먼저 물이 말라버리는 우물은 물맛이 제일 좋은 것이며, 제일 먼저 베어지는 나무는 제일 곧고 키가 큰 나무이다."

인간도 그와 다를 바 없을 터이다. 용기가 있는 자는 그 용기로 인하여, 그리고 능력이 있는 사람은 그 능력 때문에 도리어 몸을 망치게 되는 일이 적지 않으리니. 이를테면 유용하고 유능한 인물일수록 좌충우돌하다가 상처를 입기 쉬운 법임에랴. 하니 언뜻 보기에 어수룩하여 남들의 눈에 잘 띄지 않게 살아가는 사람이 실은 큰 일을 행하면서도 자기 인생을 별 잘못 없이 잘 이끌어 나갈 수 있지 않을런가. 호랑이는 병든 것처럼 걷고 매는 조는 듯이 앉아 있지만 언제나 날카로운 공격의 발톱을 튼튼히 숨기고 있지 않은가.

공평히 만물을 거느리는 자연의 웅대한 포부를 어찌 인간이라고 멀리할 수 있겠는가. 날짐승은 두 다리밖에 없고, 뿔이 있는 동물은 이빨이 시원찮으며, 아름답기로 이름난 꽃은 열매가 없고, 채색구름은 쉬이 흩어지듯이, 인간의 일 역시 크나큰 자연의 품을 벗어날 수 없으리니. 허니 다른 꽃보다 앞서 피는 꽃이 지는 것도 물론 더욱 빠를 수밖에 없음을 잘 깨닫는다면, 우리의 한탄도 줄어들지 않겠는가.

또한 대문과 거울을 보라.

대문이 수없이 여닫히더라도, 그 없이는 어떤 대문도 꼼짝하지 않는 대문 여닫는 장석은 항상 가만히 움직이지 않고 있다. 또 미인이나 추녀가 번갈아 얼굴을 비추어댄다고 어디 거울이 움찔거리기라도 하던가. 가만히 있으면서 오히려 움직임을 다스릴 수도 있는 게 바로 이것들 아닌가. 만약 이들 스스로가 절로 움직여버린다면 모든 일이 올바르게 다스려질 수 있겠는가. 모든 건 조용한 가운데 이루어지는 법이거늘.

CHO SANG 06

그러나 가령 못난이가 얼굴을 성형해 생김새를 더욱 예쁘게 고쳤을 때나, 또는 이쁜이가 얼굴을 다쳐 꼴이 형편없이 일그러졌을 때는 더욱 간곡히 거울을 찾게 되는 것. 이때 바야흐로 거울의 참다운 가치가 소리 없이 드러나는 법이니. 모름지기 거울은 진득이 기다릴 줄 안다. 허나 마음을 비춰주는 거울은 도대체 어디서나 찾을 수 있으리요.

헌데 우리는 끝내 고독으로 마감할 수밖에 없는 축제만을 고집스레 그리고 황급히 찾아 헤매야 할까.

오늘 죽을 것처럼 살자

하여 모색과 우여곡절이 우리 삶의 멋 아닐런가.

"청년의 눈에 비치는 인생은 하나의 끝없이 긴 미래며, 노년의 눈에는 하나의 지극히 짧은 과거로 보인다"라고 누가 말하지 않던가. 따라서 청년기는 짧은 과거와 긴 미래를 갖고 있으며 노년기는 긴 과거와 짧은 미래를 갖고 있으니, 청년기는 오로지 생존을 원하고 노년기는 오직 죽음을 바라는 점이 서로 다를 뿐이라 다그친다. 그렇게 본다면 가령 중년기는 적당한 길이의 과거와 적당한 길이의 미래를 갖고 있으니 가장 원숙하고 동요 없이 인생을 살 시기일런가?

모름지기 생존에도 끝이 있고 죽음에도 끝이 있는 법이니, 오히려 청년은 죽음을, 노년은 삶을 언제나 머릿속에 떠올린다면 어떨 것인가. 역설적 몸가짐이야말로 듬직한 삶의 바탕힘이 될지니. 마찬가지로 모든 게 끝이 있으니 부귀한 처지에 있을 때는 빈천한 사람의 괴로움을 알아야 하고, 편안하고 즐거운 곳에 몸담고 있을 때는 근심과 고난에 처한 이들의 속사정을 더불어 헤아려야 하는 게 인간적 삶의 보람 아니겠는가. 죽음이야말로 이 지상에 오직 하나뿐인 절대적 평등의 본바탕임에랴.

하나 모든 게 끝이 있다고 그 끝을 마냥 기다리고만 있을 것인가?

물론 우리 인간의 힘으로 그 끝을 존재하지 못하도록 만들 수는 없지만, 그 끝에 이르는 과정은 으레 우리 손끝에 놓여있는 게 아닌가. 끝이 있으면 당연히 시작도 있는 법, 무슨 일을 하든 무언가를 시작해야 하는 건 정해진 이치임에랴. 여우도 물을 건너려 할 때는 먼저 그 꼬리부터 물 속에 담가본다고 하지 않던가. 비슷한 목소리로 시경(詩經)은 "시작을 잘 하지 못하는 사람은 없어도 끝맺음을 잘 하는 사람은 드물다"라고 읊고 있다. 니체도 어떤 일을 시작할 때는 항상 비관적으로 시작하라고 가르친다. 명심할 일이다, 시작하기는 쉬워도 끝맺기는 어려운 법이니.

하나 바보는 잘난 체하지만 지혜로운 자는 모르는 척하고, 가진 자는 베풀려하지 않지만 못 가진 자는 조금 가진 것마저 헤프게 써버리려는 게 우리네 삶의 흔해빠진 세태이니, 또 이를 어이 모른 척하기만 할 것인가. 하물며 옷이 해지면 버리고 새 옷을 찾으면서, 제 몸이 낡아 쓸모 없게 되었는데도 어이 훌훌 털어버리지 못하는가.

몸이 크게 아팠을 때, 나는 참으로 겸허해졌다. 뿐만 아니라 교통사고를 당한 직후의 내 운전 자세는 또 얼마나 공손하였던가. 하나 시간이 흐름에 따라 내 운전은 또다시 교만에 빠졌다.

병들어 누웠다고 생각하면 속된 마음이 사라지고, 오늘이 내 죽을 날이라 여기면 깊이 깨달으려는 마음이 절로 샘솟아 오르리니. 모든 일을 할 때마다 탄생과 결혼처럼 '세상에 나서 처음'이라는 기분을 잃지 않으면 산뜻한 용기가 용솟음칠 터이다. 일마다 한결같이 삶의 역사에 최초로 획을 긋는 일이라 여길 테니 얼마나 진지하고 의미심장해질 것인가.

뿐만 아니라 슬프게 울려 퍼지는 나의 추도사를 가까이서 내가 직접 듣는 느낌으로 매일의 삶을 살아간다면 말쑥한 겸허함이 늘 함께 벗하지 않겠는가. 아울러 내 정년 퇴임식에서 남이 조목조목 간추리는 나의 지난 발자취를 듣고 있다는 기분으로 직업을 영위한다면 또 어떨까.

이를테면 영원히 살 것처럼 꿈꾸고, 오늘 죽을 것처럼 살아가는 게 바람직하다는 말이다.

그러나 잊지 말아야 할 것이 있으리니. 나보다 못한 사람이 그래도 많으니 내가 남만 못하다고 지청구하지 말 것이며, 또 나보다 나은 이가 더욱 많으니 내가 남보다 낫다고 뽐내지 말일이다. 달의 아름다움은 둥글었다 이지러졌다 하는 데 있지 않은가.

하나 끝없는 고통보다는 고통 있는 끝이 더욱 바람직하다.

제 2 부

같은 길에 난
다른
발자국들

모두가 하나의 종족

인류의 역사가 시작된 이래 인간이 지상에서 가장 먼저 만든 것이 있다면, 그건 북이 아니었을까? 어쩌면 천지창조의 소리, 그게 북소리였을지 모른다.

모름지기 언어보다 앞서 인간은 북을 만들었을 것이다. 말이 인간의 입술 밖으로 새어나오기 전에 아마 북이 먼저 울렸을 터이다. 입으로 외치고 싶었을 때 인간은 무릇 북을 먼저 두드리기 시작했을 것이다.

화안하고 아기자기한 손짓 발짓이 그리워지거나 또는 피가 솟구치는 비명이 터져 나오려 할 때, 인간은 다독거림이나 몸부림처럼 북을 두들겼을 것이다. 북소리는 어루만지고 아기작거리는 어린 새끼들의 꼼지락거림이면서 동시에 활화산처럼 터져 나오는 맹수의 포효 같은 것이기도 하다.

때로 북소리는 우물 속 두레박 부딪치는 소리같이 애잔한 두근거림처럼 퍼져나가기도 하고, 또 불꽃같이 이글거리며 타오르거나, 또 때로는 폭포수처럼 콸콸 쏟아지기도 한다. 애무의 몸짓이면서 불퇴전의 절규, 그것이 바로 북소리다. 얼음같이 차가운 가슴에도 토닥토닥 모닥불을 지펴주는 것, 그것이 바로 북소리인 것이다.

북소리와 심장

애초에 가슴 뛰는 소리에 견주어 북을 만들었을까. 심장박동 소리를 가장 닮은 것이 실은 북소리다. 하여 북을 두드리면 생명이 약동한다. 이를테면 북소리는 원초적 생명력인 것이다. 어째서 인간들이 전쟁터에서 북을 울렸는지를 생각해 보라.

북소리는 천둥 · 벼락 소리처럼 들리기도 하지만, 북소리는 원래 대지의 소리다. 북은 집의 대들보 같은 노릇을 하면서 어머니처럼 모든 걸 감싸는 소리를 물레처럼 자아낸다. 한마디로 북소리는 땅에서 하늘로 향하는 환희와 비탄과 비분강개의 두런거림이며 아우성이다. 이를테면 북소리는 번갯불이나 양털 같은 것들을 가슴 가득히 안고 구름처럼 떠다니는 소리이기도 한 것이다.

나는 북소리를 사랑한다.

소리가 없다면 북은 어떤 의미를 지니고 있을까? 으레 북은 소리와 더불어 있다. 아니, 특별한 소리를 만들어내기 때문에 북은 북이 된다. 시인 김영랑도 "소리를 떠나서야 북은 오직 가죽일 뿐"이라 읊지 않았던가.

칠수록 소리가 나는 것, 그게 바로 북 아닐런가. 건드릴수록 더욱 더 악화되어가는 못된 일 같은 것과는 달리, 두드릴수록 더욱 더 살아 꿈틀거리는 소리를 널리 울려 퍼지게 하는 것이 북일진대. 하나 뭐든지 되풀이하면 할수록 길이 나 더욱더 잘 되어나가는 것처럼, 또 칠수록 더욱더 감칠맛을 내는 게 북 아닌가. 북은 두드릴수록 더욱 살아 움직이는 생물이다.

북소리와 자유

세계에서 두드리기를 가장 좋아하는 민족이 아마 우리 아닐까?

소주라도 한 잔 들어가면 우리는 으레 두어 짝 젓가락부터 찾아내어 두드려대기 시작하지 않는가. 어디에선들 반반한 원래 모습으로 평안히 앉아 있는 제대로 된 술집 식탁을 찾을 수 있을까.

두들겨대는 타악기는 음의 높낮이가 아니라 리듬을 본바탕으로 하는 악기이기에 리듬감과 힘의 강약이 가장 중요할 수밖에 없음은 자연스러운 일일 터이다. 어쨌든 힘이 넘치는 악기가 바로 타악기인 것이다. 그리고 바로 이러한 타악기 특유의 작열하는 힘이 터뜨리는 소리를 좋아하는 민족이 바로 우리임에랴. 우리의 이러한 '타악기 천부성'을 우리 민족을 하나로 묶어줄 우리 고유의 힘으로 되살릴 길은 없을까.

한데도 나는 태초에 북을 알지 못하였다. 북소리가 울려 퍼지는 벌판에서 나는 정작 설 땅을 찾지 못한 것이다.

내가 가장 가까이서 북, 장구, 꽹가리 등이 어울려 터져 나오는 소리를 처음으로 듣게 된 것은 부끄럽게도 대한민국이 아니라 낯선 나라의 지붕 밑에서였다.

1980년대 초 나는 세상에 나서 처음으로 '사물놀이'를 들었다. 아니, 보았다. 그전까지만 해도 사실 나는 사물놀이가 무엇인지, 그리고 그런 게 우리나라에 있기라도 한지 하는 것 등에 관해 도무지 알 턱이 없었다. 그런데 김덕수 사물놀이패가 제3세계 문화경진대회 비슷한 국제행사에 한국 대표로 참가한 것이다. 그들이 두들겨대는 소리를 나는 우아한 베를린 필하모니 소공연장에서 난생 처음 들었다. 그들은 장작을 패고 진격나팔을 불고 얼굴 흰 사람들을 호령하고 또 이들에게 대성벽력을 퍼부었다. 황홀하고 당당한 연주였다.

하나 나의 두 눈에서는 창피스레 시냇물처럼 눈물이 흘러내렸다. 그리고 나의 이 시냇물은 인간들을 추호도 꺼려하지 않는 눈치였다. 큰비가 내린 후처럼 수량도 풍부했다. 우리 전통음악이라면 고작 가냘픈 거문고나 가야금 또는 구슬픈 피리 정도밖에 배워본 적이 없던 나에게, 이 사물놀이가 토해내는 천둥소리는 고이 잠들어 있는 바다를 휘몰아 가는 돌고래떼 같은 충격으로 다가왔다.

나는 흐느끼면서 식식거렸다. '이런 웅혼한 가락을 만들어낼 줄 아는 민족이 어찌 남에게 짓밟힐 수 있겠는가' 하는 눈 쌓인 벌판 같은 느낌이, 아마도 도도한 남의 나라에서 휴지처럼 구겨져 살던 주눅든 한 어설픈 유학생의 감동어린 감상(感傷)을 부추겼던 모양이다. 어린 시절 흔히 있을 법한 소영웅주의적 감탄 모방으로 흉내내보던 술취한 날의 베토벤을 빼놓는다면, 음악 소리를 들으며 이렇게 신명나게 훌쩍거려보기는 처음이었다. 훙건하고 후련하게 울었다. 그 후 나에게는 새로운 버릇이 생겼다. 나는 북소리를 사 모으기 시작한 것이다.

베를린에서의 유학시절 나는 지극히 감동적으로 나라를 사랑하는 씩씩한 극성 동포들, 이를테면 '붉은 악마'들로부터 고국의 앞날을 걱정하는 따스한 몸가짐을 배운 적이 있다. 그들은 남의 땅에서 눈치보며 먹고사는 일 하나만으로도 넉넉히 헉헉거리고도 남음이 있으련만, 그 와중에도, 풍물패까지 만들어 조국을 기억하고자 몸부림치던 정다운 사람들이었다.

노는 날이 되거나 같이 즐길 일이 생기면 그들은 베를린의 넓은 공원이나 목초지대로 표연히 나선다. 그리고 짐을 푼다.

그들은 한풀이하듯 풍물을 두드리며 손잡고 덩실대었다. 그러면 이내 재미있는 광경이 벌어진다. 우악스러운 잡초처럼 울려 퍼지는 그 매운 소리를 듣고 흥미롭게도 피부색 다른 인종들이 멀리서부터 달려들기 시작한다. 특히 흑인 '자원봉사대'들이 정성껏 출몰하여 우리의 풍물소리에 가락을 맞추며 마치 자기들 전통 가락이기라도 한 것처럼 몸을 흔들어대었다. 그들의 춤에서는 풋풋한 본능의 냄새가 스며 나왔다. 심지어 아프리카에 관광이라도 온 것은 아닌가 하는 느낌이 들 정도였다. 백인들은 디스코춤을 추어대는 눈치였다. 느닷없이 이루어진 것이긴 하였지만, 그건 또 얼마나 멋들어진 인종화합의 파티였던가.

하나 나는 고독했다.

누구보다 독일에 떨어져 사는 서러운 자식들 보러 한국에서 날아오신 노인네들이 앞다투어 출전하여 신명나게 더덩실 어깨춤을 추었다. 그러면서는 꼭 날더러 젊은 사람이 왜 그렇게 신명도 없느냐, 춤도 못 추느냐고 인자하게 핀잔을 늘어놓곤 하셨다.

그러나 사실은 그게 날카로운 지적이었다. 생각해보니 나는 배우지 않고서는 몸을 까딱할 줄도 모르는 어중간한 세대에 속해 있었다. 허기야 나는 고고춤이 서서히 번져나가고 탈춤 같은 것이 겸연쩍은 모습으로 조금씩 기지개를 켜기 시작할 무렵 고만고만하고 어정쩡한 젊은 시절을 보냈다. 그러니 고고춤은 물론이고 탈춤도 배워보지 못한 중간세대로서의 애매함만을 충실히 익혔을 따름이다. 나는 이른바 '이행기'를 산 셈이었다. 과도기라는 건 언제나 무서운 것 아닌가. 사정이 그렇게 기막히니 내가 어떻게 그 풍물소리에 맞춰 고고나 탈춤을 흔들어댈 수 있었을 것인가. 자연스럽게도 나는 신명조차 모르는 민족 아닌 민족의 한 사람으로 뒤에 점잖게 처져 헛기침만 내뱉고 있었던 것이다.

늙은 세대는 '덩더꿍'으로 그리고 어린 세대는 '삐빠빠 룰라' 식으로 살아왔다 한다면, 우리는 그저 '랄랄라' 정도로 두루뭉술하게 맥을 이어왔다고나 말할 수 있을는지. 그리하여 나는 줄곧 중간세대적 양면성과 절충성을 무기로 하여 공부하는 사람답게 그 축제를 진지하게 관찰하고 탐구하기만 하였을 뿐이다.

하지만 아직도 나는 사물놀이를 들으면 눈물이 난다. 후천적 중독성이라고나 해야 할지.

얼마 전, 국사학자면서 없는 시간 채광하듯 소설도 애틋이 쓰던 동덕여대의 이균영 교수가 느닷없는 교통사고로 한 많은 이 세상을 떴다. 평소 그와 가까이 지냈던 나로서는 그의 안타까운 죽음을 전해들었을 때 한동안 넋이 나갈 정도였다. 더구나 나도 비슷한 시기에 흉미로운 교통사고를 직접 겪긴 했음에도 멀쩡히 숨을 쉬고 있는 형편이었으니 가슴이 더욱 아플 수밖에. 시골에서 소설을 끝내고 늦은 밤 서울로 돌아와 택시를 타고 운전수 옆에 앉아서 조용히 귀가하다가 반대편에서 중앙선을 뛰어넘어 돌진하는 어느 용맹스러운 승용차가 들이받는 바람에 그는 말 한마디 없이 택시기사와 함께 우리 곁을 떠난 것이다.

그러나 그는 나에게 자신의 의지나 노력과는 아무런 상관없이 일어나는 운명이 무엇인가 하는 걸 죽음으로써 가르쳐주었다. 그때도 나는 사물놀이부터 집어들었다. 집 안에서는 듣지 못하여 테이프를 들고 범인처럼 자동차 안으로 몰래 기어 들어갔다. 차는 나의 유일한 안식처면서 동시에 피신처이기도 한 것이다.

한번은 새 마을로 이사간 직후 아파트 거실에서 북소리를 들은 적이 있었다. 원래 북소리라는 게 속삭임 소리와는 거리가 멀어도 한참 멀다. 그래서 가능한 한 가장 큰 소리로 들어야 제격임은 물론이다.

나의 거실은 곧 천둥번개를 동반한 폭우 쏟아지는 황량한 벌판으로 바뀌었다. 하나 이내 기습을 당했다. 실내전화가 사이렌처럼 끊임없이 울려왔다. 그 급습을 막기 위해 나는 하는 수 없이 장군처럼 수화기를 들었다. 그리고는 곧장 아래층 사람한테서 무당굿판 벌였느냐는 거친 핀잔과 항의를 받았다. 나는 지체없이 야만인 취급까지 당했다. 벌건 일요일 대낮에 그것도 우리의 문화유산을 좀 크게 들었기로소니, 어찌 사람을 몰상식하고 교양 없는 짐승으로 몰아칠 수 있는가 싶어, 나는 속이 뒤틀렸다.

하나 지성인으로서 체념하거나 포기할 수는 없는 노릇이었다. 나는 조용히 차로 내려갔다. 그 속에서 볼륨을 있는 대로 통째로 크게 틀어놓고서는 또다시 눈시울을 붉히며 북 두드리는 소리를 계속 들었다. 나의 자유는 고작 차 안에서만 쟁취되었다.

하지만 차 밖에서는 아무도 모른다. 내가 차 속에서 도대체 무얼 하고 있는지를. 나는 그저 머리를 휘적대거나 정성껏 손으로 핸들을 두드리며 북소리 장단을 맞추고 있을 따름이다. 어떤 때는 호젓한 길을 가다가 한 손으로 핸들 장단을 잘못 두드린 통에 주책없이 클랙슨을 눌러버렸다. 그랬더니 앞차가 조용히 멈춰 서더니 운전사가 갑자기 창을 열고 고개를 뒤로 홱 돌리며 나를 노려보았다. 나는 그저 씨익 하고 웃을 도리밖에 없었다. 그랬더니 그 차는 유령이라도 본 것처럼 냅다 사라지는 것이었다.

그런데 풍물소리를 들을 때마다 왜 자꾸 콧등이 찡해지는지 알 수 없는 노릇이다. 북이나 징, 장구를 두드리는 사람들이 그렇게 애틋해 보일 수 없다. 나는 오늘도 공원에서 때때옷 입고 이쁜 몸을 하늘거리며 두드려대는 풍물놀이를 한참 바라보다가 또 시큰거리며 집으로 돌아왔다. 조지훈의 〈승무〉에서처럼, 고와서 서러웠을까. '원시'에의 애잔한 향수를 불러일으켰는지, 아니면 우리 민족의 것이 뭐라고 또 그걸 아끼고 지키려 애쓰는 그 소탈한 안간힘이 내 마음을 들뜨게 만들었을까.

북소리와 원시인, 그리고 세계화

이 번잡한 도시에서 마음놓고 북소리를 들을 수 있는 무인도나 광야를 찾는 일이 어디 손쉬운 일이겠는가.

하나 벌판의 울음을 닮아서일까, 북소리에는 농경민족의 애틋한 몸부림의 흔적이 잔잔히 배어 있다. 한마디로 북소리는 원시적이다. 그러나 물론 야만적이지는 않다. 북소리는 우리를 하나로 껴안고 얼싸안게 만드는 힘을 지니고 있는 것이다.

그렇다면 무엇이 원시적인 것일까?

원시성이란 순박하고 평온하고 자연을 닮은 됨됨이와 마음가짐 같은 것을 아우른다. 하여 원시인이란 더불어 함께 하며 서로 핥아주고 서로 쓰다듬는 선량한 종족들을 일컫는 것이니. 그들은 아마도 넓은 들녘에서 한가지로 어울리어 손잡고 북춤을 추었으리라. 반면에 야만성은 모질고 거칠고 사나운 심성과 짝할 것이다. 무릇 야만인이란 뿔뿔이 떨어져나가 으쓱거리며 맞서고 서로 할퀴고 상처 내는 족속들을 가리키리니. 혹에나 그들은 에두르는 모퉁이 곳곳에서 피 흘리며 칼춤을 추어대지 않았을까.

모름지기 우리는 '원시'를 향한 그윽한 향수로 자신들을 불지펴야 할 것이다.

바로 북소리는 우리를 원시시대로 되돌아가게 만드는 잔잔한 힘을 갖추고 있는 것이다. 그것은 원시에의 노스탤지어를 끊임없이 일깨움으로써 우리에게 버리고 떠나온 자연으로 되돌아가라고 끈기 있게 타이른다. 북소리에는 원시인다운 순수한 영혼이 깃들여 있다. 아니, 북소리는 순수함 그 자체다. 하나 바이올린이나 피아노 등속은 북이나 장구, 꽹과리를 야만적이라 비웃지 않을까. 마치 개신교가 불교를, 그리고 양의가 한의를 그렇게 흠잡는 것처럼.

원래 타악기는 악기 가운데서 가장 역사가 오랜 것. 오늘날에도 아프리카의 원시부족들이 오직 타악기로만 자신들의 갖가지 삶의 애환을 표현하는 경우가 적지 않음을 우리는 익히 잘 알고 있지 아니한가. 타악기가 가장 먼저 생긴 악기인고로 거기에 어쩔 수 없이 '원시성'이 진하게 배어 있을 수밖에 없다는 것은 자연스러운 일이라 할 수 있다. 그러하니 타악기 소리를 귀기울여 들으면 어딘지 모르게 태고의 향내가 연초처럼 짙게 풍겨 나올 수밖에. 호랑이 담배 냄샌들 왜 없을쏜가.

이럭저럭 나에게는 '낡은 것'을 좋아하는 애매한 버릇이 들었다. 그러다 보니 뭔가 썩어 가는 냄새 역시 퍽이나 애호하게도 되었다. 셰익스피어도 어디에선가, "시간이 흐를수록 우리는 점점 성숙해간다. 그러면 우리는 점점 썩어 가는 것이리라"(*In the course of the time we ripe and ripe. And then, We rot and rot*)고 읊은 적이 있다. 성장하고 익어간다는 것이 썩는다는 것을 뜻하는 것이니, 어찌 낡고 썩어 가는 것들이 싫어질 수 있겠는가.

나는 손때와 땀 냄새를 사랑한다.

하여 나는 때묻은 골동품 같은 것에 가난하고 정다운 애착을 가진다. 그게 어떠한 것일지라도 과거의 유산이 침묵을 지키고 있다고 해서, 그걸 함부로 업신여긴다는 것은 하찮은 인간의 경박함 그 자체다. 어제 경탄받은 것을 오늘 우습게 여겨버린다면, 그건 또 얼마나 짓가벼운 몸놀림일까.

물론 예술적 기품이 뛰어난 옛 선인들의 발자취를 어찌 멀리할 수 있겠는가. 하지만 나에게는 오히려 품위 없어 보이는 것들이 더욱 정겹다. 서민들의 땀과 손때 그리고 한숨과 환희로 얼룩진, 실생활에 쓰여온 이그러진 물건들에 더욱 따뜻한 정이 쏠림을 어쩔 수 없다. 가령 장롱이나 반짇고리, 쌀 됫박, 밥그릇, 지게, 탁자, 밥주걱, 짚신, 호미 등에 배어있는 '아랫것' 들의 회한과 우여곡절과 몸부림과 희로애락이 훨씬 더 진하게 내 가슴을 두드린다. 그런 것들에는 헛기침 같은 게 없다. 그러하니 더욱 값질 수밖에.

나는 이런 낡은 것들을 좋아해서, 이따금 여기저기 중고물건 파는 가게를 순례객처럼 기웃거리곤 하는 낡은 버릇이 붙었다. 마치 오래된 일기장을 다시 읽는 것 같거나, 그렇지 않으면 오후의 양로원을 애잔히 바라보는 느낌이 들 때도 있다.

가령 몸 어딘가가 시원찮아 약이라도 먹어야 할 때, 나는 이른바 민간요법을 충성스레 따르는 편이다. 의사나 약방 같은 데서는 그런 걸 원시적이라거나 야만적인 것이라 비웃기 마련일 것이다. 하기야 첼로나 피아노가 장구나 꽹과리를, 그리고 개신교 신자가 불교도를 그렇게 빈정거리는 것과 큰 차이가 없는 것이긴 하지만. 내 비좁은 지식으로 미루어보건대, 세계에서 유일하게 민간요법이 없는 나라는 미국밖에 없지 않을까 한다. 심지어는 인디언까지 박멸한 나라 아닌가. 한데 바로 거기서 우리 의사들이 거의 모든 걸 배워오고 있는 형편이니 민간요법이란 것에 대해 얼마나 자연스럽게 코웃음칠 것인가 하는 건 쉽게 수긍이 가는 일이다. 하나 민간요법이란 게 쌓이고 쌓여 온 우리네 선조의 때묻은 지혜 아닐런가. 시대와 역사의 검증을 받고 살아남은 금강석과 같은 지혜임에랴. 얼마나 소중한 인류적 유산일까.

몇 해 전 연말 언젠가 어느 TV에서 연로한 코미디언 구봉서 씨의 '코미디 50년 사' 잔치마당을 바로 후배 코미디언들이 마련해주는 프로그램을 보며 콧잔등이 시큰해진 적이 있다. 그게 무슨 일이든, 장인다운 외길을 하염없이 걷고 걸어온 선배를 같은 길을 걷고 있는 후진들이 앞다투어 떠받들고 있는 모습이란 얼마나 잔잔한 것인가. 훈훈한 기림이면서 동시에 차가운 다짐의 현장이기도 하니. 외길 50년 인생, 얼마나 진하게 손때 묻고 땀내 배인 멋진 삶인가.

가령 20세기 최고의 첼로 거장으로 일컬어지던 파블로 카잘스가 95세를 맞던 어느 해, 한 젊은 기자가 그를 찾아갔다. 그리곤 카잘스에게 물었다.

"당신은 이룰 것 다 이루고 또 세계 최고의 경지에까지 이르렀는데, 그리고 연세까지 많으신데 아직도 왜 매일 6시간씩 첼로 연습을 하십니까?" 하고.

그랬더니 카잘스 왈, "매일 매일 조금씩 느는 것 같아서요." 누가 어이 머리를 조아리지 않을 수 있겠는가.

누군가 등산길에, 산 정상까지 올라가지 말고 바로 그 밑에서 정상을 바라보아야 정말 멋있노라고 얘기하던 기억이 떠오른다. 정조대왕은 매일 화살 50개씩 쏘는 연습을 했는데, 매번 적중시킬 정도로 실력이 탁월했다 한다. 하나 그는 마지막 한 개는 일부러 쏘지 않고 그냥 연습을 마감하는 겸손한 여유를 보이곤 했다고 전한다. 빨리 피는 꽃이 빨리 질 수밖에 없는 이치이니, 충분히 익은 인간의 몸가짐들이 이러하지 않겠는가. 하여 명인이 되리니. 물이 가득 차면 절로 뒤집히는 금속 그릇을 바라본 공자는 "아아, 가득 차고 뒤집어지지 않는 것은 이 세상에 없도다!" 하며 개탄하였다 하지 않던가.

원래 우아한 전통이란 것 속에는 사실 썩은 것들이 우글거리는 법이다. 그리하여 북도 썩은 것이고, 북소리에는 또 썩은 냄새가 짙게 배어 있을 수밖에 없다.

썩은 거름이 식물을 살려내듯이 북소리에는 인간들을 뭉치게 만드는 보이지 않는 힘이 썩고 있다. 사람들의 눈망울이 힘없이 풀려가거나, 또는 자기들이 전부 다인 양 서로 으스대며 으르렁거릴 때, 나는 북소리가 그리워진다.

어디 그뿐이겠는가.

오래 전에 이미 고인이 되셨지만, 어릴 적부터 글 한 자 읽는 것조차 배운 적 없는 일자무식꾼 내 할머니로부터 나는 때로는 정겹게 또 때로는 드세게 "사람은 피가 있어야 한다"는 말씀을 등골에 사무치도록 듣고 배웠다. 살아 있는 몸에 피가 돈다는 것쯤 할머니가 모르셨을 리 없었을 텐데도. 요컨대 펄펄 튀는 피나 맥박처럼 힘있고 다부지게 그리고 격렬히, 이를테면 북소리처럼 살아가야 한다는 말씀이 아니었을까 싶다. 그런데 지금 내 몸 속에는 과연 피가 돌고 있을까? 혹 이미 피가 흐름을 멈춰 나는 벌써 죽어버렸는데도 나는 그걸 모르고 마치 살아 있는 것처럼 팔다리만 꿈틀거리고 있는 건 아닐까.

북소리는 맥박이 뛰고 피가 살아 꿈틀거리는 소리다.

우리들 영혼이 북소리로 가득 채워진다면, 그건 어떠할까. 혹 아니면 우리들 영혼의 울창한 숲 속에서 석기시대처럼 북소리가 둥둥둥 울려나온다면, 그건 과연 어떤 것일까.

정겨운 사막에 먼동이 터 오는 소리, 그것이 북소리다. 밀림의 가지가지마다 저녁놀이 고요히 내려앉는 소리, 기름지고 푸짐한 들판 위에 내려꽂히는 번개, 천둥, 폭우소리, 그것이 북소리다.

우리 모두는 자연을 사랑하는 개화된 원시인으로 돌아가야 하지 않을까. 북소리는 문명의 세계 속에서 원시시대를 목놓아 찾고 있다.

따스한 영혼의 북소리는 횃불과도 같은 것. 하나의 횃불에서 수많은 사람이 불을 나눠 가져도 그 횃불의 불꽃이 줄어들지 않는 것과 마찬가지로, 북소리는 아무리 많은 사람이 나눠 들어도 결코 메마르지 않는다.

행복 역시 아무리 나눠 가져도 줄어들지 않는 것임에랴.

'얼룩 송아지'의 빛과 그리고 그림자

우리 사회는 어떤 정신질환을 앓고 있을까?

몇십 년 전쯤 유럽을 난생 처음 구경하고 온 사람들에게는 공통적인 체험이 있다. 그곳에 관광을 다녀와서는 충격을 받은 듯 제일 먼저 신기하다며 꺼내는 말이 대체로 "거, 유럽의 집들에는 울타리가 없어" 하는 식이었다. 담이 아예 없거나 있어도 미숙련 삽살개 정도면 충분히 훌쩍 뛰어넘을 수 있을 수준의 나지막한 울타리, 그게 전부다. 나 자신도 정원은 물론 집안까지 훤히 들여다보이는 집들을 지나다니면서 마치 여인네 속치마라도 훔쳐보는 듯한 떨림과 낯섦을 맛본 적이 있다.

그에 비해 우리의 것들은 어떠한가? 유럽의 그런 모습과 아마 적대적으로 대비될 수 있으리라.

시멘트로 험상궂은 장벽을 쌓아올리고도 안심이 되지 않아 날카로운 유리조각들을 담 끝에 촘촘히 박아놓고 또 그 위에 철조망을 이중삼중으로 둘러쳐 마치 토치카처럼 보이던 주택들이 특히 우리 도시에서는 흔히 눈에 띄었다. 뿐만 아니라 거기다가 왕왕 '맹견주의' 라는 경고판이 터억 걸려 있기 일쑤였다. 가히 완벽한 안보체제 구축이라 할 만하였다.

우리는 범람하는 군사문화 속에서 우리의 정신까지 이렇게 완전무장 시키지 않으면 안 되었다. 그러나 놀라운 것은, 그렇게 요새 같아 보이는 장벽도 일단 뛰어넘기만 하면 안방까지의 진입은 식은 죽 먹기식이었다는 사실이다. 창문고리나 현관출입문의 개폐장치가 어이없을 정도로 허술했기 때문이다.

그러나 유럽은 정반대다. 권위 없는 그 담장을 보고 안방의 보석함이 내

손 안에 있는 것이나 다를 바 없다고 낙관할지 모르지만, 그것은 천만의 말씀이다. 허술하기 짝이 없는, 그것도 대개 하루종일 열려 있기 일쑤인 울타리를 통과한다 하더라도 그 이상의 진출은 거의 불가능하다. "가정은 성이다"라는 영국의 격언이 있긴 하지만, 안채는 그야말로 난공불락의 성채처럼 버티고 있다. 완벽에 가까운 자물쇠 장치와 물 한 방울 새어들지 않을 정도의 빈틈없는 창틀이 맹위를 떨치기 때문이다

요컨대 형식은 어수룩하게 보이지만 내용은 튼실하다. 그러나 우리는 정반대다. 겉은 맹수처럼 어마어마해 보이지만 속은 새우처럼 물러터져 있다. 이것이 바로 한국적 형식주의다. 그리고 이러한 현상이 우리 사회현실의 흐름 곳곳에도 폐수처럼 그대로 의연히 녹아들어 있음은 말할 나위 없다.

한국적 형식주의와 보신탕, 체면인가 최면인가

예를 들어 우리는 이른바 '거물급'들 옆에 나란히 서서 사진찍기를 좋아한다. 다른 한편 거물들도 자기를 조금이라도 도와주거나 도울 수 있다고 생각하는 사람들에게는 마치 답례품처럼 함께 '증명사진'을 박자고 솔선수범해 이끌기도 한다. 이런 사진이 저자바닥의 사기술에 자주 활용되기도 한다는 것은 널리 알려진 사실이다. 사기꾼들은 이런 거물들과 찍은 사진을 즐겨 주민등록증처럼 지갑에 넣어 다니거나 또는 사무실 책상 뒷벽에 크게 확대해 걸어놓곤 한다. 그리고는 곧장 자기 힘이 얼마나 센가, 또 자신이 얼마나 유명한 인물들과 친분이 두터운가 하는 걸 은근히 과시한다. 다른 한편 그 사진을 바라보는 사람들도 대개는 그런 가능성을 믿어 의심치 않는다. 그리고는 자연스

럽게 돈을 뜯기거나 사기 당한다.

한 번은 고국에 다니러온 어느 한국인이 영어로 된 미국 운전면허증을 길에서 경찰에 제시했더니 그 경관이 "수고하십시오!" 하고 경례를 처억 붙이며 가더란다. 마치 무슨 어마어마한 기관에나 있는 사람으로 간주하는 눈치로.

하기야 공공기관이나 골프장 같은 곳에도 조그만 차 타고 가면 푸대접받기 일쑤다. 심지어 달동네 살거나 전세 사는 형편이라도 자가용을 생활필수품처럼 여기는 세상흐름이 널리 퍼져 있는 형편이니 어쩌겠는가. 사정이 그러하니 성냥갑 만한 소형차에도 비싼 돈을 들여 튜닝을 하고 거기다가 무선전화 안테나까지 달아매야 직성이 풀리는 세태를 어이 이상하다 할 수 있을까.

나는 특히 IMF 시대 같을 때는 모든 기업이 교회로부터 세일즈를 배워야 한다고 생각한다. 나는 오래 전에 산보를 하다가 길에서 어느 교회에 속한 대형버스와 마주친 적이 있다. 하나 딱 한번 스쳐 지나며 보았을 뿐인데도, 나는 그 버스 옆구리에 터억 하니 붙어 있던 교회 전화번호를 종내 잊지 못한다. 그 전화번호는 그저 ＊＊＊-0191이었다. 그러나 그 번호 옆에 괄호를 치고 큼지막하게 주석을 덧붙여 놓았다. 한마디로 '영혼구원' 이었다. 지극히 간단했다. 죄 많은 영혼이라 그러하겠지만, 그 교회의 전화번호는 내 뇌리 속에 파편처럼 박혀 떠날 줄 모른다. 얼마나 강력히 우리의 영혼까지 사로잡는 선전문구인가.

이처럼 온갖 종류의 선전간판이 난무한다. 김규동은 〈하늘과 태양만이 남아 있는 도시〉라는 시에서 "간판이 커서 슬픈 거리여 빛깔이 짙어서 서글픈 도시여" 하고 읊은 적이 있다. 거리에 걸어둔 간판을 마냥 나무라기만 할 현실인가만, 그래도 속에서 우러나오는 옒은 신뢰의 흔적이라도 찾을 수 있어야 하지 않겠는가. 하물며 안내판의 경우는 어떨까. 도시든 시골이든지를 가리지 않고, 우리나라에서 가장 성의 있고 가장 믿을 만하게 만들어진 안내판은 목숨을 다루는 도로표지판이 아니라 식당 안내표지판이다. 이것이 문제다. 간첩이 침투해 암약하기 가장 힘든 나라가 우리나라 아닐까 한다. 워낙 많은 게 시도 때도 없이 졸지에 바뀌는 데다가 또 그런 변화무쌍함에 대한 소개나 안내가 또한 제멋대로니, 도대체 누가 무엇을 믿고 따를 수 있겠는가.

어쨌든 이러한 한국적 형식주의는 물론 근엄한 종교세계라 해서 결코 예외로 남겨두지는 않는다. 성당 안의 여성신도 머리 위에 사뿐히 내려앉아 있는 흰 미사포, 붉은 네온사인으로 적화(赤化)된 교회의 십자가 뾰족탑, 그리고 녹음 테이프에서 울려나오는 절 안의 불경소리 등도 그럭저럭 다 이런 모양새를 지닌 것들이다.

어느 여름 나는 산사(山寺)에서 한동안 지낼 요량으로 괴나리봇짐을 싸들고 무작정 상경파처럼 표표히 집을 떠난 적이 있었다. 하나 절마다 특히 수험준비생으로 만원이었다. 꽤나 힘들게 빗속을 떠돌다가 영동 부근에 이르렀다. 그러다가 전혀 알지도 못하는 어느 암자가 용케도 걸려들어 며칠 묵어가도록 허락받았다. 첫날 밤에는 역시 빈방이 없었다. 그래서 그 절 공사를 하던 일꾼들 틈에 끼어 함께 새우잠을 잤다. 다음날 일찍 이 일꾼들은 떠난다는 것이었다.

그런데 다음날 이른 아침 나는 불현듯 잠에서 깨었다. 완전무장한 경찰과 여러 명의 방위병들이 나를 기습한 것이다. 하룻밤 같이 몸을 뒤척였던 인부들 중 누군가가 새벽에 산을 내려가서는 수상한 사람이 나타났다고 파출소에 신고한 모양이었다. 옷깃만 스쳐도 인연이라는데, 지독히 고약한 연분이었다. 그리고 모두가 사냥개들 같았다. 얼마나 철저히 단련된 신고정신인가. 주민등록증을 보여주었더니, 그것도 위조가 많아 못 믿겠다고 해서 교수신분증까지 보여주었다. 철통같은 안보태세 앞에서는 대학교수도 아무 쓸모 없는 존재였다. 모두 가짜로만 보이는 눈치였다. 붙들 수 있는 건 운명밖에 없었다. 나는 달관한 선승(禪僧)처럼 체념하였다.

그러나 기적이 일어났다. 다름 아니라 바로 주민등록증이 결국 나를 해방시켰던 것이다. 그 경관은 거기에 붙어 있는 병역란에 기재된 내 출신 군대를 보더니 경례를 처억 붙이며, 자기도 같은 군대를 제대했다며 반갑게 손을 내미는 것이었다. 교수신분증보다도 그 짧은 기간이나마 군대라는 휑뎅그렁하지만 동일한 공동체에 몸담았다는 속절없는 추억 하나가 더욱 확고한 신원증명의 근거로 작용한 것이다. 그리곤 그들은 반가워하며 철수했다.

어디 그뿐일까. 밖으로 드러나는 허망한 겉모습이 강력한 호소력을 발휘할 때가 적지 않다.

나는 집에서는 편리하게 개량한복을 입고 지낸다. 산보 외에 별달리 할 수 있는 재주가 없는 처지라, 때로는 '승용차 탄 김삿갓'이란 귀여운 놀림까지 받기도 하며 시골 여기저기를 '탐험' 다니기도 한다. 그러다 요기라도 하려고 식당에 들르면, 거기서 일하는 아주머니들이 거의 예외 없이 나에게 지극한 관심을 보인다. 내 인상이 좋다거나 나의 탁월한 남성적 매력 등에서 비롯하는 일사불란한 서비스정신의 발로가 아님은 물론이다.

한국 사람이 양복을 입고 있으면 아무도 신경 쓰지 않는데, 정작 우리 옷을 입고 다니면 벌써 눈치가 달라진다. 민족을 사랑하는 마음에서 스며 나오는 애잔한 동포애 같은 것이 우러나와서 그런 것은 결코 아니다. 오로지 참을 수 없는 야릇한 호기심 같은 게 발동하는 모양이다. 어쨌거나 도무지 정상적인 사람으로는 보이지 않는 모양이다. 흔히들 수군수군 대며 그렇게도 궁금해한다. 벌건 평일날 대낮에도 왔다갔다 하는 걸 보면 실업자거나 땅 투기꾼일 가능성이 높은데, 또 그렇게는 보이지 않으니 무척 당혹스러워 하는 눈치다.

나에게 '미술' 그리느냐, 아니면 예술 하는 사람이냐고 묻다가 내가 그냥 빙그레 웃고 말면, 나중에는 다시 와서 이젠 알겠다며 거의 예외 없이 사주관상 보지 않느냐, 사주 좀 봐달라고 애원하며 매달리기까지 한다.

왜 이런 현상이 일어날까? 한복 걸친 내 모습이 워낙 기묘하게 보여서 그럴까. 하나 그네들이 사주 좀 봐달라고 부탁할 때, 나에게는 불현듯 어느 신부님 얘기가 떠올랐다. 그 신부님은 늙어 퇴임하고 나면 점쟁이가 되고 싶다고 했다. 그는 점을 쳐서 불쌍하고 가난한 사람들에게 삶의 용기를 북돋우고 또 그들을 격려할 수 있기를 염원하는 착한 신부였다. 그 또한 명백한 종신 이웃 사랑 아니겠는가. 물론 나는 두말할 나위 없이 사주팔자에 관한 한 완벽한 문외한이다. 하지만 이따금 그네들의 기대에 찬물을 끼얹지 않으려는 사무치는 인간애 때문에(?) 못 이기는 척하며 사주라는 것을 봐줄 때도 있다. 다들 딱한 형편으로 부대낄 사람들인 것만은 분명할 테니, 그저 자식 복이 많다는 등의 인심 좋은 덕담으로 조금만 참고 기다리면 앞으로의 행복이 틀림없이 보장되어 있다는 식으로 도사다운 운명감정을 마감하곤 한다. 그들은 이 봉이 김선달의 말에 확신을 가지며 즐거워들 한다. 이따금 복채라도 집어주려는 양으로 밥값을 받지 않으려 할 때도 있다.

뭔가 좀 덜떨어지고 비정상적인 사람으로 보긴 하지만, 어쨌거나 한복을 입고 다니면 함부로 무엄히 대하지는 못하는 눈치다. 하니 인간대접 받는 기분 들 때가 많다. 우리 고유의 것이 거의 유일하게 대접받는 순간이 이뿐인가 하는 생각이 들 정도로 반가우면서도 참담함을 느낄 때가 잦다. 어떤 외국 것보다 비싼 대접을 받는 유일한 우리의 것은 한복과 한우밖에 없는 듯하다.

또 우리는 이렇게 배워왔다. 남의 집에서 식사할 때는, 밥이 뜨겁다고 후후 불어 먹지 말며, 주인 앞에서는 국의 간을 맞추지 말라고 말이다. 어찌 보면 우리를 대접하는 다른 사람의 입장을 존중하라는 예의범절에 대한 가르침 같기도 하고, 아니면 공허하고 실속 없는 헛치레로라도 겉으로만 점잔빼며 남의 기분을 그저 맞춰주기만 하라는 주문 같기도 하다.

하기야 나도 이러한 한국적 형식주의를 이용해 먹을 때가 없지는 않다. 우리는 연초가 되면 어디에서나 항상 수학공식처럼 "새해 복 많이 받으십시오" 하는 인사말을 건넨다. 그리고 누구로부터든 언제나 똑같은 인사말을 되돌려 받곤 한다. 그러나 이 말은 사실 대단히 무책임한 것이다. 진실로 진심에서 우러나온 염원이라면 연말쯤에는 으레 연초에 기원한 대로 남들이 과연 복을 많이 받았는지 일일이 수소문해보아야 하지 않겠는가.

드디어 나는 올해부터 새해 인사말을 바꾸기로 했다. 그래서 나는 이왕 무책임할 바에야는 더욱 철저히 무책임해지는 게 바람직하지 않겠느냐는 생각에서, 금년부터는 아예 "새해 복 많이 드리겠습니다" 하는 것으로 신년인사를 바꾸고 말았다. 다들 좋아하는 눈치였다. 하나 기독교 맹신자에 속하는 친지 한 분만이 어찌 예수님도 아닌 인간이 복을 줄 수 있느냐며 따지듯 되물어 나를 민망하게 만들었다. 그러던 중 신년 초에 친구들이랑 복 매운탕을 먹으러 어느 식당엘 들어간 적이 있었다. 식당 안으로 들어서면서 나는 주인여자에게 "복 많은 집에 들어왔습니다" 했더니, 그 아주머니는, "복 많이 드리겠습니다" 하고 응수해서 우리는 한바탕 웃음을 터뜨린 적이 있다.

한데 우리나라에서 가장 전망이 아름다운 곳은 무엇 하는 곳일까? 그곳은 으레 군부대의 초소나 묘지가 점령하고 있다. 보다 나은 인간적 삶에 마음을 쏟는 후손들이 두고두고 누려야 할 전망 좋은 곳을 선조의 시신이 차고앉아야 하나, 아니면 인간적 삶을 끝장내려는 목표를 지니고 있는 군대가 그걸 움켜쥐고 있어야 하나. 이를테면 죽음이 전망을 독차지하고 있는 셈이다.

어쨌든 금강산은 복 받은 산이라 그런지, 철 따라 이름도 많다. 봄에는 그냥 금강산, 여름에는 봉래산, 가을에는 풍악산, 겨울에는 개골산이라고들 부른다. 여러 사연과 더불어 함께 자리하는 이 고귀한 이름들은 모두 금강산의 빼어남을 칭송하기 위해 형식을 갖춰 붙여진 것들이다. 하나 마치 우리나라의 숙명을 보여주는 듯한 서러운 이름들로 색다른 형식미를 쟁취하고 있는 게 없을 수 있겠는가. 그건 바로 보신탕이다. 이 음식에는 개장국, 단고기, 사철탕, 영양탕, 멍멍탕, 그리고 심지어는 한때 '존슨탕'이라는 이름까지 따라다녔다. 또한 아무 이름도 없이 암호처럼 그저 '있습니다'라는 표지판으로 침묵시위를 벌인 적도 있다. 이 이름들은, 물론 금강산의 그것과는 달리, 떳떳하지 못하거나 부끄러운 것을 가리고 숨기기 위해 형식적으로 얽어 짠 것들이다. 사랑받는 우리의 오래된 전래 음식이면서도 겉모양을 적당히 꾸며 눈치를 살피면서까지 궁색한 목숨을 이어가지 않으면 안 되는 기구한 몰골로 나날을 힘겹게 살아가야 하는 신세로 전락해버린 것이다. 이게 지금 우리 대한민국의 현재 모습은 아닐까?

'빛 좋은 개살구'의 사이렌 소리

겉으로는 당당히 활개치는 듯하나 속으로는 연신 곪아터지고 있는 일들이 어디 그뿐일까.

밖으로 세워 올린 건축물들은 또 얼마나 위풍당당한가. 가령 성수대교나 삼풍백화점 같은 것들이 겉모습이 허술해 무너졌던가? 예컨대 박정희 시절 서민을 위한다는 명분을 내걸고 세워 올렸던 '시민 아파트'들은 그 전형적인 사례에 속한다.

결국 우리의 '와우 아파트'가 의젓한 본때를 보여주기는 하였다. 나 역시 서울에 시민 아파트가 활기차게 솟아오를 무렵, 그곳 신세를 진 적이 있다. 그 아파트들은 대체로 어디서 보더라도 금세 시야에 확 들어와 안길 듯한 전망 좋은 곳에 멋들어진 고층으로 자리잡고 있었다. 그것은 마치 고지에 나부끼는 장엄한 조국 근대화의 깃발 같았다.

하나 나는 참으로 흥미진진한 우격다짐식 경험을 하지 않으면 안되었다. 화장실은 물론 공용이었지만, 우리는 거기서 항상 우산을 들고 앉아 용변을 보지 않으면 안되었다. 1년 내내 장마만 계속된 시절도 아니었고, 비가 새어서 그런 것도 물론 아니었다. 그 아파트는 나무로 엮어낸 것도 아니었고 응당 시멘트로 보무 당당히 만들어진 것이었음은 물론이다. 하나 우리의 그 시민 아파트에서는 천장에서 물인지 오줌인지 모를 물방울들이 끊임없이 새어나와 아래쪽으로 하염없이 떨어져 내렸다. 당당한 겉모습과는 달리 새 건물이었는데도 안은 이처럼 중병을 앓고 있었던 것이다. 이를테면 부실공사의 귀여운 증인이었던 셈이다.

와우 아파트가 무너진 후에도 겁도 없이 우리집에 가끔 놀러왔던 내 친구 하나는 "걱정 마. 이 집은 '벌떡 아파트'니, 무너져도 금방 일어나" 하며 나를 위로하기도 했다. 어쨌든 시민 아파트의 '시민'이란 말은 다름 아닌 '허드레 무리', 바로 그 자체였던 것이다. 허드레로 지어 허드레 사람들을 허드레로 살게 하면서 겉은 그야말로 휘황찬란하고 웅장하게 보이도록 만든 건물, 그게 바로 시민 아파트였던 것이다. 사실 그게 박정희식 '조국 근대화'의 참다운 내용이기도 했다.

아무튼 8 · 15 이후 오늘날까지 우리 사회를 줄기차게 지배해온 규범이 있다면 그것은 '빨리 빨리, 하지만 아무렇게나' 정신일 것이다. 이러한 '졸속의 원리'는 조그만 도로공사에서부터 크게는 국가의 운명을 좌우할 중대한 정책 결정에 이르기까지 사회와 나라 구석구석에 스며들지 않은 곳이 없다. '후딱후딱'과 '대충대충' 이데올로기가 바로 우리의 정치이념이자 생활철학이었던 것이다. 어디 그것뿐이었겠는가. 우락부락한 한탕주의가 또 그 옆자리에 근엄하게 똬리를 틀고 앉아 있기 일쑤였다.

거리를 걸으며 보도의 블록이 제대로 깔린 곳이 몇 군데나 되는지 한번 자세히 살펴볼 일이다. 여기저기 이가 빠져 있음은 물론이고 곳곳이 뻐드렁니처럼 울퉁불퉁 솟아나 있는 경우도 많다. 땜질하지 않은 아스팔트가 어디 한 군데나 있는가. 독일이나 일본 같은 곳에서는 땅 속 깊이 파고 들어가 아주 두텁게, 그것도 오랜 시간을 공들여 아스팔트 콘크리트를 까는 데 비해서, 우리나라에서는 후닥닥 겨우 손 한 뼘 될까 말까 할 정도를 쏟아붓고 일을 끝낸다. 그러니 도로개통식이 있은 다음날부터 새롭게 단장한 아스팔트길은 곧장 누더기를 걸치기 시작하는 것이다. 고지점령식 밀어붙이기와 전투태세 완비식 군사문화가 사회 전반을 갉아먹고 있는 동안 속은 곪아 가는데 겉만 번지르르해 가는 형식주의가 굳건히 뿌리를 내렸던 것이다.

'빛 좋은 개살구', 이것이 바로 우리 시대의 지표인 것이다.

하기야 한국 사회의 형식주의를 이야기하면서 어찌 박정희 시절을 빼놓을 수 있겠는가.

박정희 시대는 나에게 사이렌 소리로 회상된다. 무엇인가를 금하고, 억누르고, 정탐하고, '엮어내고', 뒤쫓고 하는 등의 어둡고 불안한 추억만을 되새기게 만들 뿐이다. 숨죽이고 주위를 두리번거리지 않으면 안 되는 사람들과 사이렌 소리까지 마음대로 울려댈 수 있는 분들이 명확히 구분되던 시절이었다.

나의 초등학교 말년은 박정희 장군과 더불어 시작되었다.

나는 초등학교의 수학여행 풍습이 일제의 잔재인지 어떤지에 대해서는 깊이 알지 못한다. 어쨌든 그 무렵의 수학여행이란 6 · 25의 폐허 위에서나마 간곡히 베풀어지던, 국민학교 6년을 마감하는 하나의 화려한 세레모니였다. 어떤 의미에서 내가 성장했던 당시의 부산 영도는 한반도적 모순의 집결지였다고 말해도 지나침이 없을 정도였다. 더 이상 내몰릴 길 없는 피난민들이 마지막 보따리를 풀고 주저앉은 곳에서, 가족들이 며칠 굶을 요량을 해서라도 장만한 돈으로나마 시외버스를 타고 고도(古都) 경주로 수학여행을 떠난다는 것은 당시의 우리에게는 하나의 동화 속 꿈나라 이야기였다. 그러나 우리는 불운했다. 박정희 장군은 5월로 잡혀 있던 이 꿈속의 수학여행을 5 · 16 쿠데타로 우리에게서 영원히 빼앗아가 버렸던 것이다. 그는 애초부터 나에게 '박탈'로 다가왔다.

원래 정치란 베푸는 게 아닐까. 국가와 정부가 뒤에서 궂은 일을 도맡아 함으로써 백성들에게는 편안히 생업을 돌보며 두 다리 뻗고 잠잘 수 있게 하는 것, 대저 이런 것이 올바른 정치에 다름 아닐 것이다. 그러나 통치자들 스스로가 은밀히 안락과 특권을 누리기 위해 서민들에게는 온갖 궂은 일을 강제하는 것, 그리하여 자신들의 비리가 폭로되지 않도록 국민의 눈과 귀를 완력으로 틀어막으려 설쳐대는 것, 이것이 바로 독재다. 독재자는 우선, 추구할 국가적 '과업'을 국민의 동의가 아니라 자신의 자의에 따라 제멋대로 설정해가며, 둘째, 오직 자기자신만이 이 과업을 능히 해낼 수 있다고 확신하고, 셋째, 그 과업의 달성을 위해 온갖 수단방법을 가리지 않는다. 이런 의미에서 박정희는 전형적인 독재자의 풍모를 지니고 있었다고 말할 수 있다.

과거 독일이 통일되기 이전 동독을 거쳐 서독으로 열차를 타고 가다 보면 가장 두드러지게 눈에 띄는 두 나라의 차이는 구호와 현수막의 현란한 나부낌이었다. 물론 동독이 그 나부낌의 현장인 것은 두말할 나위도 없다. 남루한 건물들의 음산한 색조를 배경으로 오직 생생히 살아 꿈틀거리는 것은 유일하게 그 구호요, 현수막뿐이었다. 국민의 합의가 아니라 일방통행식 강제가 통치의 으뜸줄기를 형성하는 곳에 흔히 나타나는 광경들이다.

박정희 시대도 물론 예외는 아니었다. 얼마나 많은 구호가 만들어졌는가. 이 시대의 가장 상징적인 구호는 "일하면서 싸우고, 싸우면서 일하자" 였다. 일과 싸움질, 그것은 곧 '개발' 과 '안보' 를 뜻한다.

우리는 북한이 김일성의 환갑잔치를 서울 한복판에서 치르려 한다고 법석을 피우는 조작된 광기 속에서 젊은 시절을 보냈다. 책을 읽건, 말을 하건, 사람을 만나건, 심지어는 머릿속에서 공상을 하건 간에, 조금이라도 정권에 흠집을 내는 일이라면 이내 김일성과 연계되었다. 우리는 소곤거려야 했고, 눈치를 살펴야 했고, 포승줄에 묶여 가는 동료들을 바라보며 불편한 양심을 달래야 했고, 쓰디쓴 소주로 우리의 비굴과 우리의 만용과 우리의 방황과 우리의 치기를 위로해야 했다.

그러나 정권은 보다 강인했다. 그들은 그러한 일상적 감시에 만족지 않고 그에 덧붙여 정기적으로 사이렌을 울려대었다. 매달 15일 오후 2시가 되면 우리는 민방공훈련의 이름으로 잘 길들여진 군용견처럼 눈에 보이지도 않는 적기를 피해 잽싸게 지하도로 몸을 숨기지 않으면 안되었다. 이 무슨 광대짓이었던가. 그러나 휴전선에 근접한 서울이라 어느새 적군들의 포탄이 우박처럼 쏟아질지 모른다고 윽박지르면서도, 그리고 그것도 모자라 전쟁이 터진 양 전국적인 공습훈련을 숨가쁘게 되풀이하면서도, 수도를 더욱 안전한 후방으로 옮기려는 시도 따위는 결코 하지 않았다. 그러기는커녕 오히려 수도 서울에는 고층건물들이 마치 개발의 성과를 과시라도 하는 것처럼 나날이 쑥쑥 솟아올랐다. 적군의 포탄이나 적기의 폭격에 금세 산산조각 나버릴 터인데도, '개발'은 북한을 전혀 두려워하지 않았다. 경제개발은 안보위기 따위를 도무지 거들떠보지 않았던 것이다.

우리는 불신을 배웠다. 그러한 불신은 권력을 향해서만 조준되지는 않았다. 전라도 사람은 경상도 사람을 믿지 않았고, 민간인은 군인을 믿지 않았으며, 노동자는 기업가를 믿지 않았고, 국민은 지배자와 그 주위를 배회하는 자들을 믿지 않았으며, 권력자들 역시 서로 서로를 믿지 않았다. 총체적 분열이었다. 불신은 단순히 '풍조' 정도가 아니었다. 그것은 이미 삶의 뿌리가 되어 있었다. 믿음이 없는 사회에 어찌 정직하고 성실한 사람들이 제대로 대접을 받을 수 있겠는가. 한탕주의와 황금만능주의로 똘똘 뭉친 형식주의가 활개치는 세상이 눈앞에 펼쳐졌음은 그 뻔한 결과였다.

군인들은 역시 달랐다. 한국 군부는 일찌감치 사회적으로 거의 유일하게 근대화된 조직체계를 미국으로부터 물려받았다. 게다가 6 · 25 전쟁을 치름으로써 그들 스스로가 민족적 사명감에 얼마나 투철한 존재인가 하는 것을 대외적으로 과시할 수 있는 절호의 기회까지 향유할 수도 있었던 것이다. 따라서 이러한 군대식 조직원리와 사고방식을 가능한 폭넓게 사회적으로 확산시키는 일이야말로 곧 민족적 소명의식의 발로라 미화될 수도 있었다.

그리하여 우리는 전쟁을 치르던 독일이나 이스라엘에서조차도 존재해본 적이 없던 군사교련을 평화로운 대학 캠퍼스에서 일상적으로 이수받지 않으면 안되었다. 대학까지 얼룩무늬로 뒤덮이기 시작하였다. 이러한 군사문화는 곧 사회전반으로 퍼져나갔다. 바야흐로 우리나라는 '고지점령식 정치문화'

로 뒤범벅되었다. 일단 정해진 목표는 어떠한 불법적 수단을 동원해서라도 정해진 기간 내에 달성하거나 달성한 것처럼 꾸미지 않으면 안되었다. 국회의사당 안의 날치기 정도가 문제될 리 있었겠는가. 이윽고 명령복종이 사회적 미덕으로 기림을 받았다. 그와 더불어 소신과 경륜 대신에 위장과 아부와 눈치보기가 공직사회의 덕목으로 자리잡았다. 내용보다는 형식이 물론 기림을 받았던 것이다.

일부 보수주의자들은 히틀러가 유대인을 학살한 잘못도 있지만, 예컨대 전 독일을 관통하는 고속도로를 뚫은 공로도 있음을 '공평히' 그리고 '객관적으로' 인정해야 한다고 주장한다. 그러나 그를 잘못한 일도 있지만 잘한 일도 많은 정치가로 대접하는 것이 과연 '공정한' 판정이라고 말할 수 있을까? 아니면 그를 무조건적으로 독재자요, 반인륜적 파시스트로 단죄하는 것이 보다 합당한 역사적 판단일까?

나는 두 번째의 평가가 정당하다고 믿는다. 박정희 시대도 대체로 비슷한 범주에 속한다. 프랑스의 위대한 정치사상가인 토크빌은 절대군주는 자신에게 저항하는 자의 육체에 고통을 가함으로써 자신의 의지를 관철시켰지만, 민주주의 시대는 소수의 영혼에 고통을 가함으로써 다수의 의지를 관철시킨다고 말한다. 그러나 박정희는 육체와 정신, 가릴 필요 없이 아무 쪽에나 되는대로 위해를 가함으로써 자신의 개인적 의지를 무조건적으로 관철시켰다. 그는 민주주의 시대의 절대군주였다. 비록 보릿고개를 넘게 만들었을지는 모르지만, 우리의 아리랑고개는 더욱 팍팍해졌다.

CHO SANG

로마제국의 멸망과 '식당 공화국'

로마제국의 멸망을 떠올릴 때마다 우리는 흔히 대중목욕탕과, 산해진미를 눈앞에 두고 뒤뚱거리는 탐식가들의 게걸스러운 모습과, 그리고 이것들을 배경으로 하는 문란한 성풍습 등을 자연스럽게 떠올린다. 영화 〈칼리굴라〉를 관람하지 않은 사람들도 이 정도의 상식은 넉넉히 지니고 있을 것이다.

이러한 음울하고 퇴폐적인 말기증상들은 사실 현실에 대한 무기력한 체념과 좌절감에서 비롯하는 것이다. 결국 종교세계가 로마인들의 유일한 도피처가 되었다. 그래서 동방의 신비종교와 특히 기독교에 대한 집착이 팽배할 수밖에 없었다. 가령 기번 같은 학자는 로마문명이 쇠망하게 된 주원인을 기독교의 발흥에서 찾고 있을 정도다. 로마제국은 이렇게 침몰하였다.

그런데 오늘날의 한국 현실이 바로 이 멸망 직전의 로마제국을 연상시키지 않느냐고 수군거리는 소리가 여기저기서 들려온다. 비록 시대가 다르고 비약이 없는 건 아니지만, 귀담아 들을 가치가 있는 수군거림들이다.

이미 대중 속으로까지 깊숙이 파고든 사우나 문화, 왁자지껄하게 들어찬 호화음식점과 술집들, 일상적으로 자행되는 성폭력과 범람하는 도색(桃色)산업, 게다가 저 높은 하늘나라에서까지 쉽게 굽어 살필 수 있도록 붉은 네온사인으로 마구 휘감아놓은 교회의 첨탑들, 이 모든 것들이 저 몰락하는 로마제국의 거리풍경과 얼마나 닮아 있는가. 이것이 20세기 말 우리 사회의 일그러진 초상이 아닐까.

의 · 식 · 주는 물론 삶의 본질이다. 그러나 우리는 아직도 이 문제를 해결하지 못한 듯하다. 특히 서울 가까운 시골이나 주변경관이 좋다 싶은 곳에는 어김없이 식당이 포진해 있다. 그리고 그 부근에는 거의 필수적으로 러브 없는 러브호텔이 또 우아하게 들어차 있다. 여태 먹고 자는 문제를 해결하지 못한 사람들이 그렇게 많은 모양이다. 하나 극빈자는 그 근처에 얼씬하지도 못한다.

로마제국의 침몰은 결코 강 건너 등불이 아니다. 어쨌든 비생산적 요소들이 그토록 생산적으로 활개치고 있는 실정인 것이다. 가령 러브호텔에서는 자녀생산조차 철저히 회피된다. 식당은 인구 백 명당 하나꼴로 난립해 있다 한다. 노약자나 어린애 등 가정에 있는 사람들을 빼고 나면 인구 50명당 식당 하나꼴이 된다 하니, 대한민국은 가히 '식당 공화국'이라 일컬을 수 있을 터이다.

한국인의 공동체의식과 '골인 지상주의'

한마디로 우리 민족의 공동체 의식은 역사와 전통을 자랑한다. 뿐만 아니라 한국적 형식주의가 이와 흐름을 나란히 하고 있음은 두말할 나위도 없다. 그렇다면 우리의 공동체의식은 어떠한 형편에 놓여 있을까?

우리는 흔히 대학 졸업식장에서, "여러분은 이제 졸업과 더불어 '사회'로 나갑니다" 하는 식으로 시작하는 근엄한 총장님의 축사를 자주 듣게 된다. 사회로 '나간다'는 표현은, "저는 사회경험이 별로 없습니다. 앞으로 많이 지도해주십시오"라든가, "저는 사회생활을 막 시작했습니다", 또는 "저 녀석은 사회물을 너무 많이 먹었어" 하는 등의 관습적인 말투와 뗄 수 없는 관계를 맺고 있음은 물론이다.

두말할 필요 없이 모든 개인과 집단은 엄연한 사회적 존재로서 사회의 일원이며 사회와 떼려야 뗄 수 없이 달라붙어 있다. 그럼에도 불구하고 우리는 사회로 '나가야' 하며, 사회생활을 '시작해야' 하고, '사회경험'을 쌓아야 한다.

이처럼 대학총장이나 저자거리의 보통사람들에게도 '사회'라는 말은 심각한 거리감마저 느끼게 만드는, 일종의 무서움과 두려움의 대상으로 비친다. 따라서 사회로 '나가기' 위해서는 나름대로 비장한 각오가 필요하고, '사회경험'을 제대로 쌓지 못한 사람들에게는 공포가 앞서며, '사회물'을 많이 먹은 사람들은 또 그들대로 손가락질의 표적이 된다. 사회경험이 없어도 문제며, 사회물을 너무 많이 먹어도 문제가 되는 것이다.

왜 이런 현상이 일어나는가. 가령 반상회나 예비군 조직 등을 통해 사회의 구석구석이 거미줄처럼 촘촘히 얽혀 있는데도, 그리고 텔레비전을 비롯한 각종 언론매체가 전국의 거의 모든 가정을, 심지어는 온 세계의 미세한 움직임 하나하나까지 빈틈없이 연결해 놓았는데도, 왜 우리나라에서는 '사회'가 이런 식으로 별종처럼 특별대우를 받고 있는가? 그 정도가 아니라 우리 사회는 왜 그 구성원들로부터 거리낌과 두려움의 대상으로 불도장 찍혀 있는가?

사회가 불안과 공포를 심어주는 존재로 가슴 깊이 새겨질 때, 개인은 물론 자연스레 숨을 곳을 찾는다. 눈치볼 필요 없이 서로의 접근이 수월한, 그리고 상호간의 자연스러운 어울림이 손쉽다고 판단되는 집단을 찾아나서게 된다. 인간은 사회적 동물이기 때문에 한 사회로부터의 소외를 다른 사회로의 자기구속을 통해 보상받으려 한다. 이 경우 가장 편안하고 가장 손쉬운 접근대상은 동창회, 종친회, 향우회 등으로 대변되는 이른바 1차 집단들이다. 여기서는 혈연, 지연, 정서적 유대감 등으로 인해 비합리적이고 몰개성적인 상호신뢰가 자연스럽게 이루어질 수 있다.

이런 측면에서 한국인의 공동체의식은 부정적 측면이 지배적이라 할 수 있다.

요컨대 그것은 혈연, 지리적 근접성 등의 '자연적' 운명공동성과 그에서 비롯하는 정서적 유대감이라는 1차원적 공통성의 토대 위에 자리 틀고 앉아 있다. 그리하여 그것은 이런 식으로 조성된 비합리적 상호신뢰에 뿌리내리는 맹목적 신앙의 한 형태이며, 소집단적 이기주의의 한 표현이다. 그러므로 그것은 문벌적, 족벌적, 붕당적, 향당적, 지방적 편협성을 극복·청산하지 못하는 소집단 충성심과 소집단 애국심을 일컫는다. 다른 한편 그것은 타 집단에 대해 가지는 불신, 경계심, 공포심과 자기집단에 대해 지니는 무조건에 가까운 아량, 이해심, 무비판적 종속감 그리고 무분별한 정실주의로 나타난다.

그리고 이러한 소집단 내부에서의 권위는 합리적 업적이나 능력에 의해서가 아니라, 일반적으로 그 집단에 참여한 기간의 길고 짧음(예컨대 고참, 신참)과 참여시기의 이르고 늦음(예컨대 선배, 후배), 연령, 외형적 지위 등 주로 형식적이고 비합리적인 여러 요인에 의해 결정된다. 그러므로 그 권위는 때로 초법적일 수 있다.

다른 한편 피지배집단의 공동체의식은, 사회내부의 각 계층 및 집단간 또는 개인과 사회 간에 구체적이고 실질적인 동등성이 부재하는 경우에 가상적·형식적 집단동질성의 기회가 주어지면 쉽게 뒤집힌 집단주의의 제물로 변신한다. 특히 정치적 비판의식이 결여된 상황에서는 더욱 그러하다. 예컨대 민간인의 소규모집단이 예비군훈련에 동원되면 대낮에 대로상에서 유감없이 군가를 합창하며 지난 시절의 군대식 향수에 함께 포근히 젖을 수 있다는 것도 그 조그만 사례에 속한다. 이것은 피지배집단의 전체주의적 타락이나 파시즘에로의 손쉬운 동원 가능성을 시사한다는 점에서 심각한 중요성을 지니고 있다.

히틀러의 《나의 투쟁》(*Mein Kampf*)에는 다음과 같은 구절이 엿보인다.

한 개인이 처음으로 군중대회에 들어와 그와 비슷한 기질을 가진 수천의 사람들에게 둘러싸일 때, 어리둥절한 가운데 삼사천 명이나 되는 다른 사람들의 도발적 도취와 열광이 지닌 강렬한 영향에 그가 휩쓸리게 될 때, 수많은 사람들의 명백한 듯한 성공과 동의가 그에게 새로운 가르침의 진리를 확인시켜줄 때, 그때 그는 스스로 마술적 힘에 굴복하게 된다. …주저와 의혹 속에서 그와 같은 모임에 참여했던 사람은 내적으로 강화되어 그곳을 떠난다. 그는 새로운 공동체의 일원이 된 것이다.

파시즘의 사도 히틀러가 옆에 없다 하더라도 이러한 뒤집힌 집단향수는 사회적 불안으로부터의 도피를 위해 좀더 강력한 집단의지에 스스로를 내맡기고자 하는 무분별한 광신주의로 전락할 수 있는 위험성을 항상 내포하고 있다. 이 어그러진 집단히스테리는 무엇보다도 끝없는 경제불안, 산업화로 인한 사회적 익명성, 소외의식 또는 도덕적 황폐화로 인한 불신풍조 등이 만연하게 됨으로써 사회 내부에 허무주의, 패배주의가 팽배할 때 더욱 그러하다. 그런 의미에서 이러한 공동체의식은 지배세력의 전체주의적 통치전략의 유효 적절한 도구로 악용될 수도 있는 것이다.

진정한 사회통합을 통하여 제거되지 못한, 또는 발전적으로 해소되지 못한 소집단 이기주의는 사회의 분열, 폐쇄화, 비민주화를 더욱 더 조장한다.

집단간, 그리고 집단과 사회 간의 건전한 교류가 차단되어 있음으로 해서, 또한 오랫동안 전수되어 온 피해의식과 자기보호의식 탓으로, 아울러 널리 만연된 정보주의와 불신풍조 때문에, '흑백논리'가 지배적 생활철학으로 등장한다. 견해나 이념의 차이가 개방적 토론이나 민주적 의사소통 방식을 통해서 조정되는 것이 아니라, 등뒤에서 칼을 꽂듯이 암살적으로, 항상 무대 뒤에서

음습하게 비난·성토·각색되곤 한다. 따라서 사회적 분열만이 그 통일적 결과로 나타난다.

뿐만 아니다. 이러한 공동체의식은 개인의 주체성이나 개인적 자유의 존엄성까지 무시하기 때문에 흔히 개인의 인권이나 사생활에 대한 침해와 간섭으로 자연스레 비화하기도 한다. 이 소집단 물신숭배는 각 '개체의 자유로운 발전'을 통한 '전체의 자유로운 발전'을 지향하는 것이 아니라, 공동체로의 개체의 익사를 강요한다.

어떻게 보면 비록 부정적 공동체의식이라 하더라도 그러한 것이 끈끈히 존재한다는 사실 자체가 행복인지도 모른다. 구미 선진제국의 원자화한 사회구조와 사실 '거인(巨人)주의' 일 수밖에 없는 악착스러운 개인주의, 인간적 소외, 인간성의 몰락 등 타기할 만한 사회적 모순현상을 떠올려볼 때, 우리에게는 그래도 '공동체' 의식이라는 게 있다고 자랑스레 외칠 수도 있다. "아직도 우리는 '이웃'을 생각해!" 하고 절규할 수도 있을 것이다. 그런데 그 절규가 비명으로 끝나버려야 할까.

주위는 삭막하고 불안하다. 결국 저들을 닮아가자고, '세계화' 니 '국제화' 같은 것을 목놓아 부르짖고 있지는 아니한가. 우리의 정겨운 이웃들이 '무한경쟁', 아니, '타도'의 대상으로 손쉽게 탈바꿈하기도 한다. '우선 이기고 보자'가 언제 어디서, '까짓 죽여도 좋아'로 뒤바뀌어버릴지, 아무도 자신있게 말할 수 없다.

우리의 공동체의식이 아직도 인간적 정서의 끈끈한 유대감 같은 것을 엮어내고 있음을 부인할 수는 없다. 자신이 속한 집단, 고향 그리고 조국에 대해서 지니는 애착심은 어쩌면 인간 본연의 심성인지 모른다. 그러나 문제는 이 애착심이 분별을 상실하는 데 있다. 그것이 이성적 판단으로 여과된 이념적

충동이 아니라 무엇보다도 인간적 감성에 바탕을 둔 정서적 성향이 강해서 항상 불합리한 사회질서를 정당화하기 위해 동원될 숙명을 지니기도 한다.

인류의 역사상 얼마나 많은 악행이 가문과 특정집단, 그리고 민족과 조국의 이름으로 저질러졌는가. 인간적 정서가 비록 이념을 만들어내는 기본동력으로 작용하기는 하나 이념에 의한 통제 없이는 언제나 방향을 상실해버릴 위험성을 지니고 있다.

정서 없는 이념은 공허하고 이념 없는 정서는 맹목적인 것이다.

하지만 그럭저럭 우리에게는 '불행 중 다행'이라는 편리한 민간요법이 등등한 기세를 발휘하게 되었다. 요컨대 '와우'는 재수 없어 무너졌지만 다른 아파트는 멀쩡하니 그만해도 다행 아닌가 하는 말이다. 특히 '아랫것들'에게는 홍수 같은 불행이 워낙 끈질기게 혀를 날름거리니, 도대체 무슨 힘으로 그걸 이겨낼 수 있으리요. 하니 세상에 믿고 기댈 건 없고 자신을 스스로 달래고 위로하는 게 가장 믿음직스러운 삶의 지혜 아니겠는가. 불행이 그 정도로 멈춰 서서 우리를 봐준 것만 해도 산신령의 지극한 보살핌 아니겠는가 하는 위로와 체념의 화법인 것이다. 하나 우리는 큰 불행에 대해서는 쉽게 체념하지만, 조그만 기쁜 일에 대해서는 도리어 감정을 억제하지 못해 우왕좌왕하기 일쑤다.

하기야 우리네 인생이란 게 작두 위에 선 선무당 같은 것 아니겠는가. 하지만 참으로 오랫동안 무조건 '골인 지상주의'만을 높이 기려왔다. 그리하여 골인 이후에 어떤 꼴사나운 일이 벌어지든 그건 운수 소관에나 맡길 일로 치부되었다. 가령 성수대교가 무너져내려도 그것은 재수 없어 터지는 사고쯤으로 너그럽게 이해되곤 했던 것이다.

얼룩 송아지와 누렁 송아지

우리는 걸음마를 배우기 시작할 무렵부터 "송아지 송아지 얼룩송아지, 엄마소도 얼룩소 엄마 닮았네"라는 정겨운 노래를 익혀왔다. 전쟁의 잿더미 위에서 걸음마를 익혔던 나도 이 노래를 들으며 컸고, 또 그것은 나의 아들딸들에게도 보증수표처럼 어김없이 상속되었다.

그러나 어떤 우연한 기회에 '누렁 송아지'와 관련된 얘깃거리를 접하고는 나는 가슴과 무릎을 동시에 쳤다. 그렇다. 우리의 것은 얼룩송아지가 아니라 누렁 송아지인 것이다!

이 단순한 사실 하나를 깨닫기 위해 나는 무려 40여 년을 소비해야 할 정도로 어리석었다. 우리의 들판과 산하에서 항상 부딪치던, 양순하고 너그러운 슬픈 눈망울의 누렁 소를 나는 내내 잊고 살았던 것이다. 나는 그를 찬미하는 노래를 한 번도 불러준 적 없으면서, 보지도 알지도 못하는 저 머나먼 이국의 홀슈타인 얼룩송아지만을 예찬해왔던 것이다. 누구는 나의 이 철 늦은 외투 같은 각성을 과장되고 소아병적인, 심지어 국수주의적인 망발이라고 비난할는지도 모른다.

물론 외국의 것이라고 모두 배척해야 한다는 말은 결코 아니다. 단지 우리의 것을 보지 못하고, 아니 외면해버린 채 남의 것만을 넋이 빠지게 찾아 헤매는 한심스러운 작태만은 그만두자는 말이다. 이 '얼룩송아지 정신'이 활짝 꽃피어 엄청 값비싼 수입품 보트 장난감을 들고 일류 호텔에서 생일잔치를 벌이는 동화세계가 만들어지는 것은 아닐까? 청소년에 대한 여론조사 결과 가장 싫어하는 음식 중 하나가 단연코 김치라는 서글픈 망발이 태연히 만들어지기도 한다. 어른이 되어서는 고액의 이탈리아제 손수건과 타조가죽 지갑세트가

들어 있는 프랑스제 장 루이세레 정장을 걸치는 신사가 된다. 그리고는 엄청난 고액의 블랙그래머 모피코트를 즐겨 입는 여성과 역시 고가의 미제 오이코시 아동복 정장을 입힌 아이를 데리고, 독일제 BMW를 타고 나들이 가는 가정의 주인으로 행세한다. 그리하여 그들은 고귀한 샹들리에가 장엄한 색조를 던지는 양옥집과 골프장만한 잔디밭, 하다 못해 일제 양념통과 조미료, 타이제 금도금 수저세트까지 갖추어진 집안에서 삶의 즐거움을 창조하기에 여념이 없다. 그렇게 인생을 살다가 죽어서는 이탈리아제 대리석 관에 묻히는 사람들. '요람에서 무덤까지' 신의 축복이 약속된 사람들….

우리의 '누렁 송아지'가 '얼룩송아지'에 떠밀리어 저 가난한 농촌의 들판에서 날로 사위어갈 때, 우리의 머릿속에는 '민족'이 점점 메말라가고 있었다. 통째로 수입한 캐나다제 통나무 주택에서 이탈리아제 가구의 감미로움을 즐기며 사는 사람과 새벽마다 공중변소 앞에서 다리를 배배 꼬며 차례를 기다려야 하는 달동네 주민들은 서로를 도대체 같은 민족이라 여길 수 있을까? 이른바 IMF 시대라는 게 과연 터무니없이 터져 나온 것일까? 사건이란 절로 일어나는 것이 아니라 불러들여지는 것임을 명심해야 한다.

나는 누렁 송아지를 사랑한다. 우선 우리 것부터 찾자. 그래야 다른 나라의 것을 여유 있게 끌어안을 수 있지 않겠는가. 속을 우리것으로 가득 채운 다음 다른 형식을 빌려올 때, 겉이 더욱 아름다워질 수 있을 것이다. 형식과 내용은 항상 품위를 같이하여야 하지 않을까.

'형식적'인 것이라 함은 분주한 머리계산에 의해 억지로 만들어지는 부자연스러운 치장의 산물이라 할 수 있다. 오히려 순수하고 그렇기 때문에 더욱 힘찬 것은 본능적이고 감성적인 심성에서 비롯하는 것은 아닐까.

가령 황석영의 《장길산》에는 흥미로운 대목이 나온다.

장길산의 친구이며 천하장사인 갑송이는 어느 날 그들이 사는 마을 근처의 월정사에서 주지 풍열 스님의 제자 옥여와 절마당에서 목봉으로 한판 무술 대련을 벌이게 된다. 그러나 치열한 싸움이 거듭되어도 쓰러지는 사람이 없었다. 그러자 풍열 스님은 게임을 중단시키고 판정을 내리게 되었다. 옥여는 소림무예를 익힌 탓에 공격과 방어의 기교가 뛰어났다. 그러했음에도 풍열은 갑송이에게 판정승을 선언한다. 그리고는 대단히 괄목할 만한 판정사를 읊는다. 갑송이는 병장기 한번 잡아보지 못한 타고난 힘장사일 뿐이나, 막고 찌르는 "몸짓이 가락에 절로 맞춰진 춤사위처럼 본능적"이어서 "마치 손가락이 가까이 가면 저절로 감겨지는 눈꺼풀과 같고 물 것이 깨물면 날아가 때리는 손바닥과 같다"는 날카로운 관전평을 내린 것이다. 이를테면 검법과 본능, 또는 이성과 감성의 대결에서 후자의 궁극적 우세를 풍열 스님은 갈파한 것이라 말할 수 있다.

마찬가지로 순박한 사람들의 애환이나 따사로운 삶의 이야기들은 계산이나 '법'이 아니라 아마 본능에 더욱 가까울 것이다. 예컨대 민족의식과 계급의식 같은 것도 본능과 합리적 계산 간의 갈등으로 점철될 가능성이 짙다. 이를테면 민족의식은 본능에, 그리고 계급의식은 법리에 더욱 밀착해 있다. 하나 본능이야말로 인간에게 보다 자연스러울 뿐만 아니라 동시에 자연의 본성에 더욱 근접하는 것이 되지 않겠는가. 모기가 위잉 날아와 물려 할 때, 우리는 그놈이 몇 도 각도에서 어떤 포즈로 우리를 공격하니 우리는 어떤 표정과 어떤 세기의 팔짓으로 그 공격을 물리쳐야 한다, 이렇게 합리적으로 대처하지는 않는다. 우리는 그저 무의식적으로 탁 하고 칠 뿐이다. 이것이 본능인 것이다.

걸림돌을 디딤돌로

흔히 우리 민족의 특수성으로 첫째, 높은 교육열과 그에서 비롯하는 고급 지식인의 풍부함, 둘째, 통일된 언어를 소유한 단일민족성, 셋째, 순교도 두려워하지 않는 고도의 신앙심과 민족적 종교의식, 넷째, 주위열강의 끝없는 침탈 탓으로 닦인 불굴의 항거정신 등을 꼽는다. 그러나 흔히 부정적 결함으로 작용하기도 했던 이러한 한국인의 특성을 어떻게 긍정적 차원으로 승화시켜 변증법적으로 발전시켜 나갈 것인가, 그리하여 궁극적으로는 세계사적 진보에 어떻게 공헌할 것인가 하는 것이 21세기를 맞는 우리의 과업과 다짐이 되어야 할 것이다.

이를테면 우리는 이러한 특성을 첫째, 생존경쟁이 아니라 삶의 질 향상을 위한 공동노력으로 바꾸고, 둘째, 민족구성원의 평등과 단합을 이끌어내는 힘으로 돌리며, 셋째, 추상적 관념을 위한 순교가 아니라 현실 사회의 구체적 정의를 위한 결의로 탈바꿈시키고, 넷째, 이러한 것들을 끈기 있게 추진하는 지칠 줄 모르는 불굴의 원동력으로 만들어나가야 한다.

한마디로 말하여 어떻게 걸림돌을 디딤돌로 만들어나갈 것인가 하는 것이 우리의 준엄한 과제라는 말이다. 그 과제의 중요한 몫 중의 하나가 무릇 형식주의의 극복에 있음에랴.

'형식적' 이라는 것과 '격식을 갖춘다' 는 것은 물론 그 의미하는 바가 서로 다른 것이다. 가령 막걸리를 소주잔에, 맥주를 바가지 등에 마시는 것은 오히려 형식적 행동이라 이를 수 있다. 과장이나 만용은 진실과 동떨어져 있는 탓이다. 하니 격식에 어긋나는 것임에랴.

예컨대 "경우가 바른 사람" 이라는 우리의 전통적 칭송 속에는 형식이 아니라 격식과 어우러지는 몸짓을 높이 기리는 정신이 배어 있다. "뚝배기보다 장맛"이라던 우리들 아니었는가. 이를테면 보잘것없는 겉모양보다는 훌륭한 내용을 뒤좇던 게 바로 우리의 전통이었다는 말이다. 하나 지금은 안에 든 것보다는 그릇이나 포장에 더욱 신경 쓰는 형편으로 뒤바뀌어버렸으니, 어쩌다가 이런 곱던 마음가짐이 행방불명되어 버렸을까.

형식주의라 함은 한편으로는 남들과 똑같아지고 싶어하는 마음과, 다른 한편으로는 남들과 못내 달라지고 싶어하는 마음이 이율배반적으로 뒤섞인 상태를 이른다. 첫 번째 것은 뛰어나다고 믿는 타인을 무조건 모방하고 추종하려는 의지로 귀결되지만, 반면에 두 번째 것은 무슨 수를 써서라도 남을 앞지르고 남과 결정적으로 격차를 만들고야 말겠다는 결의로 나타난다. 하나 우리네 과감한 형식주의는 모름지기 양쪽을 한꺼번에 일망타진하고 있다. 그리하여 병적인 '물신숭배', '사대주의', '초능력주의', '주체성 과장주의' 등의 숙환에 시달리게 되는 것이다.

물론 자유로운 형식이 자유를 보장하는 것은 아니다. 오히려 방종을 자유롭게 보증한다. 노자 선생도 "진실된 말은 꾸밈이 없고, 꾸밈이 있는 말엔 진실이 없다"고 가르쳤다. 우리 사회는 언제까지나 진실이 아니라 꾸밈에만 매달려 있어야 하는 것일까

미국판 페레스트로이카

태어나자마자부터 미국은 나에게 천생연분의 상전으로 다가왔다. 정답게 악수하는 손이 터억 그려진 밀가루와 우유를 먹이며 미국은 나를 어릴 때부터 자상하게 키워주었다.

그러나 불과 몇 년 전에야 비로소 사상 최초로 미국 본토를 찾아뵐 정도로 나는 게으르고 불손했다. 하지만 미국 본토상륙이 나에게 얼마나 강렬한 인상을 남겨주었을까 하는 건 미루어 짐작할 수 있을 성싶다. 한때 반미운동을 하던 학생들이 미국을 꼬리 '미'자를 써서 尾國이라 경멸스럽게 불러보기도 했지만, 우리나라에서는 미국은 보무 당당히 아름다운 나라 美國이다. 하나 일본은 어쩐 연유에서인지는 모르지만 미국을 쌀 미를 써서 米國이라 부른다.

하여간 직접 그렇게 호칭하지는 않았지만 미국을 아름다운 동경의 나라로 여기기 시작한 최초의 역사적 인물은 아마도 영국의 토마스 모어 아닐까 싶다. 우리가 잘 알다시피 그는 《유토피아》라는 위대한 작품을 남겼다. '유토피아'(*Utopia*)라는 말 자체가 이 세상에 존재하지 않는 곳이면서 보다 나은 세계라는 의미를 내포하고 있듯이, 이 작품 같은 유토피아 문학은 이른바 '지리상의 발견'을 토대로 그때까지 경험하지 못한 새로운 미지의 세계에 대한 꿈과 동경을 그 자양분으로 하여 잉태되었음은 널리 알려진 사실이다. 혹시 우리나라도 그 영향을 받았을까.

어쨌든 미국 여행에 대한 인상기를 또 끼적거린다면 특히 우리나라 사람들은 분명 등 뒤에서 손가락질하며 외계인이 쓰는 기행문(奇行文) 정도로 웃어넘겨 버릴 가능성이 높다. 얼마나 속속들이 우리에게 잘 알려진 미국인가.

하지만 달을 가리킬 때는 손가락을 보지 않고 그 달을 바라보아야 하지 않겠는가. 그래서 짧은 기간이지만 내가 미국에서 보고 배운 것을 달은 보지 않고 손가락만 바라보는 어리석음[視指忘月]을 피해가며 한번 단단히 설파해보기로 마음먹는다.

나는 여러 해 전에 미국 캘리포니아에 있는 버클리 대학에 객원교수로 한 1년 반 정도 머문 적이 있다. 물론 광대한 미국 땅에 있는 지극히 조그만 시골 동네의 경험 하나를 밑천 삼아 부디 사슴을 가리키며 말이라 일컫는 횡포와 어리석음을 자행하지 않도록 조심은 할 생각이다. 하기야 촌철살인(寸鐵殺人)이라든지 일목요연(一目瞭然)이라는 말도 있긴 하지만….

거인(巨人)주의와 개인주의

나는 미국생활을 사이렌 소리로 시작하였다. 버클리 도착 직후에 그곳 생활에 정통한 한인 교수 한 분이 나에게 처음으로 해준 말이 밤 10시 지나서는 가급적 밖으로 나오지 않는 게 좋다는 말이었다. 근 10여 년 동안의 독일 유학생활을 시도 때도 없는 전천후 산보로 일관한 나에게는 퍽 기묘하고도 짜증나는 신입생 오리엔테이션이었다. 그러나 나는 곧 밤낮을 가리지 않고 울어대는 사이렌 소리와 정답게 동거하지 않으면 안 되었다.

경찰차의 사이렌 소리는 끊임없이 무언가 좋지 못한 일이 발생하고 있다는 표시일 수밖에 없다. 예컨대 우리나라에서는 사이렌이 반드시 울려야 하는 순간에도 울리지 않는 경우가 허다한 데 반해 미국은 역시 선진대국이었다. 사이렌이 울려야 하는 순간에는 어김없이 울렸다. 다른 말로 하면 미국에서는 사회적 불안에 대한 국가적 대응체제가 거의 완벽하게 구비되어 있는 편이라 말할 수 있다. 하지만 다른 한편으로는 사이렌이 끊일 새 없이 울리지 않으면 안될 정도로 미국 사회는 불안하다고 말할 수 있는 것이다. 이를테면 미국에서는 '국가'는 굳세게 버티고 서 있으나 '사회'는 눈코 뜰 새 없이 요동치고 있다는 말이 된다. 요컨대 미국의 국가는 지극히 정상적으로 움직이고 있으나, 미국의 사회는 상당히 비정상적으로 흘러가고 있다는 것이다.

나는 미국에서 "진지 드셨느냐" 하는 우리네 인사말처럼 흔하게 "당신을 고소하겠다"(*I will sue you*)는 말을 가까이서 자주 들었다. 어느 통계를 보니까 1990년대 초반 한 해 동안의 소송건수가 무려 2억 건에 달한 적이 있었다. 미국민 1인당 1년에 거의 한 건씩 소송을 제기한 셈이다. 흔히 미국을 '변호사 천국'이라 일컫는다. 틀림없는 사실이다. 그런데 왜 그럴까? 내가 보기에는 자발적이고 결속력 있는 사회운동이 부재하기 때문인 듯했다. 주민의 어려움과 이해관계를 대변하고 옹호할 자율적인 사회단체가 활발하게 움직이고 있다면 이들이 앞장서서 변호사를 대신할 수도 있겠지만, 사실이 그렇지 못했다.

처음 버클리에 도착했을 때 나는 중국에서 이민 온 사람이 소유하고 있는 어느 연립주택 같은 곳에 사글세로 잠시 산 적이 있었다. 그런데 중국인 여주인은, 그게 미국식일 리는 없겠지만, 그야말로 우리를 철저히 한국식으로 셋방살이시키는 듯했다. 손님이 와서 며칠 묵고 가면 물을 더 썼다고 물값을 더 내라고 독촉했다. 그리고 꼬마들이 복도에서 좀 소리를 내면 문밖으로 나와 그걸 일일이 꼬집고 꾸짖기 일쑤였다. 시간적 여유만 좀 있었더라도 정말 입주자 학대죄 같은 것으로 나도 미국식 고소를 제기하고 싶을 정도였다. 많이도 싸웠다. 그러면서 나는 또 영어공부도 많이 할 수 있었다. 하지만 나중에는 보증금의 상당부분까지 그냥 떼이고 말았다.

집 구하러 다니다 처음 그 중국 여자를 만났을 때, 그녀는 지극히 자상하고 따뜻했다. 우리는 서로 가까이 붙어살던 같은 동양인 아니냐, 생활풍습도 비슷하고 그러니 여기서 사는 게 서로 무척 편할 거라는 그녀의 말을 나는 곧이곧대로 믿고 덜렁 계약을 맺었다. 인간을 너무 쉽게 믿는 내 잘못일 수도 있겠지만, 나는 통탄할 지경이었다. 심지어 이런 생각까지 들었다. 미국 백인들한테 제대로 기를 펴지 못하며 주눅들어 살다가, 이제는 자신이 큰소리칠 수 있는 만만한 유색인 하급생활자를 거느리게 된 김에, 그 분풀이를 우리 가족에게 하는 게 아닐까 하는 사회심리학적 생각이 들 정도였다.

이런 얘기까지 내 머릿속에 떠올랐다. 가령 독일이 통일된 직후에 거의 인종주의적 냄새까지 풍기는 외국인, 특히 베트남이나 모잠비크에서 온 유색인 노동자들에 대한 동독인들의 박해와 테러가 심각한 사회문제로 떠오른 적이 있었다. 그 이전까지만 하더라도 동독 안에서 공산주의적인 형제적 우애로 따뜻하게 보살핌 받던 제3세계 출신 노동자들이었는데도 말이다. 어느 독일인 교수는 그것을 서독인들에 대한 동독인의 열등감의 발로일 수도 있다고 설명했다. 즉, 우리의 위에는 서독인들이 있지만 우리의 밑에도 '우리가 짓밟을 수 있는' 누군가가 있다는 것을 과시하기 위한 동독인들의 보상심리의 분출로 이런 현상이 일어난다고 풀이한 것이다.

미국과는 정반대로 특히 다양한 사회주의적 세례를 경험한 서유럽은 인간적 유대와 단합에 뿌리내린 사회운동이 꽤 활발하게 전개된 전통을 갖고 있다. 이를테면 사회적으로 소외되어 있는 주민 집단을 법적으로나 사회복지적 차원에서 자율적으로 보호하려는 움직임이 줄기차게 이루어지고 있는 것이다. 그러나 미국은 역사적으로 한 번도 제대로 된 사회주의적 조류를 맞닥뜨린 적이 없다. 미국이 성립한 이래 오직 민주당과 공화당이라는 자유주의적 정치세력이 서로 번갈아 가며 나라를 지배해왔다. 결과적으로 자유주의적으로 채색된 개인주의가 사회를 물샐틈없이 장악하게 되었다.

간단히 말해 개인주의라는 것이 사실 힘센 개인이 최고라는 현실인식에 똬리를 틀고 앉아 있는 셈이니, 사회적 약자들에 대한 돈독한 관심과 배려에 원천적으로 등한할 수밖에 없는 상황이 만들어지는 것은 자연스러운 현상이라 할 수 있다. 이를테면 개인주의는 '거인주의'다. 이러한 개인주의만이 굳세게 기승을 부리니, 개인이 자발적으로 모든 걸 알아서 처리하지 않으면 안 되는 형편으로 사회가 자연스레 흘러갈 수밖에 없지 않겠는가.

서유럽 같은 곳에서는 예컨대 전세사는 저소득 생활자를 돕는 전국적 차원의 시민연대 조직 같은 것이 자율적으로 만들어져 있어, 이들이 사회적 소외계층의 고충을 국가를 상대로 앞장서서 해결해주려고 노력할 가능성이 지극히 높다. 하나 미국에서는 이러한 공동체적 연대로 튼튼히 묶인 자율적 사회운동 기관으로부터의 지원을 거의 기대할 수 없는 듯했다. 하니 괴로움을 겪고 있는 개인이 있다면 어디에 가장 먼저 호소하게 될까. 가장 손쉽게 의논하고 의지할 수 있는 대상은 가장 가까이서 그리고 또 신뢰할 만하게 법적 문제를 성실히 처리해주는 변호사밖에 없지 않겠는가.

이렇게 본다면 미국의 법치주의는 법만능주의라고 말할 수 있다. 여기서는 공동체적이고 인간적인 결속과 유대를 찾아보기 힘들다. 허지만 걸핏하면 '인간적으로 하자'는 말을 내뱉기 좋아하지만 결국에는 '목소리 큰 놈이 이긴다'는 쪽으로 가닿곤 하는 우리 한국인들보다, 오히려 인간미 없어 보이는 최후통첩처럼 '당신을 고소하겠다'는 말을 기꺼이 내던지는 미국인이 사실은 훨씬 더 '인간적'이지 않을까.

돈이 소유하는 인간

세계를 이끌고 있는 상징적인 자본주의 국가가 미국이라는 사실에 대해 이의를 제기할 사람은 그리 많지 않을 것이다. 다른 말로 하면 이것은 미국이 가장 대표적으로 자본주의적 모순과 문제점을 지니고 있다는 말도 되지 않겠는가.

미국 TV에서 나는 처음으로 돈 액수가 적나라하게 등장하는 화면을 보았다. 상품 선전광고에 무슨 물건을 언제까지 구입하면 할인된 값 얼마에 살 수 있다는 상품가격이 노골적으로 박혀 나오는 장면을 나는 처음으로 목격한 것이다. 얼마나 솔직담백한 경제행위인가 하고 생각할 수도 있겠으나, TV 화면에 그토록 빈번히 물건값이 그대로 찍혀 나오는 걸보고 나는 왠지 마음이 편치 못했다. 아직 자본주의적으로 단련되지 못한 책임을 내 자신 스스로가 져야 하겠지만, 가령 서유럽 TV에서는 그런 광경을 한 번도 본 적이 없었기에 나는 보다 적극적으로 당혹스러울 수 있었던 것이다. 그리고 연일 날아드는 엄청난 분량의 할인매출 광고용지는 또 얼마나 부담스러웠던지. 소비를 일상적으로 강요하는 현실의 흐름에서 역류를 거슬러 헤엄친다는 것은 또 얼마나 힘든 일일까.

또 나는, 예컨대 독일에서와는 정반대로, 아무 쓸모 없이 24시간 계속 켜져 있는 전등불을 자주 목격하였다. 벌건 대낮인데도 건물 현관 앞에는 빛 바랜 전등불이 연일 켜져 있기 일쑤였다. 보통 가정집에서도 사정은 크게 다르지 않았다. 전기료가 싸서 그럴 수 있을는지는 모르지만, 혹 그 미국 전기료를 가령 애매한 우리나라 사람들이 한국에서 대신 물어주고 있는 부분은 없을는지. 이것은 소비가 아니라 명백한 낭비였다. 마치 부잣집 전기소비량이 가난한 집의 그것과는 비교도 안 되다시피 그리고 비교할 거리조차 되지 못하듯이, 세계를 지배하는 나라에서 이 정도 낭비는 당연히 누릴 수 있는 권리인지도 모를 일이다.

뿐만 아니라 나는 또 흥미로운 현장을 목격하였다. 어떤 미국 여행사들은 거대한 슈퍼마켓 체인점과 협약을 맺고서는, 예컨대 백 달러어치 영수증을 들고오면 항공료를 그 액수만큼 할인해주는 특전을 베풀어주곤 했다. 적어도 미국에서는 의심의 여지없이 이러한 상거래 약속이 반드시 준수된다. 나는 특히 처음으로 외국 땅을 밟아보는 한국인 방문학자들이 이따금 그 슈퍼마켓의 쓰레기통을 지성적으로 뒤져 부지런히 영수증을 찾는 모습을 본 적이 있다. 모처럼의 기회에 넓은 땅 미국 여행은 자주 다녀야 할 형편이니, 그 상점 영수증을 모아가서는 적정한 액수의 비행기삯을 정확히 할인받는다는 것은 또 얼마나 지혜롭고 통쾌한 일인가. 미국돈 백 달러면 어디 적은 돈인가.

그런데 인간이 돈을 소유하고 있는 것인가, 아니면 돈이 인간을 소유하고 있는 것인가.

오랫동안 노력을 기울였으나 내가 미국 사회에서 제대로 터득하지 못한 게 적지는 않다. 그 중에서 나를 일상적으로 괴롭혔던 것은 자동 주차요금 지불장치였다. 동전을 주입해 차를 세우게 되어 있는 주차장 자동시계는 1,2분만 초과해도 정확히 주차시간 초과 벌금을 물릴 수 있는 자동장치를 간직하고 있었다. 그래서 일단 차를 한번 주차시키면 벌금을 물지 않기 위해 늘 시계를 주시하면서 뛰어야 필요한 동전을 제때에 주입할 수 있다. 얼마나 숨가쁜 일인가. 나는 대단히 간단하고 편리한 상대였다. 나는 적지 않은 달러를 벌금으로 물지 않으면 안되었다. 이를테면 나는 주차위반 상습범이었던 것이다. 얼마나 합리적인 일처리 방식인지, 언제나 혼신의 노력을 경주해 시간의 흐름을 주시하지 않으면 곧 벌금 처벌을 받는다. 모든 사람이 잠재적 주차사범이 되는 것이다. 이런 식으로 길들여진다면, 우리는 또 하나의 다른 유형의 전체주의 사회에서 살아가게 되는 것은 아닐는지. 역시 화폐가 나를 소유하고 있었다.

하나 특히 장애인 전용 특별 공공주차장 시설은 참으로 미국다운 인간적 관용의 산물처럼 보였다. 비록 월남전 영향 탓이라 듣긴 했지만, 물론 우리나라에서는 그 때까지 한 번도 본 적이 없는 것이었다. 그리고 여기저기 공원마다 숱하게 자리잡은 어린이 놀이터는 또 얼마나 훈훈한 광경이었던지. 어쨌든 미국에는, 비록 백인계 미국민의 인명에만 집착한다는 비판이 없는 건 아니지만, 인명존중의 인간적 너그러움이 깊숙이 뿌리내리고 있었다. 그리고 국내에서 이런 얘기를 들은 적도 있었다. 악천후 속에서 한밤중에 가령 어선이 조난당하면 우리 공군은 뜨지 않는데, 미공군은 인명을 구출하기 위해 항공기를 출동시킨다는 말이었다. 비록 한국 공군에 다른 불가피한 이유가 있을 수도 있겠지만, 미국은 역시 인명을 중시하는 전통을 지니고 있다는 점을 엄중히 입증하는 충분한 사례가 되기에 부족함이 없는 얘기였다.

하찮은 것일 수도 있지만, 가령 길을 건널 때 통행인을 우선 배려해주는 태도 같은 것도, 특히 한국 도로의 건널목에서 늘 우리를 공갈협박 하는 차량들과 으스스한 시가전을 벌이지 않으면 안되었던 우리들에게는 대단히 인상적인 미덕으로 비칠 수밖에 없었다.

나는 미국에 도착한 지 얼마 지나지 않은 어느 날 밤 몇몇 대학주변 한인들에게 이끌리어 버클리 바닷가 카페로 갔다. 멀리로는 금문교가 보이고 달빛은 그곳까지 밀려온 태평양 바닷결에 잔잔히 부서지고 있었다. 환상적인 아름다움이었다. 그리고 바로 그 바닷가에 성처럼 생긴 통나무집 카페가 전설처럼 우아하게 서 있었던 것이다. 그리로 들어서니 우선 벽난로가 나를 고풍스럽게 맞이했다. 나는 너무나 자연스럽게 이런 분위기 속에서는 최소한 헨델이나 모차르트의 멜로디 정도는 들을 수 있으리라 기대했다. 하나 내 기대는 너무도 무참히 산산조각 나버렸다. 음악은커녕 미리 와 있던 손님들이 대형 TV 앞에 우르르 모여들어 야구 중계방송을 시청하고 있었다. 나는 절망했다. 미국은 문화가 없는 나라라는 혹평이 진실임이 입증되는 순간이었다. 미국에 대한 내 첫인상은 이러했다. 비록 그 버클리 마리나 바닷가 산책로는 내가 무척 사랑한 버클리의 보물 중 하나였지만, 그 날 밤의 내 절망적인 첫인상은 미국을 떠난 지금까지도 변함없이 끈질기게 내 뇌리를 맴돌고 있다.

하지만 흥미롭게도 버클리에는 '해방구'가 있었다. 오직 여기서 나는 제대로 숨쉬는 인간들을 만날 수 있는 듯했다. 버클리대학 정문 앞으로 길게 뻗은 거리가 바로 텔레그래프(Telegraph)가였다. 이 거리에 나서면 나는 모처럼 편안함을 느꼈다. 벌건 대낮에 아리따운 나체의 백인 아가씨들이 이따금 출현하기도 한다. 그러면 흑인 소년들이 뒤따라가다가 궁둥이를 철썩 때리고는 도망질치기도 해서 우리를 모처럼 즐겁게 만들어주곤 했다. 한번은 점잖게 안경까지 쓴, 마치 대학교수처럼 보이는 중후한 노인이 벌거벗은 채 유유히 거리를 산책하기도 해서 나는 내 눈을 의심하며 한동안 뒤를 미행하기도 했다.

'텔레그래프, 나의 꿈, 나의 사랑'이라고 흘려 쓴 길가 낙서도 보았다. 대학정문 앞 빈터에서는 어느 날 거리의 무명 악단이 베푸는 조촐한 음악회가 열렸는데, 그 주제가 '새로운 경기불황을 위한 음악'(*Music for the new depression*)이었다. 그런데 갑자기 북 치는 흑인소년이 자원봉사자로 등장해 우리의 흥을 한층 고조시켜주기도 했다. 처음으로 외국에 나온 듯한 어느 한국인 방문교수 부인 한 분은 이 텔레그래프 거리의 이러한 자유로운 광경들을 접하고는 질겁하며, 이런 곳에 자식들을 어떻게 유학 보낼 수 있겠느냐고 혀

를 찼다. 하나 나는 그녀의 혀를 보며 오히려 나의 혀를 찼다.

미국판 페레스트로이카

이미 1825년경이 되면 미국의 거의 모든 주가 모든 백인 성인 남성에게 골고루 보통선거권을 부여하였다. 그야말로 '보통' 시민들까지 투표자이면서 동시에 지배자로서 당당히 정치에 동참할 수 있는 권리를 일찍부터 쟁취하였던 것이다. 이런 측면이 있다고 해서 미국의 민주주의가 물론 일방적인 찬양의 대상이 될 수는 없다. 미국은 선진 자본주의 국가들 중에서 선거의 민주화를 달성한 "최초의 그리고 동시에 최후의" 나라라는 것을 염두에 두지 않으면 안 된다. 미국의 흑인에게는 1960년대 이후에야 비로소 전면적인 보통선거권이 주어졌던 것이다.

한마디로 미국은 제3세계적 세계 초강대국이라 할 수 있다.

미국의 경우 정치적 평등은 비교적 일찍 달성된 편이었으나, 경제적 불평등은 꾸준한 역사를 지니고 있고 시대의 흐름에 따라 더욱 골이 깊어간다고 말할 수 있다. 이런 의미에서 미국은 정치적 민주주의의 선진국이면서 동시에 경제정의의 후진국이라 할 수 있다.

가령 각종 연금 및 보험 혜택의 측면에서 미국은 비교대상이 되는 주요 선진국들 중 거의 맨 끝을 기록하고 있고, 국민총생산 중 사회보장비용이 차지하는 비율에서도 거의 마지막을 마크하고 있다. 1980년대에 들어서서는 예를 들어 1년에 100만 달러 이상, 그리고 20만 달러 이상 100만 달러 미만을 벌어들이는 사람들의 소득이 각각 2,184%와 697%의 증가를 보인 반면, 2만~5만 달러 정도의 하층 소득은 고작 44% 늘어났을 뿐이다. 요컨대 고소득층의 수입 증대가 저소득층의 그것을 훨씬 신속히 그리고 압도적으로 앞지르고 있다는 말이다. 뿐만 아니라 이러한 소득불평등 문제가 인종문제와 겹칠 때 상황은 더욱 복잡해진다. 1980년의 조사에 따르면 흑인은 백인 소득의 66% 수준에 머물고 있다. 흑인 남성의 경우는 백인 남성의 61.5%, 반면에 흑인 여성은 백인 여성의 89%에 달하는 소득을 올리고 있을 따름이다. 소득의 불평등은 이러한 인종적 차이뿐만 아니라 성적 차이에서도 심각하게 나타난다. 1970년대의 경우 전체 여성 근로자의 평균소득은 남성의 59% 정도에 지나지 않고 이 수치는 수십 년 동안 거의 변함없이 지속되고 있는 실정이다.

빈부의 격차는 대부분의 자본주의 국가들에서 흔히 볼 수 있는 현상이긴 하지만, 미국의 경우는 그것이 상대적으로 더욱 심각한 양상을 띠고 있다. 어떤 미국인 학자는 이런 빈부격차 문제를 다음과 같이 묘사하고 있다.

> 미국의 여론주도층이 무리를 지어 살고 있는 뉴욕시는 점점 더 제3세계 도시처럼 느껴진다. 우아한 식당들은 인디언 추장처럼 돈을 뿌려대는 월가(Wall Street)의 무역업자들로 붐빈다. 그러나 공공장소들은 집 없는 무숙자(homeless)들로 가득 메워진다.

이 제3세계적 초강대국 미국의 자본주의는 언제나 국가의 지원 없이 개인 스스로의 자발적 노력과 책임 하에 삶을 해결하고 부를 획득해야 하며 또 그렇게 할 수 있다고 역설해왔다. 하기야 이러한 것이 자유주의적 개인주의 정신에 걸맞은 태도이기도 하다. 그러나 미국에는 정부의 보조 없이는 삶을 꾸려나갈 수 없게 된 일군의 한계빈곤층이 형성되어 있다. 적어도 1960년대와 70년대를 통틀어 세계 최대 경제대국인 미국 안에 스스로의 힘으로 생계를 유지하기에 충분한 소득을 확보하지 못하는 절대빈곤계층이 전체 인구의 20% 내외인 4천만 명 가량이나 되었다.

어쨌든 미국은 외면할 수 없을 정도의 사회적 불평등과 인종차별 또는 문화적 이질성으로 인해 심각한 사회질환을 앓고 있는 듯이 보인다.

미국 사회에서는 힘을 가진 세력은 평등에 무관심하고 평등에 진지한 관심을 쏟고 있는 세력은 힘이 없는 것처럼 보인다. 아리스토텔레스조차 "정의와 평등을 찾아 나서는 것은 언제나 약자"라는 경구(驚句)를 우리들에게 던지지 않았던가.

나는 한번은 부유층들이 몰려 사는 교외의 우아한 마을을 찾은 적이 있다. 그곳에 사는 어떤 한국 교민이 나를 식사에 초대한 것이다. 그래서 점잖은 손님 노릇은 해야 할 것 같아 선물꾸러미를 하나 고르려고 그 동네 큰 슈퍼마켓을 찾았다. 물건 하나를 골라 돈을 지불하고서는 줄지어 밖으로 나오는데 내 앞에서는 어느 백인 여성이 걸어나가고 있었다. 그때 갑자기 한 백인 남자가 쫓아오더니 자기 부인이었던지 그 여성의 등을 감싸고는 나를 험상궂은 눈길로 무섭게 흘낏흘낏 쏘아보며 매장 밖으로 줄달음쳐 나가는 게 아닌가. 작업복을 걸친 나를 준비된 강간범 정도로 보았는지, 아니면 황인종 주제에 건방지게 이런 고상한 마을에 나타나서는 깨끗한 물을 더럽히는 아니꼬운 놈이라 생각했을지는 잘 모르지만, 나는 아직도 나를 쏘아보던 그 혐오감에 불타는 듯한 그 백인 신사의 표독한 눈초리를 잊을 수 없다.

우리 교민들의 태도 또한 이중성을 벗어나지 못하고 있는 듯했다. 하여 때로는 한국적이다가 또 때로는 미국적으로 손쉽게 그리고 편리하게 돌변하기도 하는 모습이었다. 나쁜 뜻으로 말해도 좋다면, 미국식으로 하는 게 유리하다 싶으면 그렇게 했다가, 또 한국식이 더 잘 어울릴 듯하면 금세 점잖은 한국 스타일로 그때 그때마다 재주 좋게 자신의 모습을 바꿔나가곤 하는 눈치였다. 하기야 남의 나라에서 남의 풍속과 언어를 사용하며 눈치껏 살아간다는 게 얼마나 고달픈 일일까만. 하니 행동은 전통적 한국 스타일을 저버리지 못하지만 머릿속에서는 미국식으로 사고하는 우리 동포들의 모순적 삶의 방식을 어찌 탓하기만 할 수 있겠는가. 한국적 행위양식과 미국적 사고방식, 심지어 한국 안에서도 백인보다 더 흰 한국인을 손쉽게 발견할 수 있는 처지이니 무슨 긴 말이 필요하겠는가.

어쨌든 억눌린 사람은 원래 목소리가 큰 법이다. 그리고 지나치게 억울해져버리면 그저 입을 다물고, 그 다음에는 고요하지만 서릿발같은 한을 품게 마련이다. 하여튼 미국 흑인 2,30대는 네 명 중 한 명꼴이 늘 감옥에 갇혀 있다는 말도 들은 적이 있다.

다른 한편 관료를 포함한 미국 노동력의 일반적인 질적 수준도 참으로 저급하다는 느낌을 지울 수 없었다. 몇몇 사례를 가지고 전체를 일반화해 버리는 것이 흔히 있을 수 있는 철없고 경박한 태도임에는 분명하지만, 이런 내 자세를 교정할 수 있는 사태변화를 체험하지는 못하였다.

특히 창구를 지키는 하급관리들은 흑인이나 멕시코계 히스패닉 등 이른바 '저급한' 유색인들로 충당되는 경우가 흔해서, 그들의 수준 높은 대민봉사를 기대하기는 좀처럼 힘든 형편이었다. 가령 이사하고 나서 우체국에 가 주소변경 신청을 해도 종내 불통이었다. 오랫동안 전에 살던 집에 가서 계속 내 우편물을 찾아오는 수밖에 없었다. 그래서 그런 걸 항의하고 따지러 숱하게 우체국 문턱을 드나들지 않으면 안 되었다. 미국에서는 새로이 이주해오는 사람들은 일종의 주민등록(*social security*) 업무를 담당하는 부처로 가서 신고하도록 되어 있다. 하나 이미 오래 전에 신청했는데도 불구하고 계속 아무런 증명서가 발급되지 않아 기다리고 기다리던 끝에 다시 찾아갔더니, 창구에 앉아 있는 흑인 여성이 씨익 웃으며 다시 한 번 더 신청서를 제출하라고 했다.

이런 형편은 지성의 전당이라고 부르는 대학도 별반 차이가 없는 듯했다. 비자를 신청하기 위해 나는 참으로 긴 시간을 버클리 대학 객원교수 부임허가서를 기다리고 또 기다려야 했다. 마침내 그걸 속달로 보냈다는 전갈과 이번에는 틀림없다는 확답을 수 차례에 걸친 국제전화로 되풀이 확인하고는, 이제는 됐구나 싶어, 비행기표까지 예약해놓았다. 하나 그것조차 또 늦어지는 바람에 미국 대사관에 가서 울고불고 사정도 하고 또 아는 사람을 가운데 내세우는 등 야단법석을 떨고 나서야 가까스로 시간에 맞춰 황급히 미국행 비행기를 탈 수 있었다.

미국은 가깝고도 먼 나라였다. 전 가족이 함께 미국으로 떠나야 했고 또 살던 집까지 어디다가 전세라도 맡겨 제 시간에 비워주어야 했으니, 얼마나 끈질기게 우왕좌왕과 좌충우돌과 동분서주와 난리법석을 떨어야 했을까.

어쨌든 미국은 '확대지향성'을 추구하는 나라인 듯했다. 거창한 크기의 규모에만 매달리다보니 그것을 정교하고 치밀한 알짜로는 채우지 못해 허전하고 허황된 느낌을 줄 때가 드물지 않았다. 미국에서 사람들이 이런 농담 섞인 말들을 하곤 했다. 요컨대 미국 프리웨이에 고장나 서 있는 차는 미제차 아니면 한국차라고. 이러한 경향은 가령 일본의 '축소지향성'과 멋들어지게 대비되는 풍모를 띠기도 한다. 예컨대 세계적 평화운동가며 재기발랄한 이론가이기도 한 노르웨이의 요한 갈퉁은 어느 강연에서 "만일 일본이 핵무기 제조

허가를 받게 되면 일본은 틀림없이 '포켓용 핵무기'를 단숨에 만들어낼 것"이라 말한 적이 있다.

다 알다시피 유럽의 여러 나라들과는 질적으로 판이하게 미국의 건국 역사는 지극히 짧다. 유럽은 문화적으로나 관습적인 차원에서 하나의 민족으로 엮어져 오랫동안 서로 길들여져 왔다. 그리하여 민족적 단합이 끈질기게 이루어진 역사적 체험을 갖고 있다. 그러나 미국은 민족국가적 전통도 대단히 짧고 인종적으로나 문화적으로도 서로 이질적 집단들이 인위적으로 서로 넝쿨처럼 얽혀 있는 형편이니, 이들을 하나로 묶어낼 접착제를 찾기가 그리 손쉽지는 않다. 미국에서는 헌법이 민족을 대체하고 있는 셈이다. 말하자면 미국에서는 헌법이 전 국민적 충성심을 하나로 모으는 통합의 원천이요 대상으로 작용하고 있다는 말이다. 그러하니 다른 나라의 경우들과는 달리, 예컨대 프랑스처럼 몇 번째 공화국이라는 식으로, 개헌이라든가 또 그에 따른 공화국의 차수 변경 같은 것을 미국에서는 찾아보기 힘들다.

가령 조정래의 소설《태백산맥》에는 주인공 김범우가 한국의 습속을 경멸하는 미군 정보장교를 향하여 한국과 미국, 두 나라의 역사적 전통을 비교하며 다음과 같은 비판을 퍼붓는 장면이 나온다.

> 너희들이 우리와 다른 건, 너희들은 민족이 없고 우리는 민족이 있다는 점이다. 너희들은 여러 인종들이 모여들어 국가라는 조직을 만들었고, 우리들은 하나라는 민족의 토대 위에서 국가를 만들었지. 그 차이가 뭔가 하면, 너희들은 수평적 연결만 있지 수직적 유대가 없어. 그러나 우린 그 두 가지를 다 갖추고 있는 거야. 이게 무슨 말인가 하면, 너희들은 국가조직이 깨지면

산산이 흩어지게 돼 있어. … 그러나 우리는 달라. 국가라는 수평조직이 없어져도 민족이란 수직조직으로 한 덩어리를 이루며 절대로 흩어지지 않아.

요컨대 미국은 물리적으로만 결합되어 있는 탓에 일정한 외부작용만 가해지면 쉽게 와르르 무너져 내릴 수도 있는 나라라는 말인 것이다. 역시 날카로운 지적이다.

이런 의미에서 미국민을 급속히 하나로 묶어낼 수 있는 가장 유용하고 손쉬운 통합수단이 있다면, 그건 바로 대외전쟁이 아닐까 하는 생각을 조심스럽게 해보기도 했다. 우리는 해외에서 조그만 전투나 전쟁이 발발하면, 날로 떨어지던 미국 대통령의 인기가 급상승하곤 하던 경우를 드물지 않게 목격한 적도 있다. 이를테면 미국이 이끌어 가는 해외전쟁이 미국민의 민족적 통합력으로 작용하기도 한다는 말이다.

나는 머지않아 스스로를 지켜내려는 미국판 페레스트로이카가 미국에 출현하지 않겠는가 하는 정치적 상상력을 발휘해보곤 한다. 이런 의미에서 본다면 LA 흑인폭동 사태 같은 것은 그 미미한 전조에 지나지 않는다고 말할 수도 있다.

동유럽이 아직도 명목상이긴 하지만 사회주의 체제를 그대로 유지하던 시절이었는데도, 미국의 보수적 경제학자 갈브레이스가 이런 말을 늘어놓은 적이 있다. "더 나은 삶을 찾는 사람 가운데 동백림에서 뉴욕의 (빈민촌) 사우스 브롱크스(South Brox)로 이주할 사람이 하나도 없으리라는 것은 끔찍하지만 조금도 어김없는 사실이다" 라고.

미국은 특히 공산국가들을 향하여 예컨대 자유와 인권문제를 들어 설교를 늘어놓거나 아니면 요란스럽게 압력을 가하길 즐기는 편이다. 그러나 이런 미국에 대해 가령 중국은 어떤 자세를 보일까?

존 나이스비트는 《메가 트렌드 아시아》라는 책 속에서 이런 말을 하고 있다. 요컨대 막강한 경제력을 과시하는 거대한 중국이, 가령 미국이 대도시 중심부의 빈민층 거주지역에 대한 복지증진책을 취하지 않을 경우 최혜국대우 부여를 보류하겠다고 위협하면 어떻게 될까 하는 것이다.

예를 들어 1991년 12월 4일자 중국 《인민일보》는 미국이 수백만 자국민의 가장 기본적인 인권이라 할 수 있는 인간 생존권을 보장하지는 않으면서도 다른 나라의 인권에 간섭하는 자기당착을 저지른다고 비판하고는, 다음과 같은 통계를 제시한 적이 있다. 1990년의 경우 미국의 거리걸식자(*homeless*)는 250만이지만 미국 인구의 4배에 달하는 중국은 15만 정도에 지나지 않는다고 힐난한 것이다. 하물며 감옥에 들어 있는 죄수의 수까지 따지고 들면 미국은 입이 열 개라도 아무 소리 하지 못할 것이라 조롱을 퍼부었다. 미국의 죄수 수는 인구 1만 명당 40명꼴로 중국의 4배를 넘어선다는 것이다.

심지어 이런 미국이긴 하지만, 이 나라가 신사의 나라임에는 틀림없을 것이다.

아담과 이브가 어느 민족에 속하는가 하는 문제를 두고 열띤 논쟁이 벌어졌다. 미국인이 말했다. "아담은 미국 사람이야. 미국 남성이 아니고서야 어떻게 이브가 준 것을 신사답게 받아먹었겠어."

한데 프랑스 사람이 펄쩍 뛰었다.

"사과 따위는 사소한 문제야. 아담이 프랑스인이라는 사실은 의문의 여지가 없어. 프랑스 남성이 아니고서야 어떻게 그렇게 멋진 여자를 꼬실 수 있단 말인가!"

이런 판에 한국사람이 끼어들지 않았을 리 있겠는가.

"아담은 한국 남자야. 그렇지 않고서야 어떻게 여자에게 먹을 것을 구해 오라고 일을 시켰겠어."

모두들 입을 다물었다.

제 3 부

걸림돌을 디딤돌로

지식인론 : 실향민과 인공위성

'물 먹는' 사람들

우리는 흔히 '물 먹었다'는 말을 즐겨 쓴다. 말하자면 '아니꼬운 일을 당했다'는 정도의 의미일 것이다. 그런데 우리는 왜 그 귀중한 물을 이렇게 가볍고 우습게 여기는 버릇을 가지고 있을까.

하나 지식인은 왜 자주 '물'을 먹는가, 그리고 사람들은 또 지식인에게 왜 자주 '물'을 먹이는 것인가.

모름지기 지식은 물과 같은 것이다. 어디엔들 지식이 존재하지 않고 소용되지 않는 곳이 있을까.

서양에서는 저명한 철학자의 입을 빌려 "아는 것이 힘이다"라는 것이 힘주어 외쳐졌고, 반면에 동양에서는 "아는 것이 도리어 근심을 산다"는 식자우환(識字憂患)이라는 말이 떠돌기도 했다. 어쨌든 지식이 사용가치가 아니라 교환가치로 변질한 오늘날에는 더구나 지식의 중요성이 더욱 높아질 수밖에 없음은 자명한 이치다. 많은 인간들이 서로 모래알처럼 부딪치며 아옹다옹하는 곳에서 조금이라도 무언가를 알아야만 그래도 살아 있다는 시늉이라도 해 볼 수 있으니 그럴 수밖에 없는 노릇이다. 하물며 아는 게 적으면 사랑하는 것도 적을 수밖에 없음에랴.

한마디로 지식의 천성은 물이다.

첫째로, 지식은 물과 같아서 고유한 형태를 고집하지 않는다. 요컨대 물은 그것을 담는 그릇의 차이에 따라 그 모습을 마음대로 바꿀 수 있다는 말이다. 꽃병에 담으면 꽃병물, 장독에 집어넣으면 장독물, 그리고 개울에 있으면 개울물, 강에 있으면 강물 같은 것이 된다. 이를테면 지식은 특정한 형태를 고집하지 않기 때문에 꼴을 다양하게 바꿀 수 있는 융통성을 지니고 있다는 말이다.

둘째로, 지식은 물과 같아서 거기에 적절한 작용만 가하면 항상 그 성분을 변화시킬 수 있다. 어떨 때는 허기진 서민의 애환을 달래주는 막걸리가 될 수도 있고, 또 어떤 때는 태어날 때의 아픔밖에 알지 못하는 상류층의 삶의 권태를 풀어주는 코냑도 될 수 있다. 때로는 달콤한 향수가 되거나, 아니면 구역질 나는 수챗물이 되기도 한다. 다시 말하면 지식은 물과 같아서 그 쓰임새를 손쉽게 바꿀 수 있는 까닭에, 어떻게 맺고 끊는가 그리고 어떤 입김을 불어넣는가 하는 것의 차이에 따라 항상 그 기능을 달리할 수 있는 것이다. 이를테면 지식은 현상과 본성을 마음대로 바꿀 수 있다는 말이다.

우선 됨됨이로 볼 때, 지식은 형태를 마음대로 바꾸는 물처럼 가령 재벌의 가슴에 안길 수도 있고 또 노동자를 품을 수도 있다. 요컨대 지식은 특정한 사회계급만의 전유물은 아니라는 말이다.

물론 이것은 오늘날 민주주의를 최소한의 원칙으로 선언하는 사회를 기준으로 하는 말이다. 우리 조선시대처럼 양반들이 지식을 독차지했던 시대도 있었고, 또 유럽의 중세처럼 귀족과 승려계급이 그것을 독점한 시대도 있었다. 그러나 오늘날은 질적으로 다르다. 무엇보다 민주적인 기준이 전 사회적으로 확산되어 있고 또한 그와 더불어 일정한 수준의 인권이 보장되어 있는 덕으로, 지식을 소유하는 그리고 소유할 수 있는 계층은 법적으로 아무런 구속 없이 확대되어 있는 것이다.

물론 여러 한계들이 없는 건 아니다. 요컨대 유용한 지식은 그것을 획득할 수 있는 물질적 여유를 지닌 계층에 거의 국한되는 경향이 있긴 하다. 하지만 그럼에도 불구하고, 어쨌든 법적으로 볼 때는, 철거민의 자식이나 농민, 노동자의 아들딸도 재벌이나 고관대작의 자식들과 나란히 아무런 차별 없이 지식을 배우고 써먹을 평등한 권리를 지니는 것으로 헤아려진다는 말이다.

바로 이런 현대적 의미에서 지식은 모든 계급, 모든 계층, 모든 직업, 모든 신분의 공평한 소유물이 될 수 있다는 말인 것이다.

그 다음 본성적으로 볼 때, 지식은 그 본때를 마음대로 바꿀 수 있는 물과도 같이, 예컨대 홍수와 폭포처럼 파괴적 힘으로 작용할 수도 있고 또한 향수처럼 본래 있던 것을 더욱 아름답게 꾸미는 데 이용될 수도 있다. 이를테면 지배층의 향락을 위해 동원되기도 하며 억압당하는 서민을 달래고 어루만지기 위해 사용되기도 하는 것이다. 한마디로 말해 지식은 어용의 수단이 될 수도 있고 저항의 무기가 될 수도 있다는 말이다.

어쨌든 지식인은 재벌과 고관대작, 또는 날품팔이나 노동자 가운데서도 두루두루 다 나올 수 있다. 바로 이와 비슷한 이유로 말미암아 지식인은 자신의 지식을 무기 삼아 상층 지배계층의 일원으로 버젓이 떠오를 수도 있고, 또 동시에 밑바닥 민중의 나락으로 나뒹굴 수도 있다. 이렇듯 지식인은 지식을 어떻게, 누구를 위해 활용하는가에 따라 자신이 봉사하고 소속할 계층을 독자적으로 선택할 수 있는 존재다. 이것이 실은 지식인의 권리이자 굴레이기도 한 것이다.

마찬가지로 지식인은 스스로의 기능과 역할을 마음대로 선택할 자유를 지닌다. 지식인은 기존체제, 기존질서를 옹호하고 합리화하는 정당화논리를 개발함으로써 지배세력에 봉사할 수도 있고, 또 정반대로 그 모순과 부조리를 파헤침으로써 그로 인해 신음하고 억압당하는 피지배자의 편에 설 수도 있다. 이를테면 지식인은 자신의 결단으로 '어용'의 길을 선택할 수도 있고, 또 '저항'의 길로도 나아갈 수 있는 존재라는 말이다.

그렇다면 지식인이란 도대체 어떠한 존재인가, 그리고 그는 어떠한 삶을 살아야 하는가?

인공위성을 탄 실향민의 저항

지식인은 실향민(失鄕民)이다.

그에게는 안주할 고향이 없다. 그는 모름지기 존재하는 것에 대한 비판을 통해 존재하지 않는 세계를 존재할 수 있도록 만들기 위해 노력한다. 이를테면 지식인이란 현실의 대지에 두 발을 딛고 서서 미래의 하늘을 끝없이 동경하는 존재라는 말이다. 하늘과 땅 사이에 버티고 서서 두 눈을 부릅뜨고 이 땅과 하늘을 쏘아보는 존재, 그게 바로 지식인인 것이다.

자유와 평등을 어느 정도 확보하고 있는가에 따라 세계사적 발전 정도가 대략은 가늠될 수 있다. 요컨대 우리 인류의 영원한 목표는 어떻게 하면 자유와 평등을 '동시에' 그리고 '송두리째' 다 확보할 수 있겠는가 하는 데 놓여 있다고 말할 수 있다. 그러나 이것은 명백한 유토피아다. 그러나 인간에게는 유토피아가 절대적으로 필요하다. 왜냐하면 이 유토피아야말로 인간에게 무한한 꿈을 심어주며, 동시에 그 꿈을 실현하기 위한 절망할 줄 모르는 용기와 투지를 불러일으켜 주기 때문이다.

인류의 역사는 바로 이 자유와 평등의 동시적 확보, 즉 유토피아를 향한 끝없는 싸움질로 어우러져 왔다. 인간사회에는 영원한 투쟁만이 존재하는 것이다. 하나가 해결되면 필연적으로 또 하나의 다른 '문제'가 연이어 꼬리를 문다. 즉, 문제의 영원한 해결이 아니라 문제의 영원한 지속만이 우리 인간사회를 지배한다는 말이다.

지식인은 바로 이 영원히 이어지는 문제의 거센 흐름 속을 떠다니기 때문에 그에게는 고향이 없다. 아니, 고향이 있을 수도 없다. 왜냐하면 그가 돌아갈 고향은 무릇 유토피아의 세계, 그 자체이기 때문이다. 지식인은 바로 이 유토피아를 향한 영원한 항해(航海)의 조타수(操舵手)다. 따라서 그는 또한 영원히 목마른 자이기도 한 것이다.

이 영원성은 다른 말로 하면 보편성을 의미한다. 저항적 지식인이란 요컨대 특수한 진실이 아니라 보편적 진리를 위한 싸움질에 투신하는 자인 것이다. 그러나 이 영원성, 이 보편성에로의 노정(路程)에는 지식인 스스로가 몸담아 숨쉬며 살아가는 구체적 현실이 있다. 즉, 지식인이 실질적으로 자신의 지식을 획득하고 활용해 나가는 장소로서 특수한 관념과 물질적 삶에 의해 지배되는 공간이 있는 것이다. 앞에서 말한 '현실의 대지'라는 것이 바로 이것을 가리킨다.

그러나 이 특수성은 대체로 기존 지배질서의 특수한 이해관계를 반영한다. 이를테면 한 시대의 "지배사상"은 "지배계급의 사상"이라는 맑스의 말이 통용되는 영역이기도 한 것이다. 예컨대 자본주의 사회라는 것은, 보편성에로의 긴 노정에서 볼 때, 특수성을 구현하고 있다고 말할 수 있는 자본가들의 특수한 이해관계가 관철되는 사회를 일컫는 것이 된다.

하나 지식인은 자신도 또렷이 의식하지 못한 채 지극히 어릴 때부터, 아니 모태의 뱃속에서부터, 이미 특수한 물질적 이해관계와 특수한 이데올로기로 무장한 하나의 특수한 사회를 정당화하는 교육을 받는다. 가령 우리 모두는 아주 어릴 때부터 어떻게 하면 우리가 몸담고 있는 이 사회를 계속적으로 유지 · 존속시킬 것인가 하는 것에 필요한 교육만을 받아왔다는 말이다.

그러나 이 사회는 젖먹이 시절부터 우리 모두에게 복종만을 가르친다. 모든 교육체제도 복종을 미덕으로 가르친다. 어떻게 보면 정부조차 병적인 사회를 그대로 유지하려고 노력하는지 모른다. 왜냐하면 인간들은 불행해질수록 오히려 복종을 더 잘하기 때문이다. 특히 교육은 많은 대중들을 읽을 수 있게는 만들었지만, 무엇이 읽을 만한 가치가 있는가를 분간할 수 있도록 만들지는 못했다. 따라서 지식인은 아까 얘기한 '보편성'의 거울을 하나씩 지니지 않으면 안 된다. 지식인이란 바로 이 보편성의 거울에 특수성의 모순을 끊임없이 비춰보아야 하는 존재인 것이다.

이러한 보편성과 특수성 간에 내재하는 모순을 꿰뚫어보고 그 모순의 극복을 위해 자신의 지식을 활용하는 자, 그리하여 바로 그러한 자신의 실천의지 때문에 특수성의 사회 안에서 특수한 위치로 내몰리기도 하는 자, 그리고 그러한 추방과 축출을 통해 보편성의 세계로 다가가는 자, 그러한 존재가 이를테면 저항적 지식인인 것이다.

이런 뜻에서 저항적 지식인은 인공위성(人工衛星)이라 부를 수도 있다. 특수성 속에서 쏘아 올려졌으나 이 특수성의 중력에 의해 보편성에 온전히 도달하지도 못하고 또 동시에 보편성의 인력 때문에 특수성에 안주하지도 못하는 인공위성, 이것은 또한 지식인의 실향성을 반영한다. 고향을 갖지 못하기 때문에 처절히 고향을 찾아 헤매는 존재.

그렇다, 보편성과 특수성의 중간에 존재함으로써 특수성을 감시하고 그것을 보편성에로 중개하는, 보편성과 특수성 간의 중간중계탑. 그것이 바로

CHOSANG
2006.

저항적 지식인인 것이다.

그러나 이러한 측면이 지식인의 양면성 내지는 이중인격성을 드러내주는 표지일 수도 있다. 하여 역사의 정체와 퇴행에 조력할 것인가, 그렇지 않으면 역사의 진보와 창조에 이바지할 것인가, 그 선택은 우리 지식인의 자유로운 결단에 달려 있다. 그것은 지식인의 자유와 권리이자 또한 굴레이기도 한 것이다.

그러하니 자주 '물 먹어야' 하지 않을까.

노자 선생은 일컬어 '상선약수'(上善若水)라 했다. 요컨대 인생을 살아가는 최상의 방법은 물과 같이 살아가는 것이라는 말씀인 것이다.

노자는 물이 우리에게 세 가지를 가르친다고 말한다. 첫째로 물은 네모진 그릇에 담으면 네모진 모양이 되고 둥근 그릇에 담으면 둥근 모양이 된다. 물 없이 어떤 존재도 살 수 없으나 물은 그릇에 따라 자유로이 모양을 바꾸어나가며 조금도 거역하는 법이 없다는 말이다. 이처럼 물은 지극히 유연하다. 둘째로 어느 누가 낮은 곳에 기꺼이 몸을 두려 하겠는가만, 물은 언제나 높은 데서 인간이 꺼려하는 낮은 곳, 낮은 곳으로만 흘러내린다. 자기를 과시하는 법이 없다. 물은 겸허, 그 자체다. 그러나 셋째로 물은 바위도 뚫고 부수는 힘을 갖고 있기도 하다. 이처럼 물은 내면에 무서운 에너지를 비장하고 있다.

이와 같이 물은 유연성과 겸허함, 그리고 소리 없는 폭발력을 소중히 간직하고 있다. 인간도 그러한 것을 몸에 익힐 수만 있다면 얼마나 바람직한 삶을 살아갈 수 있겠는가 하는 것이 노자 선생의 바람이었던 것이다.

하나 물에 대한 칭송은 끊이지 않는다. 공자는 물을 군자의 덕에 비유한 적이 있다. 요컨대 물을 만나는 것은 살아나니 인(仁)과 같은 것이다. 또 그 흐름이, 낮은 데와 굽은 데를 스스로 따라가서 그 지리에 순응하니 의(義)와 같은 것이며, 얕은 물은 흘러 움직이고 깊은 물은 그 깊이를 알 수 없으니 지(智)와 같으며, 백 길이나 되는 절벽에도 의심 없이 다가가니 용(勇)과 같은 것이다. 나쁜 것을 만나도 사양치 않고 받아주니 포몽(包蒙, 몽매한 것을 모두 포용함)과 같으며, 청결치 못한 것을 깨끗하게 해서 내보내니 이는 선화(善化)와 같고, 엄청나게 큰 양도 평평하게 해주니 이는 정(正)과 같은 것이라, 군자가 큰 물을 보면 반드시 새겨 본다는 말씀일 터이다.

미네르바의 부엉이와 지혜의 독수리

그러니 우리 지식인들은 도대체 어떻게 살아야 할 것인가?

무릇 지식이 물과 같으니 물처럼 살아야 하지 않겠는가.

흐르는 물은 계곡을 만나면 폭포가 되고, 평평한 들을 만나면 부드러운 시냇물이 되며, 바다를 만나면 거기에 조용히 합류한다. 그러면서도 만물을 생존케 하는 물의 본성에는 아무 변함이 없다.

하나 우리가 잊지 말아야 할 것이 왜 없겠는가. 물은 깊을수록 소리가 없으며, 물이 많고 깊은 곳에는 큰 고기가 산다는 사실에 눈감을 수 있겠는가.

공자는 "배는 물의 힘으로 나아가지만 물이 배 안으로 들어오면 배는 침몰한다"고 타일렀다. 배는 물 위에 떠 있지만 기실 물과는 떨어져 있어야 할지니. 배가 물로 가득 찬다면 배는 의당 밑바닥으로 가라앉고 말 것이 아니겠는가. 욕망의 바다 위에 떠서 엎치락뒤치락 멱씨름하며 살아갈 수밖에 없는 존재가 인간이긴 하되, 그렇다고 그 가슴속을 온통 욕망으로 가득 채워서는 물이 가득 들어찬 배처럼 결딴날 수밖에 없는 게 세상살이의 이치 아니겠는가.

어느 날 신부와 목사 그리고 스님 세 사람이 함께 식사를 했다. 세 사람 앞에 아주 맛있어 보이는 커다란 물고기요리 한 접시가 놓였다. 이들은 각자의 방식대로 식전 기도를 드렸다.

그리고 나서 신부가 먼저 말했다.

"로마 교황은 교회의 머리니까, 나는 머리 부분을 먹겠소."

그는 고기를 반으로 잘라 머리부분을 자기 앞 접시에 갖다 놓았다. 그러자 목사가 뒤를 따랐다.

"우리들은 최후의 진리를 장악하고 있소. 그러므로 나는 꼬리 부분을 먹겠소."

그리고는 꼬리가 붙은 나머지 반 토막을 자기 앞접시로 가져갔다. 이제 접시 위에는 소스와 야채가 조금 남아 있을 뿐이었다. 스님은 그걸 자기 앞접시로 옮기면서 태연히 말했다.

"불교에서는 양극단을 싫어하지요."

우리가 잘 알다시피 벼는 익으면 머리를 숙인다. 하지만 고개를 너무 숙여버리면 흙에 파묻혀 죽어버린다. 거문고 줄이 너무 팽팽하면 끊어지고 너무 느슨하면 소리가 떠나버리는 이치와도 어울리는 것이다. 균형 잡힌 삶을 이끌어가기란 이토록 힘든 것이다.

땅에 뿌리를 고착시키지도 않고 또 줄 끊어진 연처럼 하늘로 영원히 떠나버리지도 않는 삶, 그러면서도 이도저도 아닌 두루뭉수리가 아니라 이 둘을 조화롭게 잘 엮어내는 일, 이러한 것이 그야말로 살아 있는 승천(昇天) 아닐까.

요컨대 영원히 정처 없이 떠다니는 떠돌이별이나 고향을 잊은 채 빈둥거리기만 하는 나그네의 넋두리가 아니라, 땅과 하늘을 누진히 잇고 "하늘 향해 두 팔 벌린 나무들같이" 땅에서 하늘로 고향 찾아 나서는 인공위성과 실향민의 끈

덕진 굼틀거림, 그것이 더욱 절절한 것이 아니겠는가. 그러한 존재가 바로 지식인인 것이다. 하나 줄타기하는 지식인이 걷는 길이 순탄하기만 할 것인가.

한편으로 근심이나 괴로움, 그리고 다른 쪽으로 기쁨이나 즐거움, 이들 둘 가운데서 어느 쪽이 더 참기 힘들까? 울음을 참기는 쉬워도 웃음을 막기란 어려운 법이다. 마찬가지로 통증을 참기는 쉬워도 가려움증을 참기는 더욱 어려운 일. 분노와 수치심이 분발할 용기를 북돋우어주는 탓으로 우리는 난폭한 위협과 몹쓸 모욕에 쉽게 굴복하지 않을 수 있다.

사실 인간은 욕망보다도 노여움으로 인하여 더 무서운 존재가 된다. 왜냐하면 욕망은 타협하고 거래하기 때문이다. 그러나 수치스러운 사람과는 아무도 타협하려 들지 않는다. 증오받는 것보다 경멸당하는 것이 더욱 비참한 노릇인 탓이다. 하나 따뜻한 위로와 부드러운 웃음 뒤에 감춰진 불의에 맞서기란 결코 쉬운 노릇이 아니다. 달콤한 어루만짐을 쓰디쓴 뿌리침으로 되받아친다는 게 사람으로서 그리 녹록히 할 수 있는 일이 아닌 탓이다. 그러나 참기 어려운 것이야말로 반드시 참지 않으면 안 될 것이라면 어떻게 할 것인가.

중국의 어느 옛 어른은, 인간이 사나움을 감춘 무사와 궁기를 벗어 던진 서생과 화장하지 않아도 청순한 여인과 안개와 이내를 떨쳐버린 듯한 산사람(山人)과 향이라곤 한 번도 피워본 적이 없는 듯한 스님처럼 범속한 경지를 벗어나면, 세상에서 감히 가벼이 보지 못하는 사람이 되리라 하였다. 또 누구는 이렇게 타일렀다. 아귀다툼으로 찌든 냉혹한 세상에서도 따뜻한 마음을 잃지 않고, 뜨거운 욕망이 모질게 범람하는 세속에서도 차가운 마음을 잘 지켜나가라고. 이를테면 가을 물처럼 서늘하게 자신을 다스리고 봄바람처럼 따스하게 남을 사랑하라는 말일 터이다. 따뜻함을 느끼게 하지만 비굴하지 않고, 냉엄하지만 비정하지 않은 훈훈한 냉철함을 촛불처럼 품을 수 있다면 얼마나 갸륵할 것인가.

우리 인간은, 아니 지식인의 걸음걸이는 어때야 할까.

모름지기 부드러워도 나약하지는 않고, 굳세어도 사납지는 않으며, 검소하되 인색하지는 않고, 너그러워도 어리석지는 않으며, 선이 분명해도 각박하지는 않고, 품위를 지키되 우쭐대지는 않으며, 사려 깊으나 시무룩하지는 않고, 남을 기꺼이 도우나 참견하기를 좋아하지는 않아야 할 것이로다.

한 마리의 생선을 주면 한 끼의 양식이 되지만, 고기 낚는 법을 가르쳐주면 평생의 양식이 되는 법. 과연 지식인은 한 끼를 택할 것인가, 아니면 평생을 좇을 것인가. 지식인이 아무리 자신의 속눈썹은 보지 못하면서도 만리나 떨어진 바깥 세상의 일에 대해 왈가왈부할 수밖에 없는 존재라 하지만, 자신의 책 먼지도 떨어내지 않은 채 세상의 먼지를 없애겠노라고 팔을 걷어붙일 수 있겠는가.

하니 지식인이 조용할 리 있겠는가. 지식인 사회는 골치 아프기도 하지만 동시에 골을 때리기도 한다.

오죽 했으면 태고적에 법가사상의 지침을 밝힌 한비자의 《오두편》이라는 글 속에서 선비를 "벌레"라 나무랐겠는가. 물론 이 글은 한비자 중에서도 가장 공격적인 내용을 담고 있다고는 하나, 시황제 폐하께서도 퍽 열심히 살펴보았다고 전한다. 물론 당시 중국의 사회정세를 잘 설명해주고 있을 뿐만 아니라 오늘날에도 충분히 응용 가능한 몫들을 적잖이 지니고 있음을 외면할 수는 없다.

이 글의 말미에 끝맺음 형식으로 "오두"(나무를 갉아먹는 다섯 벌레)의 하나로 선비가 지목되고 있다. 요컨대 "선비는 선왕의 도라고 칭하여 인의를 빙자하며 용모와 복장을 꾸미고 변설을 교묘하게 하여 현행의 법에 의혹을 품게

함으로써 군주의 마음을 어지럽히는" 존재라 묘사되고 있다. 말하자면 선비는 나라에 헌신한다는 미명하에 말과 몸과 마음을 교묘히 꾸미고, 나아가서는 도덕과 윤리마저 좀먹는 일에 앞장서는 해충이요, 좀벌레라는 말이다. 하지만 한비자를 거꾸로 해석할 수는 없을까. 이를테면 지식인은 모든 것을 뒤바꾸면서, 그리고 심지어는 기존의 윤리질서에 경종을 울리면서까지, 국가와 사회를 위해 자신의 한몸을 벌레처럼 던지는 존재라 일컬을 수도 있지 않겠는가.

이런 소화(笑話)가 있다.

천국의 문 앞에 한 무리의 성자(聖者)들이 차례를 기다리고 있었다. 그리고 한 성인이 들어갈 때마다 천국의 문이 조금씩 열렸다 닫히곤 했다. 그러나 그들이 당연히 기대했을 법한 열렬한 축하행사는 물론 열리지 않았다. 그러나 줄의 맨 끝에 우아해 보이는 의젓한 학자 한 사람이 서 있었다. 그가 천국 문 안으로 한 발을 들이밀자 팡파르가 울려 퍼지고 우레 같은 박수소리가 터져 나오며 빛나는 얼굴의 천사들까지 밖으로 마중 나와 그를 정성껏 호위했다. 그 학자는 굉장히 성대한 환영이 이루어지고 있는 모습에 놀라면서, 이렇게 물었다.

"천국에서는 학자가 높이 대접받는 모양이지요?"

그런데 천사는 이렇게 대답했다.

"그렇긴 하오. 아직까지 한 번도 학자가 천국에 들어와 본 적이 없으니까요. 당신은 희귀동물이오!"

그러나 우리는 지옥도 떠올려보아야 한다. 지옥의 가장 고통스러운 장소는 위기의 순간에 중립만을 지킨 사람들을 위해 미리 예약되어 있다는 사실을 명심할 일이다.

이러한 점들을 두루 고려할 때, 지식인에게 필요한 것은 당연히 지식보다는 지혜라 할 수 있다. 두뇌로 하는 게 지식이라 한다면, 인격으로 쌓아가는 게 지혜라 이를 수 있다. 지혜를 얻는 길은 곧 우리의 무지를 아는 것이다. 키케로가 그랬던가, "구해야 할 것과 피해야 할 것에 대한 지식, 그것이 바로 지혜"라고. 그리고 톨스토이는 이렇게 말했다. "진정한 지혜는 모든 것에 대한 지식이 아니라 살아가는 데 가장 필요한 지식과 불필요한 지식, 그리고 알 필요가 없는 지식을 구별하는 것"이라고. 지식이란 자신이 그만큼 배웠다는 자만이고, 지혜란 자신이 더 이상 알지 못한다는 겸손을 일컫는 것이라 하지 않던가. 하여 돈이 많아도 불행할 수 있는 것처럼, 지식과 학문이 넘쳐도 지혜는 얻지 못할 수 있음에랴.

어느 현인(賢人)은 어리석은 자는 친구로부터 많은 것을 얻지만, 지혜로운 자는 원수로부터 더 많은 것을 얻는다 하였다. 그러하니 스스로 깨닫는 지식인이 될 것인가, 아니면 스스로도 깨닫지 못하거나, 남이 깨달은 것을 보고도 깨닫지 못하는 사람이 될 것인가.

선비는 죽일 수는 있어도 욕보일 수는 없다 하지 않던가. 증오받는 것보다 경멸당하는 것이 오히려 더 쓰라리고 비참한 일인 탓이다.

오오, 지식인들이여! 황혼이 깃들 때 나래를 펴는 미네르바의 부엉이가 될 것인가, 아니면 이글거리는 태양을 가슴에 안고 몸을 불사르면서도 유유히 창공을 향해 치솟는 독수리가 될 것인가?

미네르바의 부엉이는 오직 밝은 현실의 움직임이 끝나고 어둠이 고요히 깔리기 시작할 무렵, 그때 비로소 조용히 날며 현실이 남기고 간 자취를 굽이굽이 살피고 더듬으려 한다. 혹시 미네르바의 부엉이는 황혼이 오기만을 골똘히 기다리고만 있는 것은 아닐까. '황혼'은 현실을 떠나 무언가를 감추고 꾸미고 숨기는 번지르르한 징표가 될 수도 있다. 드높이 솟아올라 하늘을 호령하던 태양도 서산으로 질 때는 황혼 뒤에 자신의 몸을 숨기고 겸손되이 숨죽여 가라앉지 않는가.

실향민이 탄 인공위성은 독수리처럼 날아야 한다.

하나 아무리 땅을 박차고 높이 솟구쳐 올라도 새는 필경 다시 땅으로 되돌아올 수밖에 없다는 사실을 지식인은 겸허하게 상형문자처럼 가슴에 새겨둘 일이다.

'허드렛 인간'과 낙타의 꿈

낙타와 의사

"부자는 '맨션'에 살고, 가난뱅이는 '맨손'으로 산다. 부유한 사람은 '개소주'를 마시고, 가난한 사람은 '깡소주'를 마신다. 돈 많은 사람은 매일 '소고기 조림'을 먹고, 빈털터리는 '소고기 라면'을 먹는다."

나는 어디선가 이 글을 읽으며 가슴과 무릎을 동시에 쳤다.

학창시절 언젠가 한 번 남산 언덕길을 오르다가, 나는 구두통을 옆에 두고 길가에 쪼그리고 앉아 손금보던 더벅머리 소년을 본 적이 있다. 그 구두닦이 소년은 점쟁이 노파에게 무얼 물어보았을까, 그리고 그 녀석은 지금 어디서 무얼 하며 살고 있을까.

어쨌거나 부유하다는 것은 마시면 마실수록 우리를 더욱 목마르게 하는 소금물과도 같은 것임에랴. 지폐로 중무장한 백전불굴의 '총력전진파'들 사이에서 기합 든 낮은 포복의 미덕만 숨가쁘게 배워온 사람들이 있다. 유일하게 강력한 것이 허여된다면 무기력밖에 없고 하다못해 내세울 게 있다면 질박한 몸가짐과 투박한 말투밖에 없는 사람들, 보살펴줄 사람이 없는 탓에 스스로 보살필 수밖에 없는 '허드렛 사람들', 이들이 바로 그 사람들임에랴. 온갖 더러운 오물들을 말끔히 세척해내고는 스스로 허드렛물로 전락하는 깨끗한 물처럼, 사실 이 '허드렛 사람들'이야말로 밤낮을 가리지 않고 우리에게 입을 것, 먹을 것을 장만해주기 위해 묵묵히 땀흘리는 사람들이다. 이들은 사실 낙타들이다. 이를테면 항상 무릎 꿇고 엎드려 무거운 짐을 싣고 뜨거운 모랫길을 떠날 채비를 언제나 차리고 있어야 하는 '인간낙타' 들인 것이다.

오늘날에는 허드렛 인간의 보편화인지 아니면 특수화인지를 구별하기 힘들긴 하지만, 우리네 보통사람들의 '활약상' 또한 눈에 띄게 달라진 눈치다. 빛 좋은 개살구일는지는 모르지만 이들의 우직한 삶의 본새가 당당히 공개방송까지 탄다. 우리는 그 참한 현장을 가령 어느 TV에서 방영하는 〈전국노래자랑〉이라는 프로그램에서도 엿볼 수 있다.

이 가설무대에는 오랜 만에 읍내 미용실에라도 다녀왔음직한 농부의 아내도 출연하고, 일터에서 잠시 나들이 나온 듯한 더벅머리 총각도 나타난다. 이곳에는 몸으로 부딪치며 사는 사람들이 몸으로 부르는 노래와 춤이 있다. 무말랭이처럼 볼품없고 괄시받는 사람들끼리 한데 어울려 서로의 처지와 형편에 맞게 애환을 나누고 달래기 위해, 그들은 강제동원도 없고 막걸리 선심공세도 있을 턱이 없는데 말없이 이곳으로 백사장처럼 모여든다.

이리 채고 저리 쫓기며 한평생을 잡초처럼 살아가는 사람들이 가설무대를 에워싸고, '이 고장의 명카수, 이 고을의 인간문화재 ○○○'를 응원하기 위해 열심히 손바닥을 두들겨대는 것이다. "50대의 영원한 귀염둥이" 라고 자신을 소개하는 중년 양복장이의 춤과 노래도 있다. 모녀가 함께 나와 늙은 엄마가 부르는 노래에 멋들어진 춤으로 장단을 맞추는 처녀도 있다. 또 75세의 할아범이 나와 '꼬집힌 풋사랑' 을 숙연히 부른다. "땡 해도 좋응께 최선을 다해라" 라는 현수막을 흔들어대는 응원단의 표정이 훈훈해서 즐겁고, "출연 직전까지 연습에 연습을 거듭하여 물론 자신만만하다" 고 기염을 토하긴 했으나 노래를 시작하자마자 '땡' 소리의 기습공격을 받고서는, 그래도 그저 씽긋 웃어버리고 마는, 생선회처럼 싱싱한 웃음이 소탈해서 좋다.

과거를 헤아릴 길 없는 81세의 할머니가 가설무대로 올라와서는 "거어친 꿈이 기이펐나"로 끝나는 '선구자' 노래를 두 손을 깍지낀 채 눈물을 글썽이며 열창해서 듣는 사람으로 하여금 또 눈물을 글썽이게 만든다. 운전복을 그냥 입고 돈주머니는 놓칠새라 한 손에 움켜쥔 채 무대로 뛰어오르는 택시기사도 있고, 깊숙한 돈주머니가 두 개 달린 비닐 앞치마를 걸치고 비늘처럼 번쩍거리는 이를 드러내며 등단하는 생선장수 아줌마도 있다. '시청 위생과 소속 청소부'라고 자기 신분을 밝힌 어떤 노인은 "타향살이 몇 해던가…"를 울부짖듯이 토해내고는 먼지 쌓인 황색 근무복을 털며 무대를 떠난다.

"동지섣달 꽃 본 듯이 날 좀 보소"라든지 "사랑이 꽃이라면 다시 피겠지" 하는 타령들은 또 얼마나 절묘한 표현법을 구사하고 있는가. 한겨울의 꽃은 얼마나 귀중할 것이며, 다시 피는 꽃처럼 다시 피어나는 사랑은 또 얼마나 애틋할 것인가. 이처럼 허드렛 무리들의 염원은 이리도 가슴 찡하다. 어디 그뿐인가. "어차피 혼자 왔다가 어차피 혼자 가는데, 원망도 미련도 다 버려라. 오늘이 지나면 태양은 뜨는데, 내일을 위해 건배하자"거나, "세상살이 어렵고 서러울 때면 너털웃음 한 번 웃고 술 한 잔에 취해보자. 꽃잎이 진다고 청춘이 간다고 한탄 말고 아쉬워 마라"는 가사에 깃들어 있는 이들의 절규는 또 얼마나 가슴 사무치는 다짐으로 가득 차 있는가. 이들은 한 많고 설움 많은 인생살이 속에서도 너털웃음을 웃으며 내일 다시 떠오를 태양을 여유롭게 기다리고 있는 것이다.

이 〈전국노래자랑〉은 경상도에서 전라도로 건너뛰기도 하고, 충청도 산골에서 강원도 바닷가로 내닫기도 한다. 그러나 여기에도 분단의 쓰라림은 어김없이 찾아든다. 진도에서는 노인네들이 더덩실 춤을 추며 진도 아리랑을 부르는데, 몽금포 타령은 마냥 입을 다물고 있다. 언제쯤이면 황해도 사리원이나 함경북도 명천 또는 압록강 하구의 용암포쯤에서 〈전국노래자랑〉이 펼쳐질 수 있을지, 갯지렁이 같은 주름이 옹골차게 박힌 황토빛 얼굴을 들고 몇몇 노인들은 간혹 휴전선으로 가로막힌 북녘 땅을 촉촉한 눈길로 응시하기도 하는 것이다. 통일이 그리운 것이다.

그런데 이들은 과연 누구인가?

이들이라고 왜 목숨 귀한 줄 모르겠는가.

하니 어리광 피우듯이 찾아가 어깨라도 살풋이 기대고 싶어지는 사람인들 왜 없겠는가. 하기야 질긴 게 그놈의 목숨이라 어이 의사를 멀리할 수 있으리까만, 하나 머언 곳에 따로 예쁜 집 짓고 새치름히 살아가는 게 바로 의사들이니 어이하리오.

속담처럼 전해내려오지만 흔히 '병은 소문내야 한다'는 말들을 한다. 그러나 그 숨은 뜻은 도대체 무엇일까? 병을 소문내야 하는 이유가 의사들에 대한 타고난 불신 탓일까, 아니면 순박한 이웃 무지렁이들에 대한 하염없는 신뢰 때문일까, 또 아니면 동정심을 유발하기 위한 얄팍한 주판질에서 비롯한 것일까.

근래 나는 소문내 볼 겨를도 없이 병원에 헐레벌떡 제발로 찾아가 갇히는 신세가 된 적이 있다. 하나 나의 가족은 늘 문제 많은 나 하나 때문에 또 한 번 희한한 문제에 부딪치지 않으면 안 되었다. 그것도 경찰이 아니라 인류애로 똘똘 뭉친 병원이라는 곳에서, 한 목숨이 왔다갔다하는 엄중한 서약서라는 것에 도장찍지 않으면 안 되는 자애로운 봉변을 당한 것이다.

얼마 전 나는 지극히 흥미로운 교통사고를 당한 적이 있다. 다행히 나는 대한민국에서 두 번째 간다고 말하면 당장에 팔 걷어붙이고 항의 가두시위에라도 나설 어느 일류병원 응급실로 황급히 옮겨질 수 있었다. 바로 그 자리에서 담당의사 한 분이 서약서 한 통을 급히 작성하여 거기에 서명하지 않으면 아무것도 할 수 없노라는 준비된 '으름장'을 놓는 바람에, 가여운 내 가족은 거기에 도장 놓을 수밖에 없었노라 한다.

그 서약서의 요지는, 내가 살아날 가망이 없거나 요행으로 목숨을 건진다 하더라도 식물인간이 될 가능성이 지극히 농후하니, 든든한 신뢰와 흔쾌한 의탁이 필수적이라는 내용이었다. 하여 내 가족은 자칫 초상까지 치러야 할지 모른다는 공포심에서 거미줄이라도 부여잡겠다는 비장한 각오로 두 손을 모으고 그 의사에게 매달렸을 터이다. 하고 내 주위분들은 또 어떠했을까. 내가 곧 죽을지도 모른다는 병원측의 근엄한 진단소문이 급속도로 번져나가는 바람에, 그들은 영안실 달려오는 기분으로 새벽부터 병원을 메웠다 한다, 아직도 한창 일할 나이에 아깝다며.

어쨌든 나는 '무작정 상경파' 출신인 듯한 담당의사의 졸속하고 무분별한 즉결재판으로 '지옥'을 다녀왔다. 그리고 곧이어 '무죄석방'이 뒤따랐다. 그 의사들은 이제 '기적'이니 어쩌니 하는 찬사로 자신들의 오류를 미화하는 듯이 보이는 탁월한 재치를 또 과시하였다. 그러한 기적을 행한 게 하늘이었겠는가, 아니면 나의 조화 부림이나 의사들의 기적적 의술 탓이었겠는가. 물론 그 어느 것도 아니다. 비록 나로 하여금 우스갯소리로 '부활한 예수'라는 칭송을 받게는 만들었지만, 기적이란 태초에 존재한 적이 없었다. 있었다면 오로지, 그것도 박애정신으로 번쩍이는 그 의사들의 존엄한 형식을 빈 막가파식 '막가이즘'뿐이었다.

하나 그 의사들에게 간곡한 감사기도라도 드려야 할 일이 없는 건 물론 아니다. 사실 나는 그들 덕을 적지 않게 보았다. 무엇보다 내 주위 친지들이 마지막 영결차 영안실 달려오는 기분으로 들이닥치는 바람에 다들 두툼한 부조봉투를 들고 출현한 덕으로 내 가족은 소득이 실한 편이었던 모양이다. 그래서 그 이후 이따금 내 아내가 지나가는 말투로나마 돈걱정을 늘어놓는 눈치면 나는 자신만만하게 이렇게 되뇌곤 하였다. “잠깐 기다려. 내 길에 좀 나갔다올 테니” 하고.

어쨌거나 의사들의 한마디 한마디는 많은 이들의 통곡과 영탄을 불러일으킬 정도로 수소폭탄 같은 위력을 발휘한다. 반면에 가령 우리처럼 정치학 공부하는 사람들이 고뇌 끝에 한 말씀이라도 해보려 할 양이면, “구름 잡는 소리 하지 말라” 라는 핀잔이 제때 불쑥거리기 일쑤다. 어쩌겠는가, 의학공부 새로 하기에는 이제 너무 늦어버렸으니. 어쨌거나 한 조각 ‘구름’ 이라도 들어준다면 쉰 소리일망정 거푸 구름과의 대화를 계속하는 게 도리 아닐까 한다.

한데 우리의 가여운 허드렛 사람들은 도대체 어떤 낯빛이 될 것인가?

가슴에 잘 와 닿지 않는 어려운 얘기를 들어도 의사 말이라면 예수님 말씀처럼 곧이곧대로 따를 수밖에 없는 우리의 서글픈 병자들은 자동장치처럼 주눅들 수밖에 없다. 하여 의사의 말씀에 조그만 이의라도 제기하려 할 양이면 이내, “화장실 갈 때와 나올 때의 마음이 다르다” 느니, “살려주니까 은혜도 모른다” 는 등의 인륜적 질타로 또 금세 주눅들게 만든다.

기회 있을 때마다 우리를 인도주의적으로 ‘단근질하는’ 의사들과 또 즉각적으로 기진맥진할 수밖에 없는 우리네 보통사람들은 선천적 원수들인가? 이를테면 의사는 영원한 강자며 최고재판관이고, 반면에 환자는 영원한 약자며 죄인인가 하는 말이다. 독일의 철학자 라이프니츠까지 “위대한 의사가 위대한 장군보다 더 많은 사람을 죽인다” 고도 하지 않았던가. “우리 의사들에게는 이 세상에 많은 적이 있습니다” 하는 어느 의사의 강연을 듣던 한 여인이 이내,

"오, 저 세상에는 훨씬 더 많을 걸!" 하고 말을 되받았다던가.

병원만 가면 일반 서민들은 개돼지 취급받는다는 사실을 모든 사람이 애국가처럼 암기하고 있다. 빽이 있는 사람에게만 병이 찾아드는 것은 아닐 텐데. 어쨌건 미터가 계속 올라가는 주차한 택시, 그게 바로 병원 침대임에랴.

16세기 스페인의 저명한 사상가 발타자르 그라시안은 의사를 두고 이런 말을 한 적이 있다. 요컨대 "악을 뿌리치는 사람이 바로 악을 전파시키는 사람임을 잊지 말라. 의사는 직업상 악과 선을 동시에 행하는 사람들이다. 그들은 남들이 병들어 허약해지고 야윌 때 살찐다. 이렇게 그들은 남들이 고통받을 때 영광을 누린다. 환자들은 의사들의 손안에 있을 때는 아무것도 먹지 못한다. 그리고 그 손에서 벗어날 때면 너무나 과도한 지출로 말미암아 먹을 것을 살 돈이 없게 된다" 라고.

그라시안의 확신처럼, 우리네 허드렛 무리들이 행할 수 있는 유일한 선행이 고작 병들어 야윔으로써 의사들을 살찌우는 것밖에 없는 것인가? 폐부를 찌르는 말이다. 한데 왜 우리들의 폐부만 이렇게 통쾌히 찔려야 하는가.

자갈치 시장과 나의 허드렛 형제들

하나 타인의 폐부를 멋있게 찌르는 우리의 허드렛 군상도 있다. 심지어 5천만 동포가 지켜보는 앞에서 영광스럽게 수배당하는 '무명인사' 들이 바로 그들인 것이다.

나는 어느 텔레비전 방송국의 〈TV는 사랑을 싣고〉 라는 프로그램을 빼놓지 않고 시청하려고 고군분투한 적이 있다.

여기 몇십 년 만의 해후와 눈물이 있다. 인간이란 자신이 살아온 자취와 흔적을 더듬고 뒤돌아보며 살아가는 외로운 동물일 수밖에 없지 않은가. 심지어 도둑들까지 자신이 도적질한 현장을 다시 몰래 찾아가 본다고 하지 않는가. 여기서 나는 인간들의 애틋한 만남과 질박한 어루만짐을 본다. 그리고 서로 따스한 체온을 섞으며 살아가는 인간들의 동물 같은 본능에 감동한다. 옷깃만 스쳐도 인연이라는데 한데 어울려 같은 공기를 서로 주거니 받거니 나눠 마신 적이 짧지 않다면, 그건 또 얼마나 진한 매듭이며 고리인고.

하나 그런 절절한 갈증을 왜 하필 이런 형식을 빌려, 그것도 몇십 년 만에야 가까스로 풀지 않으면 안 되는가 하는 게, 아쉽지 않은 건 아니다. 아울러 출연 자체가 가능하기 위해서는 찾는 사람이 이미 '유명한' 분이 되어 있지 않으면 안 되는 텔레비전 방송의 특성이 또 속상하지 않은 건 아니다. 그러나 우여곡절 끝에 '찾아내어지는' 사람은 흔히 이름 없이 소박하게 살고들 있어 또 극적인 대비가 만들어지기도 한다.

요컨대 저명인사가 수십 년 전의, 그러나 대개 무명씨로 남아 있는 옛 지인을 찾아나섬으로써 방송식의 감동과 고마움 그리고 든든한 사람들의 은혜 베푸는 듯한 온정 등이 추억을 더듬는 노고로 미화되기도 하는 것이다. 이를테면 저명인사들의 숭고한 인간적 배려가 수십 년을 훌쩍 뛰어넘는 까만 과거로까지 가 닿음으로써 가슴 뿌듯한 미담(美談)으로 자리잡는다. '유명'이 '무명'을 찾는 것이다.

그러니 이런 정경들이 어찌 감동을 자아내지 않겠는가. 오늘은 내친김에 나 스스로가 어린 시절의 나를 '사랑을 싣고' 찾아볼꺼나.

내가 태어나고 자란 곳은 부산 영도다. 나는 6 · 25 동란이 일어나기 바로 한 주일 전 일요일 날 태어났다. 말하자면 전쟁은 나의 탯줄이었던 것이다.

나는 초등학교도 들어가기 전에 담배부터 피웠다. 이곳은 더 이상 내몰릴 길 없는 피난민들이 마지막 보따리를 풀고 주저앉아 서로 으르렁거리던 성난 도시의 마지막 끝이었다. 날품팔이, 사기꾼, 살인자, 밀수꾼, 치기배, 소매치기, 공갈배, 난봉꾼, 정상배, 모리배, 양공주, 양키 등이 비빔밥처럼 얽혀 진흙 구덩이 속에서 난투극을 벌이던 곳이 바로 그곳이었다. 나는 이따금 길을 물들인 낭자한 피도 보았다.

전쟁 직후, 그것도 온 나라의 온갖 피난민들이 전국총회라도 열 듯이 집결해 있는 부산하고도 영도에서 살았으니, 먹을 게 귀했음은 불 보듯 뻔한 노릇이었다. 그래서 나는 오그라든 배를 움켜쥐고 동무들과 산자락에 올라 무밭이나 고구마밭을 점잖게 털었다. 잠깐 실례한 고구마와 무를 어적거리며 먹어치우고서는 길에서 주은 담배까지 불붙여 입에 물곤 했다. 그리곤 피로회복을 위해 담배 연기를 밖으로 그윽이 내뿜었다. 허술한 공장 같은 곳에 숨어 들어가 쓸 만한 것들을 영원히 빌리기도 했다. 그래도 배가 고프면 그때는 바닷가로 내려간다. 전쟁 때 부서진 무지막지한 철선들이 죄다 영도 앞바다로 끌려온 듯했다. 비록 폐선에서 녹아 내린 시커먼 기름이 바닷물을 온통 뒤덮긴 했지만, 고맙게도 그 든든한 쇠붙이에는 홍합이 흥건히 달라붙어 있었다. 그것들이 우리의 주 공격목표였던 것이다. 우리의 온몸이 컴컴한 기름으로 뒤범벅되긴 하였지만 홍합은 꿀맛이었다.

초등학교 시절 월사금 받아오라며 집으로 쫓겨가곤 하던 일들은 또 우리에게 얼마나 정겨운 일상이었던가. 어느 겨울날 드디어 내가 또다시 발탁되었다. 하나 집으로 가보았자 아무도 없으리라는 걸 누구보다 잘 알고 있는 터라, 어디선가 시간은 알맞게 보내야 했다. 하여 나는 내 발길을 집으로 돌리는 대신 학교변소로 향하게 했다. 용변 볼 일이 전혀 없는데도 변소에서는 으레 궁둥이를 까고 앉아야 되는 줄로만 알았다. 한 많은 내 궁둥이였다. 펑 뚫린 화장실 아래쪽 배출구에서 불어닥치는 가혹한 겨울바람을 장승처럼 마냥 맞으며 한 시간 가량을 버틴 다음 헐레벌떡 다시 교실로 뛰어들어갔다. 그리곤 담임선생님께는 집에 가니 아무도 없더라는 준비된 거짓말을 낭독한다. 그러면 준비된 우리 선생님은 제대로 씻지 못해 피가 마냥 엉긴 채로 트고 갈라진 손등 위에 회초리를 내리치신다. 물론 조용히 피가 번져 흐른다. 그 여선생님은 지금 어디서 무얼 하실까.

그러나 나에게도 무지개가 있고 달나라가 있었다. 그건 바로 시장이었다. 시장에서 나는 알을 깠다. 시장은 나의 둥지요 보금자리였던 것이다.

내 어린 시절 나의 할머니는 환갑이 넘도록 자갈치시장에서 미역장사를 하셨다. 가게가 물론 있을 턱이 없었다. 할머니는 요컨대 기동장사꾼이셨던 것이다. 여러 명의 아가씨나 아줌마들과 함께 빙 둘러앉아 묶은 미역들을 너른 양철대야 속에 담아놓고 그걸 하나씩 파셨다. 그러다가 호각을 불며 경비가 들이닥치면 이 무허가 장사치들은 기동성 있게 튀어야 했다. 나는 그런 자갈치시장을 즐겨 찾았다. 물론 나 역시 끈끈한 이해관계의 공손한 포로였던 것이다. 거기서 얻어먹는 국밥이 왜 그리도 푸짐하고 감칠맛이었던지.

학교수업을 대충 끝내고 나는 점심시간에 맞춰 곧잘 자갈치시장으로 달려간다. 그러면 할머니는 미역통을 옆 아주머니께 맡기시고는 내 손을 붙들고 국밥집으로 손수 가신다. 물론 로비를 위해서였다. "이놈이 바로 내 손주요, 고기나 한 점 더 얹어주시오" 하며 간곡히 부탁하시는 할머니의 떨리는 목소리를 나는 자주 엿들을 수 있었다. 어쨌거나 환장할 정도로 맛있는 국밥이었다. 고등어도 몸통은 보다 여유 있는 사람들에게, 그리고 더욱 쪼들리는 치들에게는 순 대가리만 따로 묶어 팔던 시절, 고작 그 생선 두뇌만이라도 빨아먹을 수 있다면 큰 행운으로 여기던 처지에 비계까지 두둥실 뜬 돼지고기 국밥이라니, 그 얼마나 환상적인 밥상이었던가.

그러나 내가 포식하고 밖으로 나올 때쯤 되면 할머니는 이미 동지들과 함께 자취를 감추신 지 오래였다. 벌써 호각이 출동한 것이다. 호각이 얼마나 위대하게 보였던지. 나는 거기서 나의 또 다른 형제들을 발견하였다. 호루라기 소리가 날 때마다 날렵하게 같이 튀던 그 장사꾼들은 나의 형제와 다를 바 없었다. 비록 한 가정의 울타리 안에서 같이 사는 사람들은 아니었지만, 내 할머니도 그 속에 버젓이 끼어 함께 뛰셨으니, 어찌 그들이 내 가족이 아니었겠는가.

그러다가 훗날 대학에 들어와 서울로 올라와서는 여러 지방에서 공부하러 올라온 유학생 친구들을 만나게 되었다. 그들 중에 전라도에서 올라온 어느 녀석 하나가 어린 시절 얘기를 재미있게 유성기판처럼 틀어놓은 적이 있었다. 그는 곡마단 따라다니던 추억을 더듬었다. 그것도 구성진 남도 사투리로 "문화와 예술을 사랑하시는 ㅇㅇ군민 여러분" 하는 곡마단 선전까지 흉내 내며, 북 치고 장구 치며 고깔모자 쓴 서커스단 선전대들을 논두길로 따라다니던 낭만적인 얘기를 늘어놓았다. 바로 그 순간 나는 가슴이 아려오며 시골에 대한 야릇한 환상 같은 것이 꿈틀거리는 걸 느꼈다. 비슷한 시기에 이다지도 다른 신세계가 공존하고 있었구나 하는 부러움과 더불어 시골에 대한 꿈 같은 동경이 스멀거렸다.

어린 시절의 그 후유증 탓일까, 요즘도 식당에만 가면 나는 거기서 일하는 아줌마들과 이내 가까워진다. 이런 내 전과(前科)를 알 턱이 없는 주위 사람들은 식당 아줌마들과 금세 친해지는 나를 보면서, 그녀들에게 항상 어떤 인상을 남기려고 애쓴다며 나를 놀려대곤 한다. 물론 나는 결백하다. 내 머릿속에는, 비록 자갈치 시장을 떠난 이후 한 번도 다시 마주칠 기회는 없었지만, 나에게 고기 한 점을 더 얹어주시곤 하던 그 어린 시절의 후덕한 자갈치시장 국밥집 아줌마 인상이 또렷이 각인(刻印)되어 있는 것이다. 식당에서 일하는 허드렛분들이 아직도 내게는 형제와 가족처럼 느껴지니 어쩌겠는가.

베를린 유학시절 어느 날이었다. 한번은 "우리 똥꼴동네 출신 아이가" 하는 우악스러운 경상도 사투리로 포문을 여는 야릇한 전화 한 통을 받았다. 그것은 런던에서 걸려온 국제전화였다. 그 목소리의 주인공은 어린 시절 같은 동네에서 함께 자란 내 형님의 죽마고우(竹馬故友)였다. 그는 다소 흥분한 듯했다. 그 척박한 '똥꼴동네' 출신들이 무슨 은총을 받았기에 감히 유럽 대국의 대도시에까지 출몰하게 되었는가 하는 가슴 뿌듯한 자긍심이 그를 들뜨게 만든 듯했다.

하기야 나는 정치학도랍시고 예컨대 프롤레타리아 계급이 어떻고 하는 걸 구구단처럼 머리로만 머리로만 외워 알아챈 적이 있다. 하나 훨씬 그 이전에, 나는 가난한 이웃과 허드렛 인간이 무엇인지 하는 걸 말초신경으로 뼈저리게 느껴 깨달았다. 이를테면 감성이 이성을 앞질렀다고나 할까.

어쨌거나 보통사람들이 살아가는 모습에는 아직도 따스한 인간적 정감이 김처럼 모락모락 피어오른다. 가령 후줄근한 밥집들에서는 허드렛 사람들간의 투박한 형제애가 다사롭게 출렁인다. 얼굴이 검붉게 타오른 우락부락한 노무자들이 '가정식 백반' 식당 안으로 들어서면서, 거기서 일하고 있는 아줌마들에게 "충성!" 하고 큰소리로 외치며 경례를 처억 갖다 붙인다. 얼마나 자욱한 애정이 파도처럼 넘실대는 광경인가. 그들은 다름 아닌 형제 자매들인 것이다.

뿐만 아니라 시골길을 가다보면 "장하다! ㅇㅇ면 아무개, 행정고시 합격!"

하는 현수막이 들녘길에 환하게 나부끼는 모습이 이따금 눈에 띈다. 그 고을 사람들은 얼마나 가슴 뿌듯했을까. 장원급제한 바로 이 젊은이가 해묵은 가난과 질곡에 신음하는 우리 농촌마을을 구원할 것이라는 확신에 찬 기대가 그들 가슴에 모닥불을 지피지는 않았을까.

그런데 이들은 과연 누구인가?

거드름 피우지 않고 공장에서건 들판에서건 과묵한 소처럼 자신의 일에만 매달리는 사람들, 바로 우리 사회를 지탱하고 이끌어 가는 원동력을 제공하는 사람들인 것이다. 부자의 쾌락은 허드렛 사람의 눈물로 만들어지는 게 아닐까.

이들이 바로 그 〈전국노래자랑〉에서 질박한 춤과 어설프지만 멋들어진 노랫가락으로 꼭 하루 그들에게 인색하게 주어진 그 조그만 축제를 보물처럼 아끼며 즐기는 사람들이기도 한 것이다. 여기서 성별, 지위고하, 남녀노소를 뛰어넘는 한판 '허드렛 축제'가 벌어지는 것이다.

하지만 정부 당국은 이러한 허드렛 사람들의 수고에 보답하고 그들을 위로하기 위해 한 번쯤이라도 정책적 배려를 아끼지 않은 적이 있었던가. 우리의 삶과 우리가 누리는 번영을 가능케 해주는 이 소박한 허드렛 인간들의 노고에 머리 숙여 감사하기 위해 농촌 구석구석이나 노동현장 곳곳에 단 한 번만이라도 가령 '문화 위문단' 같은 것을 파견할 생각을 해본 적이 있었던가. 오호라, 정부가 바뀌어도 허드렛 사람들은 바뀌지 않고 그들의 주인만 바뀔 뿐일 텐데.

하나 이른바 '일선장병 위문공연단' 같은 것은 빠짐없이 만들어지지 않았던가. 아울러 부유층이나 특권층을 위해서라면 정부 당국뿐만 아니라 막강한 사회단체들이 수억 원 정도 뿌리는 것쯤은 예사로 여긴다. 그래서 로열 발레단이나 베를린 필하모니도 불려온다. 그리고 '노동자 천국'이라던 구 소련에서 볼쇼이 오페라단을 모셔오기도 한다. 하나 이 모든 게 우리 허드렛 무리들에게는 진열장 속의 보석에 지나지 않음에랴.

교회와 술집, 그리고 사막의 오아시스

아기자기한 꿈을 갖고 계시던 어느 신부님이 한 분 계셨다. 그는 늙어 더 이상 신부 노릇을 할 수 없게 되면 점쟁이가 되고 싶다고 했다. 그래서 가난하고 불쌍한 사람들이 찾아오면 그들에게 삶의 용기를 북돋아주기 위해 짱짱하게 좋은 점괘만 늘어놓으시겠다는 게 그 신부의 소원이었다.

하기야 쎈 분들이 더욱 쎄질 길이 없나 하고 점쟁이 집 문턱을 닳게 만들고 있지만, 보통은 살기 막막한 사람들이 없는 돈 일부러 털면서까지 단골로 찾아가는 데가 그런 데 아닐까. 내일이 쪼끔이라도 나아질까 하고 점보는 일로 점철된 일생을 살아온 어머니들이 적지 않을 것이다. 남산 언덕빼기에서 손금 보던 그 구두닦이 소년은 지금 대체 어디서 무얼 하고 있을까. 지금은 혹시 다른 것을 닦고 있지나 않을지.

세상이 이러하니 교회나 술집이 조용할 리 있겠는가.

오랜 만에 다시 고국 땅을 밟은 내 친지 한 분이 이런 말을 한 적이 있다.

"김포공항을 벗어나 나의 옛집으로 가는 길목에서 첫눈에 가장 놀라운 조국의 변화상으로 다가왔던 것은 교회와 술집이 '동시에' 크게 는 점이었네."

나는 이 말을 듣고 깊은 상념에 잠길 수밖에 없었다. 어찌 술집과 교회가 '동시에' 크게 번창하는 신기루 같은 일이 벌어질 수 있는가. 상식적으로 생각해서 교회가 늘었으면 술집이 당연히 줄었어야 일리가 있고, 반대로 술집이 늘었으면 교회가 줄어들어야 정상이 아니겠는가. 어찌 술집과 교회가 약속이나 한 듯이 '동시에' 그토록 늘어날 수 있단 말인가.

하나 사실이다. 밤에 어디 서울의 낮은 언덕에라도 한 번 올라가 보라. 그러면 금세 분명해진다. 서울은 마치 적화된 도시처럼 온통 붉은 불빛으로 물들어 있다. 물론 그 중에서도 유난히 우리의 시선을 사로잡는 것은 붉은 네온사인으로 장식된 십자가와 술집들의 휘황찬란한 선전탑들이다. 교회가 많이 들어섰다고 어떤 사람은 참으로 건강한 사회풍조라고 찬양할는지 모른다. 그러나 사실은 정반대다. 교회에서의 기도라는 것은 사실상 우리를 대신해 하느님이 뭔가를 실행해야 한다는 주문일 수 있다. 교회와 술집의 증가비율은 그대로 사회적 불안의 심화속도와 맞물려 있다. 대체로 교회는 우리에게 관념적 정신세계로의 도피처를 제공하고 술집들은 물질적 관능세계로의 탈출구를 마련해준다. 그리고 그를 통해 정당한 분노의 정상적 폭발은 손쉽게 차단되고 마는 것이다. 우리는 현실로부터 시선을 거두고 비참한 현실을 잊으라고 강요당하는 셈이 된다.

우리를 둘러싸고 벌어지는 게 어디 그뿐일까.

권세등등한 이의 집으로 뻔질나게 달려들어갈 때는 뱀처럼 기어들어가서는, 그 문을 나설 때는 호랑이처럼 사납게 노려보며 나오는 게 흔히 펼쳐지는 삶의 모습이니 어찌 슬프지 않겠는가. 뿐만 아니라 배고픈 건 잘 참아도 남 잘되는 건 못 참는 게 또 우리들의 정든 습속이니 어쩌겠는가. 하기야 봄이 오면 겨우내 입었던 솜옷을 내팽개치고, 또 가을이면 그 곱던 부채를 보이지 않는 곳으로 깊숙이 밀쳐버리는 게 우리의 본색 아닐런가만.

인간을 가장 즐겁고 행복하게 만드는 것이 인간관계지만, 동시에 인간을 가장 괴롭히는 것도 역시 인간관계다. 다 아는 얘기지만, '사람 人' 이라는 글자가 사람과 사람이 서로 의지하고 있는 모습을 본뜬 것이고, '人間' 이라는 글자가 사람과 사람 사이라는 뜻을 지니고 있다는 것에서도 알 수 있듯이, 사람은 혼자서는 살 수 없다. 혼자 살 수 없기 때문에 인간은 서로 만나야 하는 것이고, 또 서로 돕고 기대며 살아야 하기 때문에 만남이 이루어지는 것이다.

옛 어른이 이런 말씀도 한다.

"천지간에 사람에게 재앙이 되는 것에 '많음' 같은 것이 없고, 사람으로 하여금 많이 갖게끔 만드는 것에 '아름다움' 만한 것이 없다. 아름다운 맛은 사람으로 하여금 많이 먹게 만들고, 아름다운 여인은 사람에게 지나친 욕심을 갖게 만든다. 아름다운 물건은 또 쓸데없는 욕심을 부채질한다. 아름다운 벼슬은 사람에게 이것저것 구함이 많게 만들고, 아름다운 집은 사람에게 오래 살고 싶어하게 한다. 이것들은 모두 재앙을 불러들이는 매개가 된다. 아름답지 않으면 사람은 많이 가지려 하지 않고, 많이 지니지 않으면 사람은 낭패를 맛보지 않는다."

'아름다움' 이 모든 헛된 욕망의 근원인고로 아름다움을 멀리하는 게 진솔한 삶을 살기 위한 복된 지혜가 될 수 있다는 말일 터이다. 혹 허드레를 벗어나는 지름길과도 통하는 단아한 꿈틀거림은 아닐는지.

우리는 "노세, 노세, 젊어 노세! 늙어지면 못 노나니—" 하는 민속가요에 너무나 오랫동안 정겹게 길들여졌다. 우리는 왜 '일하세, 일하세, 젊어 일하세! 늙어지면 일 못 하나니' 하는 노래를 사랑하지 못했던가. 우리의 나태한 신명이 우리를 허드레로 몰아치는 데 한몫 거들지는 않았을까. 그러하니 "내일 할 일은 모두 오늘 하자. 그리고 오늘 즐길 일은 모두 내일 즐기자!", 이게 우리의 다짐이라도 된다면 어떠할까.

원래부터 이 세상에 만들어진 길은 존재하지 않는다. 길은 단지 만드는 것일 뿐이다. 비록 처음 만들어지는 길이 험상궂고 거칠다 하더라도, 아무도 밟지 않은 미끄러운 눈길이 오래오래 다님으로써 편안히 다져지듯이, 뒷사람들에게는 고르고 탈없는 대로가 될 수도 있을 터이다. 그러하니 또 얼마나 즐거운 일인가. 하여 희망이 없는 일은 없는 법, 다만 희망이 없다고 생각하는 인간만 있을 따름이다. 하니 썩어 문드러져 없어지기보다는 차라리 닳아서 없어지는 편이 더욱 지혜로운 일임에랴.

신음소리는 원래 추한 것, 그러하니 신음이 잦은 인간 역시 추한 존재에 지나지 않는다. 하나 참다, 참다, 더 이상 참지 못해 끄으윽 하고 동물처럼 토해내는 신음소리, 그게 참으로 아름답고 인간적인 게 아닐런가. 우리가 높이 기리는 것은 가난이 아니라, 가난해도 천박해지지 않고 쓰러지지 않는 인간임에랴. 허드렛 인간이란 너무 적게 가진 사람이 아니라 더 많이 갈망하는 사람일진대. 가난이란 인간을 지혜롭게 만드는 하늘의 선물이라고도 하지 않던가.

황금을 쓰레기 대하듯 하는 사람은 인간 쓰레기가 되고 쓰레기를 황금 보듯 하는 사람은 인간 황금이 될 터이니, 허드렛 벗들이여! 어떤 길을 함께 걸어야 하겠는가.

우리네 낙타에게는 과연 언제나 사막의 오아시스가 나타날까?

솥 냄비 인생론

물불을 가리고

우리는 흔히들 '물불을 가리지 않는다'는 말을 자주 한다. 이 말은 이를테면 물에 빠지거나 불에 타는 쓰라림도 마다하지 않는다는 뜻이다. 엄청난 의미를 지니고 있는 말임에도, 어떠한 어려움과 위험도 무릅쓰겠다는 굳건한 다짐의 한가닥으로 아무렇게나 손쉽게 마구 쓰이고 있는 형편이다. 사람들은 어쨌든 물과 불을 골똘히 나누고 가른다. 그래서 '물불 안 가리고'라는 말은 무조건, 아무렇게나 다, 한꺼번에 왕창, 생각하지도 않고 그냥 저질러버리는 버릇 따위를 드러내기 위해 쓴다.

그러한 행동에 빗대어 우리는 또 '이판사판'(理判事判)이라는 말도 자주 쓴다. 이 말은 원래 절 집안에서 '이판승'과 '사판승'을 한꺼번에 아우르는 말이었다. 본래 '이판승'은 불경 연구와 참선에만 열중하는 중을 가리키는 말이고, '사판승'은 절의 운영 및 경리나 행정을 맡아보는 중을 일컫는 말인데, 이권 다툼이 심해지자 이런 경계가 사라지면서 본뜻이 바뀌어, '본연의 임무를 벗어나거나 기준도 없이 아무렇게나 무질서하게 하는 행동'을 가리키는 말로 쓰이게 되었다. 이를테면 막다른 골목에 이르거나 어쩔 수 없이 일이 엉망이 되어버린 지경을 나타내는 말로 쓰이고 있다.

불난 집에 부채질해서야 될까. 하나 남의 집 불구경하지 않으려는 도덕군자가 과연 몇이나 될까.

불은 징벌의 위력을 감추고 있기 때문에 위엄을 지니고 있다. 불의 성질은 거칠고 세차서 보기만 해도 무서우므로 사람들은 두려워 가까이 가려고 하지 않는다. 그래서 불로 인해 죽는 사람은 많지 않다. 그러나 물은 대단히 부드럽게 보이는 탓으로 사람들은 물을 무서워하지 않아 도리어 물 때문에 죽는 사람은 많다. 하지만 "불난 끝은 있어도, 물난 끝은 없다"는 말이 있다. 이를테면 집에 불이 나면 나중에 무엇 하나 꺼낼 수도 있고 타다 남은 자리에 하다못해 못 토막 하나라도 건질 수 있으나, 수재를 당하여 물이 한 번 휩쓸고 지나가면 아무것도 남지 않는다는 말일 터이다. 어쨌든 불은, 스스로 뜨거운 것이긴 하지만, 동시에 차디찬 냉혹함을 안고 있으므로 성스럽기조차 할 때도 있다.

이처럼 사람은 불을 무서워하지만, 또 바로 그렇기 때문에 불구경하기는 좋아한다. 모든 인간이 다 불에 대해 공포심을 지니고 있긴 하다. 하나 타오르는 공포의 회오리바람이 자신에게만은 전혀 밀어닥치고 있지 않다는 걸 알게 되면, 거꾸로 인간은 너울거리며 다른 것을 사납게 핥아대고 있는 불의 혓바닥을 흥겹게 바라본다. 뿐만 아니라 그 쾌감을 즐길 수 있는 시간이 더욱 길어지길 속으로 남몰래 기원하기도 함은 물론이다.

그러나 활활 타오르는 불꽃은 전율을 일으킬 수밖에 없다. 또 바로 그 때문에 그것은 성스러울 정도로 인간을 숙연하게 만드는 힘을 갖고 있기도 하다. 게다가 불은 또 얼마나 끈기 있는가. 하니 꺼진 것처럼 보이는 불이 실은 재 밑에서 잠깐 잠자는 것에 불과한 경우가 종종 있다. 그래서 '꺼진 불도 다시 보자'는 게 중요한 우리네 생활철학의 하나로 튼튼히 자리잡지 않았겠는가.

그리고 불은 빛을 꿈꾸기도 한다. 심지어 작은 불이 때로는 큰 불꽃을 낼 때도 있다. 어쨌거나 우리는 불의 도움을 빌려 우리 자신의 찌들고 때묻은 얼굴을 비춰볼 수도 있다.

다른 한편 물은 어떠한가.

물 없이 어떤 것도 살 수가 없다. 하지만 물은 자신을 담는 그릇에 따라 자유롭게 모양을 바꾸어나가며 조금도 거역하는 법 없이 부드럽다. 그리고 물은 언제나 높은 데서 낮은 곳, 낮은 곳으로만 흘러내리는 타고난 겸허함을 지니고 있다. 그러면서 물은 바위도 뚫고 부수는 무서운 힘을 가슴속에 은밀히 감추어 두고 있기도 하다. 이를테면 물은 유연성과 겸허함, 그리고 숨겨둔 폭발력을 소중히 간직하고 있는 것이다.

이처럼 물은 불의에 맞설 때는 무섭게 분노를 터뜨릴 수 있어야 함을 우리에게 은근히 내비치기도 하지만, 또 자신의 중심을 흐트러뜨리지는 않으면서도 갖가지 사람들과 그윽하게 손잡을 수 있는 여유를 지녀야 함을 말없이 타이름으로써 삶의 본바탕이 흐르는 물처럼 유유하도록 우리를 가르치고 있다.

사람들로 하여금 달리지 않을 수 없게 만드는 것이 바로 불이며, 모든 것을 맑고 투명하게 보이게 하는 것이 물이다. 그러니 사람들은 불과 보조를 맞추기 위해 달리고 얼음 속을 들여다보기 위해 멈추어 선다. 하니 물처럼 냉정하고 불처럼 뜨거우면 또 어떨까. 다른 한편으로는 "끓는 물에 찬물을 붓는 게 아궁이에서 장작을 끄집어내는 것에 미치지 못한다"는 중국 격언도 있다. 발본색원해야 함을 드러낸 실용주의적 표현이리라. 하여튼 물과 불은 좋은 하인이지만 나쁜 주인이라는 말도 있다. 또 군자가 때를 만나면 물처럼 부드럽지만, 소인은 불처럼 날뛴다고도 한다. 그리고 불같은 사람의 말은 엄히 따르지만 그 주위에 사람들이 모여들지 않고, 물 같은 사람의 말은 잘 듣지 않지만 그곁으로 사람들이 많이 모여든다 하지 않던가.

하물며 물과 불, 이 둘 사이는 어떠하겠는가. 먼 곳에 있는 물로 가까운 곳의 불을 끄지는 못한다.

찌그러지는 솥 냄비

물과 불은 서로 상극이어서 결코 합칠 수 없다. 그러나 이 물과 불 사이에 솥 냄비가 얹히면 어찌될까.

이 솥 냄비는 서로 섞일 수 없는 물과 불의 힘을 한데 모아 갖은 맛을 내는 음식을 만들어낸다. 이를테면 새로운 생산물을 창조해내는 것이다. 물불을 가리어 그 둘을 조화롭게 엮어나가는 일, 그리하여 또 하나의 새로운 '멋진 신세계'를 일으켜 세워나가는 일, 이 일을 바로 솥 냄비가 떠맡지 않겠는가. 허나 솥 냄비는 잘 찌그러진다. 퉁탕거림 속에 자신은 끊임없이 찌그러지면서도 두루두루 주위 인간을 잘 껴안아나가며 새롭고 가치 있는 생산물을 만들어내는 솥 냄비 인생을 살아가는 건 어떨까. 솥 냄비는 스스로 찌그러짐으로써 자신의 존재이유를 덤덤히 펴나갈 것이다. 나는 이를 일러 이른바 '솥 냄비 인생론'이라 부르고자 한다.

물론 따스한 봄볕이나 아침이슬들과는 더불어 짝해나가되, 모질고 사나운 불꽃이나 거칠고 섬뜩한 물살과는 맞붙어 굳세게 힘을 겨루어나가야 할 것이다. 미끄러운 눈길을 모래를 뿌려 이냥 덮기도 하지만, 눈이 아예 모래사장을 뒤덮어버리기도 하지 않는가. 물이 꽁꽁 얼어붙은 곳엔 불, 또 불이 훨훨 타오르는 곳엔 물, 그리하여 물불을 잘 엮어 걸림돌을 디딤돌로 만들어나가는 인생, 이건 어떠할까.

역사적으로 예컨대 독일과 프랑스 사이는 흔히 물불의 관계로 그려지고 있다. 하기야 독일의 맥주는 토론할 때처럼 시끄럽게 떠들며 들이켜야 어울리는 술이고, 프랑스의 포도주는 둘이서 그윽한 밀어를 속삭이며 홀짝여야 멋이 나는 술 아닐런가만. 또 프랑스어는 따스한 인간의 정을 낭만적으로 감싸기 위해 만들어진 말이지만, 독일어는 원수를 처단하기 위해 쓰는 말이라는 빈정거림도 있지 않은가.

한때 칼 슈미트 수상과 지스카르 데스탱 대통령이 비슷한 시기에 각각 독일과 프랑스를 다스린 적이 있다. 이 둘 사이는 지극히 가까워서 이따금 물불의 관계를 두텁게 하려는 몸짓들을 간혹 주고받곤 했다. 그들은 가령 독일의 포도주에 프랑스의 치즈를 함께 곁들인다면 얼마나 상큼한 식탁이 될 것인가 하고 웃으며 대화를 나누곤 했다. 아울러 어디에선가 프랑스의 '에스프리'(기지나 창조적 발상)와 독일의 '디씨프린'(엄격한 규율준수 정신)이 한데 어우러진다면 세계에서 가장 빼어난 무언가를 만들어낼 수 있으리라는 자신감 넘치는 얘기가 등장한 적도 있다.

이처럼 물불을 합치는 '역설' 같은 것에서 힘이 솟구치는 것이리니, 인간 역시 역설적 존재여야 하지 않을까.

우리는 '써도 삼키고, 달아도 내뱉을' 수 있어야 한다. 쓴 것을 삼킴으로써 쓴 것 자체를 줄여나갈 수 있고, 단 것을 뱉어냄으로써 단 것이 더욱 많아지도록 만들 수 있다. 하나 우리의 막된 자신감이 호들갑을 떨어 부주의가 생겨나지 않도록 하기 위해 쉬운 일은 어려운 것처럼, 그리고 우리의 어설픈 소심함이 느닷없이 용기를 꺾지 않도록 하기 위해 어려운 일은 쉬운 것처럼. 어쩌다 칼자루를 손에 쥐게 될 때 우리는 항상 겸손해야 할 터이다. 가장 좋은 것일지라도 그 칼날 쪽을 쥐면 고통이 밀어닥치고, 아무리 몹쓸 것이라 할지

CHO SANG

라도 그 칼자루를 잡으면 방패가 될 수도 있음에랴. 힘을 사랑하는 인간이 아니라 사랑의 힘을 가진 인간끼리 서로 어우러져야 하지 않겠는가.

모름지기 인간은 역설을 뒤좇아야 한다.

운명을 너그럽게 마주하며 삶을 우악스레 부둥켜안을 때, 그럴 때 우리는 비로소 역설을 사랑하게 될 터이다. 사랑이란 원래 향유하고 싶어 찾아 헤매는 고통 아닐런가. '모래처럼 흩어지는' 모래가 그야말로 콘크리트처럼 튼튼히 뭉칠 수 있듯이, 그리고 웃음이 아니라 눈물을 흘리게 하는 것, 그것이 진정한 코미디이듯이, 역설을 사랑할 때 우리는 비로소 인간과 삶을 사랑하게 될 터이다. 하여 인생의 오솔길을 꿋꿋이 걷기 위해 오랏줄에 묶이는 대신 비틀거리더라도 그 길을 자유롭게 거닐 수 있으리라. 봄이 무엇인지 하는 걸 겨울이 되어야 참으로 잘 알 수 있는 것처럼.

그런데 스스로 찌그러지는 솥 냄비로 이 울퉁불퉁한 세상이 너그럽게 펴질 수 있을까?

솥 냄비를 둘러메고 걷는 길

우리는 작은 이슬방울, 가느다란 실개천 하나하나까지 다 받아들임으로써 비로소 바다의 가없는 깊이가 온전해진다는 것을 모른 체할 수 있을까. 자신이 깨끗하다 하여 남의 더러움을 기꺼이 포용치 못한다면 그것은 참된 깨끗함이 아니라 결벽증에 지나지 않고, 자기가 옳다고 여긴대서 남에게까지 그 길을 강요하려 든다면 그것은 옳음이 아니라 자기도취일 따름이라는 가르침을 어이 멀리할 것인가.

방금 내 몸 속에서 더운 피를 타고 흐르던 나의 숨결이 바로 옆사람의 가슴으로 흘러 들어가는 공기가 되고, 조금 전 어느 집 문창살을 부러뜨린 억센 바람이 지금은 내 이마의 땀결을 고르는 부드러운 미풍이 되어 살랑거린다. 사람끼리 나누는 악수는, 아니 함께 붙들어 잡는 손은, 또 얼마나 인간적인가. 여기서 우리는 단 한 사람의 손만을 잡는 게 아니라, 여태까지 그들이 더불어 손잡았던 모든 사람들의 손을 다 같이 부여잡는 셈이 된다는 것을 마음에 새겨두어야 할 것이다.

혹시 우리는 옆집이 활활 불타오르고 있는데도 나의 꽃밭에 자상하게 물 뿌리고 있는 사람들은 아닐까? 우리는 눈에 티가 들어가면 견딜 수 없어 하고 이빨 사이에 조그만 찌꺼기 같은 게 끼어도 참을 수 없어 안달하면서도, 정작 마음속에 돋아난 그 많은 가시를 두고서는 오히려 태연하지 않은가?

한때 나는 고요한 어느 시골 마을에 오랫동안 머문 적이 있었다. 산책하기에 참으로 어울리는 분위기라 틈나는 대로 집을 나섰다. 그런데 시골 동리에 웬 개가 그리도 많은지, 이놈들이 따라다니며 온통 덩달아 짖어대는 통에 내 사색의 실마리는 뒤죽박죽으로 헝클어지기 일쑤였다. 하는 수 없이 나는 만물의 영장답게 한 가지 꾀를 궁리해내었다.

어느 날 나는 동네 구멍가게로 갔다. 그리곤 산보 길에 부딪치는 개들에게 던져줄 싸구려 과자를 몇 봉 사들었다. 이를테면 뇌물을 구입한 셈이었다. 나는 며칠 동안 요소 요소에 주둔하고 있는 녀석들에게 과자 하나씩을 묵묵히 던져주었다. 시간이 흐름에 따라 이젠 그놈들이 나를 기다리는 눈치였다. 이윽고는 애교를 떨며 제때에 꼬리까지 활발히 흔들어대곤 하였다. 그런데 경험이 또 나를 가르쳤다.

그때 갑자기 《군주론》을 쓴 마키아벨리가 내 머리에 떠올랐다. 그는 그 책 속에서 은혜를 베풀 때는 사람들이 오랫동안 음미할 수 있도록 조금조금씩 베풀어야 하고, 반면에 가해행위를 저지르고자 할 때는 반감과 분노를 짧게 할 수 있도록 한꺼번에 해치워야 한다고 군주들에게 타일렀다. 이 개들이 어찌 그 책을 읽었을까만, 하는 짓이 고귀한 인간과 전혀 다를 바 없어 보였다. 과자를 조금씩 그러나 자주 던져줘야지, 나를 향한 이놈들의 충성심도 올곧았다. 허나 한꺼번에 큰 뭉치를 받고 나면 더 달라는 듯이 즉시 다시 짖어대기 시작하는 게 아닌가. 한데 우리가 그들과 같아야 할까?

교통사고를 당한 직후 내가 누워있던 입원실에서 하루는 진풍경이 벌어졌다. 오전에는 어느 목사님이 들어서시며 길고도 거룩한 기도를 드리시더니, 당신은 주님이 구원해 주셨으니 빨리 책을 한 권 쓰라는 말씀이었다. 나는 드러누운 사람더러 무슨 책 이야긴가 하고 역정을 내었더니, 그 목사님 왈, 간증록이란다. 이를테면 교회마다 돌아다니며 '나는 예수님의 은총으로 이렇게 살아났다' 하는 걸 간곡히 증언하라는 말인 셈이었다.

얼마 후에는 또 염주를 든 스님이 들어오셔서 내가 살아난 것은 부처님 은덕탓이라 되뇌이셨다. 잠시 후에는 또 어느 신부님이 천주님의 은총을 찾으셨다.

골고루 둘러본 이 분들이 다 떠나고 나자 내 입원실에 진작 와 있던 어느 친지가 "저 죄 많은 생명을 구하기 위해 전 우주의 권위 있는 영혼계가 총동원되었으니 얼마나 행복한 일인가" 하고 너스레를 떠는 바람에 모두 웃음을 터뜨렸다. 또 누군가는 "모든 길은 하나로 통하는 법이여" 하고 덧붙이면서, 내 소감을 물었다. 나는 씨익 웃으며, "내 인생과업을 새롭게 확인했어. 유불선 통합이야" 하고 중얼거리며 장단을 맞추었다. 폭소가 터졌다.

하기야 자신을 배반함으로써 자신을 구속할 수도 있는 일 아닐런가. 사람을 눈물짓게 만드는 코미디언이 되면 어떨까. 혹은 흰 옥양목 도포자락을 휘날리며 세상의 아름다움을 찾아 나서는 선비가 좋을까, 아니면 투박한 작업복을 걸치고 거리를 청소하는 허드렛 일꾼이 더 나을까. 어쨌거나 깨끗함 그 자체가 아니라 비질함으로써 비로소 깨끗해지는 그러한 대상과 늘 함께 자리하여야 할 것이다. 하나 발가벗는 사람은 자신의 몸매보다는 타인의 시선을 더 두려워하는 법이니, 이 또한 야릇하지 않은가.

한데 꽃이 자기를 찾아달라고 벌, 나비를 유혹하던가. 지혜로운 사람은 자신을 드러내지 않더라도 벌, 나비가 몰려드는 향기로운 꽃과 같음을 명심할 필요가 있다. 침을 쏘면서도 달콤한 꿀을 우리들에게 안기는 꿀벌처럼 살면 또 어떨까.

하지만 '살아가는' 것은 끝나고 '살아남는' 일만 남았다고 생각하지는 말아야 할 것이다. 부드러워도 나약하지 않고, 굳세어도 사납지 않으며, 너그러워도 어리석지 않고, 신중하되 느슨하지 않으며, 무심한 것 같지만 냉담하지 않고, 솔직하지만 거칠지 않으며, 명랑하지만 들떠 있지 않고, 잠자코 있지만 어두운 기색은 없으며, 의연하지만 각박하지 않다면 얼마나 갸륵할까.

'불빛 바라보는 불빛같이 고운 눈', 그것이 아마 참다운 인간의 눈빛일 것이다. 이런 눈을 갖는다면 어떨까.

하나 삶이 고달파 우리는 꿈을 갖는가, 아니면 꿈을 갖기에 삶이 고달파지는 것인가. 하지만 꿈은 꿈을 꿀 자격이 있는 사람에게만 찾아오는 것이거늘. 고통은 꿈의 걸림돌이 아니라 디딤돌이며, 불행은 삶의 조미료이리라.

행복론

인간은 본질적으로 불행한 존재다.

그러므로 행복 추구라는 문제는 지극히 인간적이다. 인간적이기 때문에 유한적이다. 왜냐하면 죽음 앞에선 모든 것이 의미를 상실하기 때문이다. 또한 인간은 항상 타인과의 관계와 접촉 속에서 생활을 영위해 나가는 존재이므로 타인을 의식하지 않은, 말하자면 타인의 행복을 도외시한 자기만의 행복 추구는 용납될 수 없다. 그러므로 역사라는 거대한 수레바퀴를 굴리고 있는 무수한 인간들 중의 한 사람 생각하는 갈대로서, 아울러 그 수레를 굴리며 죽어갈 수밖에 없는 하나의 유한자로서, 행복이란 문제를 살펴야 한다. 따라서 내가 처해 있는 특수한 역사적 상황과 그 속에서 배태된 인간 위기의 심각성이 표출되어야 할 것이다. 또한 인간 위기와 결부시켜 인간의 참모습이 그려져야 하며 그 거울 속에 비쳐진 나의 소박한 자각이 필요할 것이다.

그리하여 이 글이, 내 관념의 얼룩진 구석구석에서 새어나오는 부질없는 중얼거림이 되어도 좋다. 또한 나를 누르고 있는 거대한 강박의식 밑에서, 어두운 심연 저편 쪽에서 울려나오고 있는 바이올린 소리에 이끌리어 꿈틀거리며 기어나가는 카프카의《변신》속 그레고르 잠사의 신음소리가 되어도 좋다. 나는 항상 생각하면서 반항할 수밖에 없기 때문이다.

현대의 정신적 위기는 어떠한 역사의 수레자국을 남기며 나에게까지 다가왔을까? 그래서 나와 너를 상실한 모든 인간관계는 자기실현의 한 수단에 지나지 않게 되었으며, 우리가 접하는 모든 사람은 '그이'도 '너'도 아니요 '그것'이 되어버렸을까?

인간과 인간을 이어주는 것은 하나의 '이용가치'요, 인간은 하나의 '기능'으로 변해버렸다. 이용가치에 의해 취급되는 인간은 하나의 물건에 불과하게 되었다. 점차 기계의 형상으로 변해가는 인간일지라도 인간 본연의 고향, 인간성을 그리는 향수에 잠겨 일상의 무의미한 생활의 반복에서 오는 생의 권태, 공허감, 고독, 불안을 잊기 위해, 자기를 공산주의와 같은 어떤 억센 운명적인 힘에 맡기려 하며, 알코올이나 춤이나 관능적인 흥분만을 쫓는 끊임없는 자극을 구하려 하고, 극단의 방법으로 자살의 길을 취하기도 한다.

이러한 정신의 위기는 어떻게 형성되어 왔을까?

이것은 저 르네상스와 종교개혁에서 비롯한다. 이 두 사조(思潮)는 인류의 역사에서 하나의 획기적인 사건이었다. 두 움직임은 중세의 교회적 도그마의 권위로부터 인간을 해방하자는 점에서는 동일하였으나, 근본적으로 이질성을 띠는 요소가 있다. 르네상스 운동이 교회와 신을 버린 데 반하여, 종교개혁가들은 인간의 해방을 오히려 교회의 형성과 하느님에 대한 참된 신앙에서 찾고자 하였다. 따라서 르네상스는 하느님 없는 자율적이고 자신의 능력에 대한 신뢰로 가득 찬 인간을 형성하려 한 점에서 낙관적이며, 종교개혁가들은 인간의 죄악과 파괴성을 중시했다는 점에서 비관적이다. 이러한 상반되는 인간관은 서로 섞이고 변형되어 근대적 인간관을 조각하여 왔다. 그러나 이 양극의 투쟁에서 근대문화를 이끌고 근대인간을 형성해온 주도적 역할을 담당한 것은 르네상스 사조였다고 말할 수 있다.

이러한 르네상스 조류는 인간의 죄악의 깊이나 파괴성을 과소평가하는 반면에 인간의 자율적인 능력을 과대평가 하는 에픽테토스적 오류를 범하고 말았다.

과학적 측면으로 우리의 눈을 돌려볼 때 이것은 더욱 명백해진다. 중세기 교회의 속박에서 해방된 과학의 탐구는 이성주의, 합리주의의 뒷받침을 받아 과학시대의 출현을 가져왔다. 과학의 발전은 그때까지는 불가능하게 보였던 여러 사실들을 가능의 세계로 승화시켜 인간의 능력을 애창하던 이성주의의 주장을 실천에 옮겨주었다.

그러나 찬란한 과학의 발달은 인간을 기계에 예속시키고 말았다. 기계의 노예가 된 노동자들은 자본가들에 의하여 착취를 면치 못하게 되었다. 그리고 기계를 독점한 자본가와 강대국들은 자원과 시장을 독점하기 위한 쟁탈전을 벌이게 되었다. 그 결과로 식민주의에 의한 수억만 대중의 노예화, 독점자본주의에 의하여 수탈당한 수많은 무산대중, 이것을 혁명한다는 구실로 일어난 공산주의에 의한 인간의 철저한 국유화, 또 그것에 대항하여 일어난 나치즘과 파시즘에 의한 인간의 철저한 야수화…. 이러한 현기증 나는 비인간화의 과정을 밟아오는 동안 인류는 드디어 무서운 인간 위기에 직면하게 되었다.

이 인간 위기는 인간에 대한 지나친 낙관에서, 요컨대 신격화된 오만한 인간을 형성함으로써 발생하였다. 근대에서 시작된 인간 신화(神化)는 현대에 와서 인간상실로 타락해 버렸다. 그러나 현대인들은 새로운 의지물을 갈구하고 있으며, 인간의 원시적 고향을 찾아 헤매는 부단의 몸짓을 계속하고 있다.

인간은 항상 생각한다.

사랑을 생각하며 죽음을 생각한다. 인간의 생명이 지속되는 동안은 자기의 피부를 스치고 지나갔던 순간적인 일에서부터 자기의 미래와 운명과 우주와 또한 인간을 생각한다. 인간이면서 영원을 생각하고 인간이면서 신을 생각한다.

인간은 그 스스로가 만들어낸 모순과 부조리로부터의 탈출을 기도하는 희극적인 존재다. 그 탈출이 실패로 끝났을 때 인간은 운명을 생각한다. 그리하여 인간의 모순과 타락과 비열과 추잡함을 은폐하기 위해 신은 죽었다고 니체는 부르짖는다. 그러한 인간의 적나라한 모습을 살피고 있는 신을 살려둘 수 없는 까닭이다. 그러나 인간은 태어날 때부터 죄를 범하고 태어나기 때문에 영원히 구제받을 수 없는 존재며, 단지 신에의 귀의에 의하여만 구원받을 수 있다고 또 누군가는 외친다.

한편 사르트르는 현기증 나는 인간의 실존을 보기가 무서워 없는 신을 믿고 신에 의지함으로써 위로 받으며 살 생각은 없다고 말한다. 또한 파스칼은 인간이 무한과 허무의 두 심연 사이에 걸쳐 있는 중간자이기 때문에 불안과 권태는 인간의 근본 속성이라고 주장한다. 그리하여 그것을 망각하기 위해 인간은 위희(慰戲, *divertissement*)를 끊임없이 찾는다고 한다. 이것은 하이데거의 '전락(轉落)'과 상통한다. 하이데거는 그의 《존재와 시간》 속에서 "일상적 자기는 본래적 자기를 상실하고 일상성의 세계 속에서 전락한 생활을 하고 있다"고 비판하였다. 무의미한 잡담을 주고받거나, 그때 그때의 유행을 좇거나, 남의 소문에 흥미를 느끼는 안이하고 저속한 인간의 일상적 생존을 '실존의 퇴폐' 혹은 '전락'이라고 보았던 것이다. 카뮈는 '부조리'라는 말로, 마르셀은 '인간, 자기 자신에 배반당한 존재'라는 표현으로 인간을 규정하였다.

우리는 스스로 인간이면서 인간이 무엇인가에 대해 확고한 해답을 얻지 못하고 있다. 아마 이 지구가 멸망할 때까지도 인간은 논쟁을 거듭할 것이다. 그러나 꼭 한 가지, 우리 모두가 부정할 수 없는 진리가 있다. 그것은 죽음이라는 인간적 필연성이다. 이 너무나도 무서운 진리를 눈앞에 두고서 인간은 때로 웃고 때로 울며, 때로는 미워하고 또 때로는 사랑한다.

죽음 앞에서는 모든 것이 의미를 상실한다. 그러나 생을 헛되이 살지 않기 위해 우리는 죽음이라는 절대의 벽에 마주 서야 한다. 극복될 수 없는 한계 속에서나마 최대의 가치를 찾기 위해 우리는 인간에게 허여된 온갖 정열을 쏟아야 할 것이다. 이러할 때 우리의 인생은 얼마나 분주해질 것인가! 죽음이라는 절대의 벽과 흔연히 맞설 때, 인간은 더욱 행복해질 수 있다. 이것은 모순이 아니라 역설이다.

나는 자기상실, 나아가서는 인간상실의 위기에 직면해 있는 특수한 환경에 처해 있으며, 어느 때고 아무 데서나 죽을 수밖에 없는 영원 속의 한 편린에 불과한 존재다.

때로는 불안과 권태의 어두운 그림자 속에 휩싸여서 도취와 망각의 습관화된 나태를 향하여 밀려가기도 하고, 일상적 무사안일의 소시민적 호기심으로 아까운 정열을 낭비하기도 한다. 그러나 현실은 지양되어야 할 그 무엇이며, 또 그렇게 될 수 있을 거라는 낙관적 확신으로 나의 가슴은 충만해 있다. 또한 인간의 원시에 대한 나의 순수한 향수는 나의 실존을 향해 끊임없는 물음을 던지고 있다.

그리하여 타인이 일상성의 세계 속에서 보편과 합리를 부르짖고 있을 때, 절망 속에서 불안과 권태를 잊기 위해 술과 관능의 클라이맥스를 처절히 갈구하고 있을 때, 그리고 부조리와 허무를 외치다 삶을 영원히 중단해 버릴 때, 그 때, 나는 무엇을 해야 할 것인가? 어디서 행복을 찾으며 무엇을 행복이라 느껴야 할 것인가?

나는 절망하지 않는다. 나를 공식화해 버리는 저 타인의 눈초리, 저 교활한 유혹의 미소, 그것은 사르트르의 말처럼 지옥이다. 나는 여기서, 어느 먼 외로운 나라를 향하여 떠나야 한다. 고독하더라도 좋다. 고독 속에서만이 나의 운명을 응시할 수 있기 때문이다.

나의 가슴은 지독히도 응고되어버린 사명감과, 모든 책임을 자신에게로만 돌리면서 고통을 감사하는 마음으로 인내하라는 지상명령으로 끓을 듯하다.

나는 이 세계를 둘러싸고 있는 모순과 부조리를 체념한다. 그러나 행동적 니힐리즘을 실현하지 않으면 안 된다. 그렇게 함으로써 개성을 갈구하며 본래적 자기를 찾기 위해, 때로는 타인을 냉소하고 때로는 침묵하고 때로는 반항할 것이다. 그리하여 나는 나의 비문에다 이렇게 새겨두고 싶다.

"반항하였으므로 행복하였네라" 라고.

(1971년)

'한국은행' 팝니다

나는 참으로 한심스러운 대학교수임에 틀림없다.

내 몸에 붙어있는 자신의 눈썹은 보지도 못하면서 만리나 떨어진 바깥 세상일에 대해서는 자신만만하게 떠들어대기 일쑤다. 뿐만 아니라 내 책에 쌓인 먼지는 털지 못하면서도 세상의 먼지는 없애겠노라 법석을 피우기도 한다.

나 같은 지식인들에게 집을 그려 보라 하면, 대개는 지붕부터 처억 그리기 시작한다. 그러다가 아예 사상누각까지 터억 하니 그려놓기도 하지만. 그러나 일하는 사람에게 집을 그리라고 하면 주춧돌부터 그리기 시작하는 게 보통이다.

한번은 비오는 날 구두를 고치러 길거리 포장마차식 구둣가게로 간 적이 있었다. 얼굴이 구두약만큼이나 컴컴한 구두닦이 녀석이 구두를 다 손질하고 나자 구두에 약칠을 하는 게 아닌가. 그래서 내가 대뜸 비오시는 날 구두약칠은 왜 하느냐고 빈정대었다. 그랬더니 그 친구가 나를 쏘아보며 내지르는 말이 가관이었다.

"차암네, 멀쩡허게 생긴 양반이 그렁 것두 모른대유? 오늘처럼 비 오는 날 구두가죽이 더 쉬이 망가징께, 약칠을 더 잘 해야 된다닝께유."

나는 말문이 막혔다. 이 고상한 지식인은 그저 날씨 좋은 날, 겉으로만 번쩍거리는 구두의 광채만 줄곧 생각하고 있었던 것이다. 그러한 것이 이른바 '대학교수'의 진면목이었다.

민족과 나라가 부강해지기 위해서는, 밭갈이에 대해 말하는 사람보다 쟁기를 잡는 사람이 더 많아야 하고, 전쟁에 대하여 평하는 자보다 갑옷을 입은 사람이 더 많아야 함은 정해진 이치가 아니겠는가. 하지만 나는 계속 밭갈이에 대해 말만 하고 전쟁에 대해 평하기만 하고 있다. 사정이 이러하니 쟁기를 잡고 논밭을 일구며 갑옷을 입고 전투를 벌이는 사람들을 도대체 무슨 낯으로 대할 수 있을까.

그럼에도 불구하고 나는 내 개인의 사적 일상생활 속에서는 '나만이 최고' 식 이기적 삶의 자세에 유감없이 탐닉해 있음을 솔직히 고백하지 않을 수 없다.

만일 누군가가 자기 관점을 주장하면 고집쟁이라 생각하고, 내가 그렇게 하면 개성이 뚜렷해서라 생각한다. 만일 그가 나에게 말을 걸지 않으면 콧대가 높아서 그렇다 하고, 내가 그러면, 그 순간에 다른 중대한 생각을 하고 있었기 때문이라고 말한다. 만일 그가 친절하게 굴면, 나에게서 뭔가 좋은 것을 얻어내기 위해서 그렇게 하는 것이고, 내가 친절하면 그것은 나의 유쾌하고 자상한 성격 때문이라 한다. 남이 출세하면 워낙 아부를 잘 해서이고, 내가 출세하면 내가 워낙 탁월해서이다. 누군가 그에게 선심용 선물을 하면, 다 썩은 것이고, 누군가 나에게 선심용 선물을 하면 그건 인사성이 밝아서 그런 것이다. 남이 뜻을 굽히지 않으면 고집이 세기 때문이고, 내가 뜻을 굽히지 않으면 의지가 강하기 때문이다. 남이 커피를 즐기는 것은 겉멋이 들어서이고, 내가 커피를 즐기면 그것은 입맛이 고상해서이다. 남이 계단을 빨리 뛰어오르는 것은 평소 성격이 급해서이고, 내가 계단을 빨리 뛰어 오르는 것은 시간을 절약하기 위해서이다. 남이 고향을 들추면 지역감정이 악화되지만, 내가 고향을 들추면 애향심이 돈독해진다. 남이 차를 천천히 몰면 소심운전이고, 내가 차를 천천히 몰면 안전운전이다. 내가 길을 건널 때는 모든 차가 멈춰서야 하고, 내가 운전할 때는 모든 보행자가 멈춰서야 한다. 내가 하면 로맨스, 남이 하면 스캔들 하는 식이다.

한 번은 강화도 어느 조그만 포구로 산책을 나갔다가 흥미로운 광경을 목격한 적이 있다. 어느 노부부가 정답게 앉아 은행 알을 팔고 있었는데, 좌판 위에 자그마한 팻말이 하나 수줍게 올라앉아 있었다. 거기에 무어라고 쓰여 있었을까?

나는 그걸 보는 순간 어떠한 고매한 철학자가 쓴 글을 읽고도 여태 가져보지 못한 순박하고 진한 감동을 느꼈다. 그 팻말에는 딱 한마디만 쓰여 있었다, "한국 은행 팝니다"라고. 나는 감동에 젖어 용도도 모른 채 은행을 덜컹 사들고 집으로 갔다가 엄청나게 당하기만 했다. '밑바닥 인생' 들의 지혜는 이렇게도 경탄스러운 것이다.

형편이 이러하니 작은 이슬방울, 가느다란 실개천 하나하나까지 다 받아들임으로써 비로소 바다의 가없는 깊이가 온전해진다는 것을 잊지 말아야 한다고 다짐하지 않을 수 있겠는가. 또한 자신이 깨끗하다 하여 남의 더러움을 기꺼이 포용치 못한다면 그것은 참된 깨끗함이 아니라 결벽증에 지나지 않고, 자기가 옳다고 여긴대서 남에게까지 그 길을 강요하려 든다면 그것은 옳음이 아니라 자기도취일 따름이라는 것 역시 가슴에 거듭 되새기지 않을 도리가 있겠는가.

엘리베이터 안의 고독

1

하필 나 혼자에게만 예외적으로 적용되는 해괴한 특이증상인지는 모르겠으나, 나는 엘리베이터에 타기만 하면 금세 '고독'을 절감한다. 답답하고, 아득하고, 무기력하고, 막막해진다. 눈을 감을 수도, 뜰 수도 없다. 입을 열 수조차 없다.

엘리베이터에 함께 탄 승객들은 동일한 시공간에 존재한다. 같은 순간에 몸과 몸이 맞닿는 가장 은밀한 폐쇄공간 속에 상호공존한다. 비좁은 엘리베이터 안의 공기를 공유하는 탓으로, 코와 입을 통해 서로가 내뱉는 숨결을 다정히 주고받을 정도로 서로 밀착해 있다. 그럼에도 불구하고 이들은 마치 정탐꾼인 것처럼, 아니면 밀명을 띤 독립군 같이, 서로 경원하듯이 낯설게 대치하고 있는 것처럼 보인다. 대화를 나누기도 어색하고 얼굴만 멀뚱히 쳐다보고 있는 것도 민망스러워, 공허하게 엘리베이터 바닥이나 천장을 속절없이 두리번거리기 일쑤다. 특정한 순간 세상에서 가장 가까이 서로 마주하고 있음에도, 각기 자신만의 무인도에 갇혀 홀로 유아독존 하듯이, 자기소외와 고립감에 시달리는 모습이다.

하지만 이들은 운명공동체다. 그것도 동일한 순간, 동일한 공간에서 숨막힐 듯 가장 끈끈하게 상호 밀착해 있는 운명공동체인 것이다. 그러나 상호 화합과 교류가 철저히 차단된 격벽 속에 내던져져 있어, 실은 가장 냉혹하게 서로 대치하고 있는 듯이 보이는 가장 고독한 동아리처럼 보인다.

이 엘리베이터 안에서의 인간관계는 마르틴 부버가 말하는 '나-너'도,

'나-그것' 도 아닌 듯이 보인다. 오로지 '나-무(無)' 관계인 것만 같다.

혹시 이러한 것이 현대인들의 실존적 모순은 아닐까?

아침에 현대 아파트에서 일어나, 현대 자동차를 타고 출근해서, 현대 건설이 지은 회사에 들어가 일을 하다가, 퇴근해서는 현대 백화점에 들러 쇼핑하고, 다시 현대 아파트로 돌아와 잠자리에 드러눕는 현대인들의 단조로운 일상생활의 기조가 바로 이러한 부조리 속에 내재해 있는 것은 아닐는지.

오스트리아 빈에서 태어난 유태인 철학자 마르틴 부버(Martin Buber)는 1923년, 불후의 명저 《나와 너》(*Ich und Du*)를 출간하였다.[1]

일반적으로 우리 인간 존재는, '나-너' (*Ich-Du*)와 '나-그것' (*Ich-Es*), 이 두 개의 '근원어' (*Grundworte*)로 개념화할 수 있는 '관계' (*Beziehung*)로써만 규정할 수 있다는 것이 부버의 지론이다. 그는 '나' 는 오로지 '나' 만으로서는 존재할 수 없다고 역설한다. 말하자면 우리가 '나' 라고 말할 때, 그것은 '나-너' 의 '나' 이거나, 아니면 '나-그것' 의 '나' 이지, 그 외의 독자적인 '나' 란 있을 수 없다는 말이다.

많은 주석가가 '중국 철학사의 최고봉' 이라 일컫기도 하는 〈제물론〉(齊物論)에서 장자도 비슷한 어조로 자신의 견해를 밝힌다.[2] 장자에 의하면 사물은 모두 '저것' 아닌 것이 없고, 동시에 모두 '이것' 아닌 것이 없다. 말하자면 '저것' 은 '이것' 에서 나오고, '이것' 은 '저것' 때문에 생긴다는 말이다. 예컨

1. Martin Buber, 표재명 옮김, 문예출판사, 2001년, 제2판 제5쇄, 이곳 저곳 참고
2. 《장자》, 오강남 풀이, 현암사, 1999/12쇄, 2005, 81쪽 이하

대 삶이 있기에 죽음이 있고, 죽음이 있기에 삶이 있다. 그리고 옳음이 있기에 그름이 있고, 그름이 있기에 옳음이 있다는 식이다. 따라서 옳음도 무한한 변화의 하나요, 그름도 무한한 변화의 하나이니, "무엇보다 '옳고 그름을 넘어서서 모든 것을 꿰뚫어 보는' 밝음이 있어야 한다"고 역설한 것이다.

한마디로 말해서 이분법적 사고방식에서 나오는 일방적 편견을 버리라는 말이다. 요컨대 '이것'이라는 말은 '저것'이라는 말이 없을 때는 의미가 없고, '이것'이라는 말은 반드시 '저것'이라는 말을 전제로 하고 있다는 것이다. 즉, '이것'이라는 말 속에는 '저것'이라는 말이 이미 내포되어 있는 고로, '이것'이 없으면 '저것'이 없고, '저것'이 없으면 '이것'도 없게 된다. 이런 의미에서 '이것'은 '저것'을 낳고, '저것'은 '이것'을 낳는 셈이다. 마르틴 부버식으로 환원하면, '너'가 없으면 '내'가 없고, '내'가 없으면 '너'가 없다는 말이 될 수 있다.

장자는 이렇게 서로가 서로를 가능하게 하는 것을 '방생'(方生)이라 규정했다 한다. 주석가들은 이러한 논지가 우리가 진정으로 자유로우려면, 사물의 한 면만을 보고 거기에 집착하는 옹고집과 다툼을 버려야 한다는 것을 '일깨워 주기' 위한 장자의 '구속론적 관심'에서 비롯한다고 가르치고 있다.

어쨌든 부버에 의하면, 두 개의 근본적으로 상이한 질서가 인간세계를 지배하는 것으로 나타난다.

하나는 '나-너'의 근원어에 바탕을 둔 인격 공동체이며, 다른 하나는 '나-그것'의 근원어에 뿌리내린 것으로서, 다른 사람을 자기의 욕망을 충족시키기 위한 수단, 곧 '그것'으로 밖에는 취급하지 않는 집단적 사회다.

그런데 '나-너'가 인격적인 관계인 데 반해서, '나-그것'은 이해관계, 소유관계, 목적관계 등이 뒤얽힌 비인격적 관계로 이해된다. 그리하여 전자는 참다운 '대화' (*Dialog*)가 이루어지는 관계라 할 수 있지만, 후자는 오직 '독백' (*Monolog*)만을 낳는 사회라 이를 수 있다는 것이 부버의 지론인 것이다.

이 경우 '나-너'의 근원어로 맺어지는 관계는 '나'의 온 존재를 다 기울인 행위의 결과로서, "모든 참된 삶은 만남"이라는 인간 실존의 본질과 직결된다. 이런 의미에서 이 '나-너'의 관계는 인간의 주체적인 체험의 소산으로서 인격의 세계라 이를 수 있다. 이를테면 '나'는 '너'로 인하여 비로소 '나'가 될 수 있다는 것이다. 바로 이런 관점에서 부버는 '만남과 대화의 철학'에 몰입한다.

한마디로 말해 이 '나-너'의 관계는 우리가 타자와 맺는 가장 긴밀한 인격적인 관계인 것이다. 이러한 관계를 통해 우리는 인격으로서의 자신을 깨달을 뿐만 아니라, 동시에 타자를 하나의 인격적 주체로서 만나게 된다는 말이다. 반면에 '나-그것'의 관계에서는 타인은 '그것', 즉 비인격적 존재로 등장하며, 결국 '나'의 수단으로 이용될 따름이다.

그렇다고 해서 '나-그것'의 관계는 다른 사람을 하나의 사물과 같이 취급해 자신의 수단으로 삼아버리거나, 또는 사람과 사람 사이에 발생하는 문제를 조건과 조건, 사물과 사물 사이의 문제 같은 것으로 만들어버리는 저급한 차원만을 이르지는 않는다. 그에 더하여 과학적 관찰, 지식의 획득, 종교적 교리의 설정이나 철학적 인식 따위에 이르는 다양한 것까지를 포괄한다. 따라서 '나-그것'은 생활의 측면에서나, 또는 문명 · 문화적 차원에서 일정한 정도의 의의와 성과를 확보하게 된다.

물론 우리 인간은 '나-너'의 관계로써만은 살아갈 수가 없다. 그러므로 '그것'과의 관계는 배제되어서도 안 되고, 배제할 수도 없는 것이라 할 수 있다.

이런 취지에서 부버는 "인간은 '그것' 없이는 살지 못한다. 그러나 '그것'만 가지고 사는 인간은 인간이 아니다"하고 역설한다. 그러나 문제는 현대인의 다양한 일상생활이 전적으로 '그것'에 의해 지배당하고 있다는 사실이다. 이러한 부버의 입장을 따른다면, 우리가 흔히 '인간성의 상실'이라 부르는 것은, 인격과 인격의 만남으로 이루어져야 할 인간적 삶이 이처럼 비인격화되어, '그것'과 '그것'의 부딪침으로 전락하고 말았음을 뜻하게 된다.

바로 이러한 측면에서 새로운 문제가 또다시 제기된다.

혹시 우리 모두가 '나-너'의 관계에서 언젠가 모든 '너'를 '그것'으로 전락시킬 수밖에 없는 위험성을 필연적으로 안고 살아갈 수밖에 없는 운명에 처해 있는 것은 아닐까 하는 두려움이 바로 그것이다. 바로 이 관점에서 어떻게 하면 '너'를 '그것'으로 변질시키지 않을 수 있겠는가 하는 문제의식이 자연스레 떠오르게 된다.

부버의 철학은 바로 이러한 문제의식과 직결되어 있다.

어떻게 하면 점점 더 '그것'으로 굳어져 가는 이 세계의 틀을 깨뜨리고 녹임으로써 진정한 인간성 해방의 길로 나아갈 것인가 하는 것이 그의 참뜻이라 할 수 있다. 그리하여 부버는 '나-너' 관계의 힘을 어떻게 복원할 것인가 하는 과제에 몰두하는 것이다.

부버는 인격적 '만남'과 '대화'의 사상을 제시한다. 요컨대 그는 인간성 회복을 위한 상호 소통이 평화적으로 이루어질 수 있는 사회를 이룩하기 위해, 인격과 인격이 대화를 통해 서로 만나도록 촉구하는 것이다.

현대의 물질문명과 신자유주의적 물량공세는 오늘날 더욱더 무서운 힘으로 인간을 '그것'으로 만들어 가고 있다. 극단적인 이기적 개인주의와 권위주의가 횡행하는 현실상황에서, 자기를 상실하고 고독에 몸부림치는 인간을 위해 진정한 자기를 회복하고 참된 인격적 공동체를 이루어 나갈 수 있는 방안을 모색하는 것이 시대적 과제라 할 수 있다.

그러나 엘리베이터 안에서의 인간관계는 부버가 말하는 '나-너'도, '나-그것'도 아니다. 여기는 부버 식의 '대화'도 '독백'도 존재하지 않는다. 오로지 '아무러면 어때', '아무렇게나' 식의 '나-아무것' 관계인 것만 같다. 말하자면 '그것'에도 미치지 못하는 단계, 그리하여 이해관계도 아니고 목적관계도 아니어서 구체적인 효용가치도 전혀 지니지 못하는 식물적 인간관계에 지나지 않는다. 한마디로 무관심 속에 방기된, 상호 철저히 절연된 인간관계다. 따라서 서로 서로에 대해 무(無)일 뿐이다.

인간에 대한 가장 나쁜 죄는 인간을 미워하는 것이 아니라 인간에 대한 무관심이다. 왜냐하면 우리의 일생은 타인과 떼려야 뗄 수 없이 직결되어 있기 때문이다. 우리는 타인을 사랑하는 데 인생의 반을, 그리고 나머지 반은 타인을 비난하는 데 소모한다. 이런 의미에서 이 세상을 살아가는 데 중요한 것은, 우리가 어디에 있는가 하는 것이 아니라, 우리가 어디를 향해 움직이는가 하는 것이라 할 수 있다.

가장 가까이 서로 밀착해 있음에도 서로 서로에 대해 무관심으로 일관할 뿐인 존재, 이들은 서로 사랑하지도 않고 증오하지도 않으면서, 그냥 어디론가를 향해 단순히 함께 식물적으로 움직이고만 있을 뿐이다. 무의식적으로 움직이며, 움직이면서 무의식의 세계로 빠져드는 이러한 '엘리베이터 안' 현대인들로 우리의 거리는 넘쳐난다. 그러면서도 필요에 따라 같은 민족으로 떠받

들림 당하기도 한다.

우리 모두는 언젠가는 함께 이 세계를 같이 떠날 수밖에 없는 유한한 생명체다. 이것이야말로 그 어느 누구도 거역할 수 없는 절대평등의 지상명령인 것이다. 그러므로 우리에게는 서로 아끼고 도와야 하는 천부적 의무가 부여되어 있다. 더구나 동일한 전통 속에서 동일한 언어를 사용하며 동일한 영토에서 더불어 함께 살아가는 같은 민족 사이라면 더 이상 무슨 말을 덧붙일 필요가 있겠는가.

2

꿈을 꾸기 때문에 삶이 고달파지는 건지, 아니면 삶이 고달픈 탓에 꿈을 꾸는 것인지는 잘 알 수 없는 노릇이긴 하지만, 나는 자주 꿈을 꾼다.

근래에는 엉뚱하게도 태곳적으로 되돌아가고픈 꿈으로 자주 몸살을 앓는다.

예컨대 프로이트는 개인의 심리적 발전단계가 인류의 역사와 대응한다고 일관되게 주장하였다. 이런 관점에서 그는 그의 저서《꿈의 해석》에서 "인간의 가장 심오하고도 영원한 본성은 … 어린 시절에 해당하는 선사시대에 두고 있다"고 언급하였다. 영국의 시인 윌리엄 워즈워스도 "어린이는 어른의 아버지"라고 읊지 않았던가. 이 말을 인류의 역사에 대입하여, 나는 원시인을 '현대인의 아버지'라 부르고자 한다.

그런데 '원시성'이란 과연 어떠한 것인가?

원시성은 인간을 하나로 껴안고 얼싸안게 만드는 힘을 분출한다. 따라서 '야만성'과는 대립적이다. 야만성은 모질고 거칠고 사나운 심성과 짝할 것이다. 무릇 야만인이란 뿔뿔이 떨어져나가 으쓱거리며 맞서고 서로 할퀴고 상처

내는 족속들을 가리킨다.

원시성은 순박하고 평온하고 자연을 닮은 됨됨이와 마음가짐 같은 것을 아우른다. 이를테면 원시성이란 야만적 품성을 일컫는 것이 아니라, '본연의', '최초의', '토착적인', '생래의', '가장 근원적인' 정도의 의미를 지니리라 짐작된다. 이런 의미에서 '원시인'은 살붙이처럼 더불어 함께 살아가며, 서로 아파하고, 서로 핥아주고, 서로 쓰다듬어줄 줄 아는 선량한 족속들이었을 것이다. 가장 근접한 공간에서 서로를 아끼고 서로를 귀하게 여기던 이 자연 종족들은 드넓고 아름다운 들녘에서 한가지로 어울리어 손잡고 북춤을 추었으리라. '평화 공존론'의 원조는 아니었을까.

어쨌거나 미개하나 천박하지는 않고, 야생적이지만 거칠지는 않은 심성을 원시성이라 할 수 있다. 그러하니 우리 모두는 원시인다운 순수한 영혼을 짝하기 위해 모름지기 '원시'를 향한 그윽한 향수로 자신들을 불지펴야 할 것이다.

원시에의 노스탤지어를 끊임없이 일깨우는 일은 우리 스스로 버리고 떠나온 자연으로 되돌아가기 위한 그윽한 몸부림의 하나일 수 있다.

이런 맥락에서 아메리카 인디언들을 '현대적 원시인'이라 부를 수 있을 것이다.

1492년 콜럼버스가 아메리카 신대륙에 첫발을 내디뎠을 때, 그곳에는 약 2,500만 명 정도의 인디언들이 살고 있었다. 멀쩡히 사람이 살고 있는 땅을 백인들은 신대륙의 발견이라고 우겨대었지만, 인디언의 입장에서 보면 그것은 명백히 침략이라고밖에 볼 수 없는 약탈행위였다. 이들 인디언들은 하늘을 아버지로, 대지를 어머니로 여기며 자연과 더불어 살아온 선량한 종족이었다.

자연적이며 영적이기까지 한 이들 인디언들의 이름짓는 솜씨도 대단히

CHO SANG. 06.

탁월하였다. '바람의 아들' 이란 멋진 사람이름이 있는가 하면, 아직도 미국에서는 그들을 박멸하고서도 인디언들이 사용하던 지명을 그대로 사용하는 경우도 적지 않다. 예컨대 구름 아래 가장 아름다운 동네라는 뜻을 가진 '맨해튼', 아침 인사로 쓰이던 '아이다호', 목초지라는 의미의 '켄터키', 나의 사랑스러운 친구라는 뜻의 '텍사스', 작은 섬이라는 뜻을 가진 '애리조나' 등 이루다 말할 수 없다. '시애틀' 은 한 인디언 추장의 이름이었다고 한다.

자연애호가이며 박물학자인 《동물기》의 저자 시튼(E.T.Seton)은 온 생애에 걸쳐 인디언에 관한 자료를 수집하여 《인디언의 복음》(*The Gospel of the Redman*, 김원중 옮김/두레 출판사)이란 책을 편찬하였다. 시튼은 생태계의 무차별적인 개발과 파괴를 특징으로 하는 서구문명의 한 대안을 수만 년 동안 자연과 조화로운 삶을 영위해 온 인디언의 삶 속에서 발견했다. 이 책 전편을 통해 시튼은 이른바 '야만인' 이라고 불리는 인디언이 실은 서구의 문명인들보다 더 훌륭할 뿐만 아니라, '원시적' 이라 경멸당하는 그들이 훨씬 더 원숙한 문명을 꽃피웠다고 역설한다.

이런 맥락에서 시튼은 인디언이야말로 "가장 좋은 의미에서, 그리고 글자 그대로의 의미에서" 사회주의자였다고 단정짓는다. 예컨대 백인 농부나 사냥꾼은 그의 농장이나 사냥터의 외딴 오두막에 격리되어 살지만, 인디언은 언제나 동족들과 함께 마을에서 공동생활을 영위한다는 것이다. 뿐만 아니라 모든 사회악의 뿌리라 할 수 있는 탐욕이 인디언 사회에서 불가능했는데, 혹시 전쟁이나 교역을 통해 어느 사람이 많은 재물을 획득하면, 그것을 적게 가지고 있거나 하나도 갖고 있지 못한 사람에게 공평하게 분배하는 것이 인디언들의 관습이었다고 한다. 그리고 땅은 종족에 속하는 것이므로, 어느 누구도 땅을 소유하지 않는데, 개인은 자신이 경작할 만큼만, 그리고 그의 집과 밭이 차지하고 있는 땅 만큼만 소유하도록 되어 있다는 것이다. 나아가 병들고 곤경에 처한 힘없는 모든 노인들은 부족의 보호와 지원을 받을 권리를 갖는데, 왜냐하면 이들 모두가 힘이 있을 때 공공의 안녕을 위해 이바지했기 때문이다(70쪽 이하).

이러한 인디언들이었기에 "탐욕에 눈멀고 이방 종족에 대한 경멸과 미신으로 영혼이 중독된" 콜럼버스조차도 스페인 왕과 왕비에게 다음과 같은 "공정한" 편지를 보냈다 한다.

"온 세상에 이 사람들보다 더 다정하고 더 온유한 사람들, 즉 더 좋은 사람들은 없다는 것을 전하께 맹세합니다. 그들은 이웃을 자기 자신처럼 사랑하며, 언제나 웃으며 이야기합니다."(129쪽)

몇 년 전 잠시 캐나다 밴쿠버에 머물 때, 인디언의 후예들이 만든, 일종의 문화적 연대기구 같은 것이 주최하는 축제를 찾은 적이 있었다.

그들은 강강수월래 같은 춤도 추고 북소리에 맞춰 노래도 불렀다. 억압당하고 착취당하던 기억이 배어 있어서인지, 부르는 노래들이 우리의 장송곡 비슷해서, 저런 단순한 곡조라면 나 같은 음치라도 흔쾌히 노래를 불러 젖힐 수 있을 듯했다.

갈색의 흔적이 피부에 짙게 밴 그들과 함께 얼마나 푸근하고 자연스러운 시간을 보냈는지 모른다. 어느 순간엔 나도 모르게 그들과 더불어 무의식적으로 몸을 흔들어대고 있는 자신을 발견하고는 깜짝 놀라기도 했다. 같은 원조의 후예라 피가 통해서 그런 건지, 도무지 헤아릴 길 없는 원시적 동질성과 연대감 같은 것이 영혼 속에 감도는 듯해서 무척 푸근했다. 그들이 도무지 남 같지가 않았다.

그러나 캐나다에는 분명 인디언의 후예인데, 이상비대증 환자처럼 보이는 사람들이 적지 않은 것처럼 보였다. 광야를 달리고 내닫지 못하면서 그냥 한자리에 주저앉아 사느라고, 쌓이고 쌓이는 살집을 주체하지 못한 듯이 보였다. 배에는 삼겹살이 주저리주저리 달려 있어, 어떨 때는 짐승처럼 보일 때도 있다. 이른바 문명화 과정에서 필연적으로 감내할 수밖에 없었던 육체적 병리현상인 듯했다. 이제 그들은 초원을 내닫는 대신, 체육관에 갇혀 춤추고 노래하는 자동인형 같은 존재로 전락한 것이다. 흑인과 결혼한 인디언의 후예는 아랍인처럼 보였다. 그리고 백인과의 사이에서 난 애는 아름다운 조화를 이루어, 미묘한 지성미와 야성미를 겸비한 뛰어난 인종처럼 느껴지기도 했다.

그러나 무슨 노래인지 알 수는 없었지만, 뭔가 찬송가 같은 노래를 부를 때는 모두 기립해서, 모자까지 벗고 엄숙하게 합창들을 하였다.

어느 날 저녁에는 어느 초등학교 개교 70주년을 축하하는 '원주민 축제'(*aboriginal fest*)에 간 적도 있었다. 이 학교는 전교생의 50%가 인디언의 후예였는데, 교정에는 평소에 인디언 천막까지 만들어 세워두는 배려를 아끼지 않았다. 공동체 축제(*community fest*)라 하여, 저녁식사도 무료로 제공되었다.

학부모도 가세하였는데, 교사들과 학생들이 함께 북을 두드리며 손잡고 춤추며 노래도 불렀다. 캐나다인들은 조상 섬기는 일에 둘째 가라면 서러워할 우리들보다 이민족의 전통에까지 더욱 짙은 애착을 기울이는 듯했다. 미국에서와는 달리, 이 캐나다에서는 이들 인디언의 후예들을 '원초 종족'(*first nation*)이라 칭하며, 이들과의 화합을 위해 여러 가지로 많은 노력을 기울이고 있었다. 혹시 내가 이 지역에 살았다면, 인간사랑을 배울 수 있도록 내 자식도 당연히 이 학교로 보냈을 것만 같았다.

3

인간의 삶은 어차피 눈물에서 시작하여 눈물로 끝난다. 물론 태어날 때는 자신이 울고 마지막은 다른 사람들이 울긴 하지만. 그러나 문제는 모든 인간이 자신에게는 끝이 있을 수 없지만 자기 이외의 다른 인간은 모두 죽는 것처럼 착각하는 데 있다. 그러나 우리 모두는 다 한결같이 '끝'이 있을 수밖에 없는 존재들이다. 사실 거창하게 '만민 평등론'까지 주워 섬길 필요도 없다. 이럴진대 어찌 옆인간에게 무심할 수 있겠는가.

따라서 우리 인간에게는 '인간적'인 자세가 가장 바람직하다.

모든 인간에게는 거부할 수 없는 단 하나의 공통점이 있다. 결국 인간들은 죽을 수밖에 없다. 그러므로 유한한 존재로서의 공동운명체로 함께 살아가는 인간들끼리 서로서로 격려하고 도우며 살아가야 한다. 이런 자세가 바로 '인간적'이다.

인간이란 어차피 자연에서 와서 더불어 자연으로 되돌아갈 피붙이 공동운명체 아닌가. 부귀한 사람도 빈천한 사람도 언젠가는 모두 자연으로 돌아간다. 흙이 되기는 매일반일 터인데, 어찌 조그만 눈앞의 이익을 탐해 그 허망한 싸움을 그칠 줄 모르는가.

이런 의미에서 이기주의는 비인간적인, 너무나 비인간적인 재앙의 불씨며 뿌리다. 인간의 이기심은 질투와 경쟁심이 만든 새장이다. 이기적 인간이야말로 자신의 값은 알지 모르지만 인간의 값어치는 전혀 알지 못하는 존재다. 남이 이기적이면 상습적인 것이고, 내가 이기적이면 불가피한 것이 된다. 그러나 이기적 인간은 남의 이기주의는 결코 감내하지 못한다.

인간을 가장 즐겁고 행복하게 만드는 것이 인간관계지만, 동시에 인간을 가장 괴롭히는 것 역시 인간관계다. 사람은 혼자서는 살 수 없다. 혼자 살 수 없기 때문에 인간은 서로 만나야 하는 것이고, 또 서로 돕고 기대며 살아야 하기 때문에 만남이 이루어지는 것이다.

우리는 길 위에서 만난다.

원래부터 이 세상에 만들어진 길은 존재하지 않는다. 길은 단지 만드는 것일 뿐이다.

만약 누군가 넘어졌다면, 그것은 뒤에 오는 사람들에게 걸림돌이 있음을 경고하기 위함이라 할 수 있다. 동시에 그는 앞서 간 사람 때문에 넘어지기도 한 것이다. 앞서 간 사람들이 비록 빠르고 자신만만하게 걸어갔을지라도, 그 걸림돌을 치워주지 않고 지나갔기 때문이다. 따라서 넘어지는 자는 걸림돌을 디딤돌로 만들어 가는 사람이기도 한 것이다.

비슷한 취지로, 백범(白凡) 김구 선생께서 조국 광복의 대장정 와중에 결단을 내려야 할 때마다 애송하였다는 서산(西山) 대사의 시구가 있다.

> 踏雪野中去 不須胡亂行 눈 덮인 광야를 지날 때는 모름지기 함부로 걷지 말라
>
> 今日我行蹟 遂作後人程 오늘 나의 발자국은 마침내 뒷사람들의 길이 되리니

비록 처음 만들어지는 길이 험상궂고 거칠다 하더라도, 아무도 밟지 않은 미끄러운 눈길이 오래오래 다님으로써 편안히 다져지듯이, 뒷사람들에게는 고르고 탈없는 대로가 될 수도 있을 것이다. 그러하니 썩어 문드러져 없어지기보다는 차라리 닳아서 없어지는 편이 더욱 탐탁하지 않겠는가.

인간의 타고난 숙명인 유한성과 허무의 굴레를 겸허히 받아들이면서, 그

럼에도 불구하고, 마지막까지 절체절명의 한계선을 향하여 내달음질치는 끝없는 꿈틀거림을 쉴 새 없이 되풀이하는 자세, 이를테면 넘어지면서 끝없이 다시 일어서고, 또 일어서면서 다시 끝없이 넘어지는 것, 그러면서 허허, 웃으며 옷을 툴툴 터는 마음가짐, 이것이 우리들 삶의 숭고한 의미 아니겠는가. 거듭 거듭 넘어지면서도 빼뚤빼뚤 한 발짝씩 한 발짝씩 걸음마 배우며 나아가는 한 살배기 아기들의 초인적 분투를 우리들은 겸허하게 배워야 할 것이다.

단군신화를 토대로 하여, 우리 민족의 사상 가운데 단연 으뜸으로 자리잡게 된 '홍익인간(弘益人間)' 정신이 태어났다.

홍익인간은 '신이 인간을 널리 이롭게 한다'는 뜻으로, 우리 민족은 이 사상을 나라를 다스리는 근본으로 여겼다. 이는 곧 '나'라는 개인보다는 내가 속한 공동체인 '우리'의 이로움을 도모해야 한다는 세계관을 낳았다.

이런 사상은 지금까지도 일상생활에 그대로 투영되어 있다. 우리는 일상적으로 쓰는 말에서도, 그 흔적을 쉽게 찾아볼 수 있다. '나의' 나라가 아니라, '우리'나라이며, '내' 집이 아니라, '우리' 집이라고 말한다. 남편들이 자기 부인을 말할 때도 '우리' 마누라라고 한다. 이 말을 가만히 따져보면 부인을 여러 사람이 공유하는 것처럼 들린다. 문법적으로는 분명히 틀린 말이지만, 홍익인간 사상이 낳은 언어적 표현임을 이해한다면, 이는 결코 틀린 말이 아니다.

그러나 특히 자본주의가 도입된 이래, 우리의 이념은 홍익인간이 아니라, '인간을 널리 손해보게 한다'는 뜻의 '홍손인간'(弘損人間)으로 바뀐 듯하다.

요컨대 '천상천하 유아독존' 식의 '사익(私益) 우선주의'가 기승을 부리고 있는 것이다. 그리하여 오늘날 사회구성원 상호간의 평등과 유기적 연대에 똬리를 튼 우리의 전통적인 공동체 의식이, 이기주의에 의해, 상처에 소금을 뿌릴 정도로 극렬히 할퀴을 당하고 있는 실정이다. '힘센 놈이 최고' 식의 자본주의적 자유경쟁 원리가 바로 그 토대를 튼튼히 구축하고 있지 아니한가.

그러나 송나라 초기 범중엄은 "참된 사대부는 마땅히 천하 사람들이 걱정하기 전에 먼저 걱정하고, 천하 사람들이 즐거워한 이후에 즐거워해야 한다"는 명제를 제시한 적이 있다. 그러한 명제가 이후 천 년 동안 동양의 사대부 정신을 대표하는 지표로 작용하였다 한다.

이러한 상황에서 나는 '원칙 없는 타협은 야합이고, 타협 없는 원칙은 독선'이라는 규범을 존중한다. 그에 입각해, 나는 하나의 현실적 대안으로서 '신 휴머니즘론'을 제시한다.

그리하여 내가 태어날 때 나는 울고 세상은 기뻐하였지만, 내가 죽을 때 세상은 울고 나는 기뻐할 수 있게 되길 희망하는 바이다.

새로운 휴머니즘을 위하여

역사적으로 볼 때, 앞으로의 세계는 개인의 자유를 옹호하는 '개인주의'와 개인에 대한 개입을 통해 공동체적 결속을 지향하는 '집단주의' 또는 '국가주의'의 대결로 점철되리라 예측된다.

이런 맥락에서 살피면, 세계사적 성감대인 한국사회는 지금 이중적 시련에 봉착해 있다고 말할 수 있다. 요컨대 한국사회는 복합적 '회복운동'을 과감히 전개하지 않으면 안 되는 갈림길에 서 있다는 말이다. 이를테면 상호 모순관계에 빠져 있는, 서로 얽히고 설킨 두 과업이 동시 해결을 촉구하는 사회적 문제로 자리잡고 있는 것이다. 곧 개체적 자유회복과 집단적 연대구축의 동시적 구현이 바로 그 과제다.

한국인은 작게는 가문, 혈연, 문벌, 학연, 크게는 지역공동체와 민족공동체에 이르기까지 그 규모에 따라 유형과 속성을 달리하는 다양한 공동체에 연루되어 그 집단의 자의식에 지배당하고 있다. 한마디로 한국인의 집단의식 혹은 '군집성'은 산업사회 내부에 온존되어 있는 전(前) 산업사회적 생활양식 및 의식구조를 일컫는다.

그러므로 그것은 문벌적, 족벌적, 붕당적, 향당적, 지방적 편협성을 극복 · 청산하지 못하는 소집단 충성심과 소집단 애국심이라 할 수 있다. 다른 한편 그것은 타 집단에 대해 가지는 불신, 경계심, 공포심과 자기집단에 대해 지니는 무조건에 가까운 아량, 이해심, 무비판적 종속감 그리고 무분별한 정실주의로 나타난다. 이를테면 가부장적 전통과 신분사회의 유습이라 할 수 있는 것이다.

문제는 바로 이러한 부정적 공동체의식이 전체 사회의 규범으로 작용한다는 점이다. 우리 사회에서 정치, 사회, 문화 등 이 집단의식이 침투하지 않는 영역은 거의 존재하지 않는다. 그리하여 모든 사회문제의 밑바닥에는 대부분 바로 이 부정적 공동체의식이 독기를 머금고 똬리를 틀고 앉아 있게 되는 것이다.

우리는 지금, 마치 유럽의 근대사에서처럼, 이러한 집단적 신분질서로부터의 개인의 해방, 즉 개체적 자유회복을 도모하지 않으면 안 된다. 우리는 그를 통해 비로소 합리적인 현대사회를 건설해나갈 수 있다. 그러나 우리는 동시에 인간적 공생과 민족적 연대를 회복하기 위해 개인의 진정한 해방 위에 우뚝 선 공동체주의에 호소하지 않으면 안 된다. 이 두 문제에 동시에 육박해 들어감으로써 우리는 인류사적 과제라고 말할 수 있는 자유와 평등의 동시적 구현에 근접할 수 있고, 또 그를 통해 근대성과 미래성을 동시에 추구할 수 있다. 우리는 요컨대 개체적 해방을 지향하는 개인주의와 집단적 연대 구축을 촉구하는 공동체주의를 동시에 추진함으로써 인간적 해방과 인간적 연대를 동시에 실현하는 균형잡힌 사회체제를 구축해 나가야 한다는 말이다.

그렇다면 어떻게 할 것인가?

우리 모두는 언젠가는 함께 이 세계를 같이 떠날 수밖에 없는 유한한 생명체다. 이것이야말로 그 어느 누구도 거역할 수 없는 절대평등의 지상명령인 것이다. 그러므로 우리에게는 서로 아끼고 도와야 하는 천부적 의무가 부여되어 있다. 그러하니 공동체를 더불어 가꾸어나가는 애틋한 협동 및 상부상조 정신, 이 공동체가 그 뿌리를 드리우고 있는 우리의 자연에 대한 숭고한 사랑, 그리고 이러한 인간과 자연을 서로 따스히 이어주는 푸근한 문화적 공감대를 심화시켜 나가야 하지 않겠는가? 이를테면 공동체주의, 자연주의, 문화주의를 복원해내는 것이야말로 우리의 역사적 소명이라는 말이다. 인간과 인간, 그리고 인간과 자연이 한데 어우러지는 삶을 가꾸어나가도록 우리는 극진한 정성과 노력을 아끼지 말아야 할 것이다.

이런 맥락에서 나는 자연과 인간, 인간과 인간, 과거와 현재와 미래의 조화를 추구하는 삶의 정신을 우리 시대의 '신(新) 휴머니즘'이라 일컫는다.

1) 자연주의

인간이란 어차피 자연에서 와서 더불어 자연으로 되돌아갈 피붙이 공동운명체다. 부귀한 사람도 빈천한 사람도 언젠가는 모두 자연으로 돌아가게 되어 있다. 흙이 되기는 매일반일 터인데도 조그만 눈앞의 이익을 탐해 그 허망한 싸움을 그칠 줄 모른다면 그것은 자연과 인간에 대한 원초적 배리다. 이런 의미에서 가장 비인간적인 것은 이기적인 삶의 태도라 할 수 있다.

예컨대 《뇌내혁명》이란 책으로 선풍을 불러일으켰던 일본의사 하루야마 시게오는 '활성 산소'가 유전자를 노화 및 질병으로 이끄는 악성인자라 규정한다. 그런데 그는 에고가 지나쳐 자기이익만을 탐하는 이기주의가 극성을 부릴 때 바로 이 활성산소가 대량으로 방출되어 명을 재촉하게 된다고 결연히 주장한다. 따라서 인간을 포함한 모든 생물체는 "개체로서가 아니라 종(種)으로서" 생명을 유지하지 않으면 안 된다고 촉구한다(《뇌내혁명》 3권, 완결편, 사람과 책 출판사 1999, p.51). 이를테면 이기주의란 의학적으로 볼 때도 자신의 생명조차 거스르는 반인간적이고 반인류적인 악습이라는 말이다.

우리 인간은 죽음이라는 절대 평등의 벽 앞에 더불어 함께 서 있을 수밖에 없는 유한

한 존재다. 그러므로 우리 인간은 이러한 허망한 절대평등의 울타리 안에서 서로서로 격려하고 도우며 살아가야만 하는 공동운명체다. 요컨대 우리는 초이기적 공동체주의와 공생주의를 지향해야 하는 것이다. 이를테면 우리는 개인의 사익보다는 집단의 공익을 우선하는 자세를 키워나가야 한다는 말이다.

특히 불우하고 핍박당하는 집단의 인간적 해방을 위해 헌신하라고 자연은 우리를 준엄하게 가르치고 있다. 이것이 바로 자연주의인 것이다.

2) 문화주의

역사발전은 결코 단선적이 아니다. 그리고 역사는 빛과 그림자를 동시에 간직한다. 밝음과 어둠이 서로 교차하면서 역사의 날줄과 씨줄이 짜이는 것이다. 그리하여 모든 역사발전 단계 속에는 어둠과 빛이 함께 뒤섞여 있을 수밖에 없다. 말하자면 어제의 어둠이 오늘의 빛이 될 수도 있고, 오늘의 밝음이 내일의 어둠으로 변모할 수도 있다는 말이다. 그리하여 혁명(*revolution*)과 진화(*evolution*)와 퇴행(*involution*)을 되풀이하는 것이 바로 역사의 흐름인 것이다.

요컨대 뿌리 깊은 전통 속에는 그 자체를 스스로 거부하고 극복케 함으로써 결국 새로운 세계의 문을 열도록 만드는 역사의 동력이 숨어 있는 법이다. 이를테면 전통이란 스스로를 키워나가려 하면서도 동시에 자신을 부인하는 끝없는 진통의 연속이다. 전통은 곧 진통인 것이다. 그리하여 전통은 이러한 진통을 통하여 미래에 꽃망울을 터뜨릴 씨앗을 자신의 내면 속에 동시에 품고 있다. 거목(巨木)도 처음에는 새싹이었다. 이를테면 전통이란 뿌리이자 새싹이라는 말이다. 바로 이러한 전통을 고스란히 품고 있는 그릇이 바로 문화라 할 수 있다.

예컨대 르네상스 휴머니즘은 어두운 중세가 막을 내리고 새로운 근대가 시작하던 세계사적 여명기를 이끈 힘이었다. 그러나 이 르네상스 휴머니즘은 고대 희랍사상의 재생과 재창조를 통해 탄생하였다. 이러한 사실은 바로 새로운 문화의 형성과 발전에 과거의 문화적 전통과 정신적 발자취가 얼마나 지대한 공헌을 하는가 하는 것에 대한 훌륭한 물증이 된다.

이처럼 문화 속에는 수천 년 동안의 갈고 닦음을 통해 다듬어지고 길들여진 가공할 잠재력이 내재해 있다. 이를테면 고유한 공동체적 동질의식과 일체감 형성을 촉진하는 원초적인 동력이 깃들여 있다는 말이다. 그리하여 문화는 특정 공동체 내부에서 인간적 결속과 유대감 증진의 괄목할 만한 수단으로 기능하는 것이다. 요컨대 문화는 인간을 서로 결속시키는 위력적인 단합의 무기가 될 수 있다는 말이다. 그러나 인간과 인간, 인간과 자연이 한데 어우러져 만들어지는 문화는 본래부터 시공을 초월한 인간적 동류의식을 본능처럼 담아내게 마련이다. 따라서 국제적인 화합과 인류적 연대의 지극히 효율적인 수단이 될 수도 있는 것이다. 문화란 곧 국제평화의 첨병이기도 하다는 말이다.

언젠가 나는 외국에서 가까운 벗들과 그리스 레스토랑에 들른 적이 있었다. 그리스 사람들끼리 모여 무슨 축제 비슷한 파티를 하고 있었고, 으레 희랍의 민속음악이 스피커를 타고 흘러나왔다. 그리고 자기들끼리는 그네들 민속춤이라도 함께 손잡고 추어대는 듯했다. 잠시 후 우리 한국 '여성 대표' 한 분이 드디어 춤판이 벌어지는 홀로 사뿐히 걸어나갔다. 그리곤 탈춤을 흔들어대기 시작했다. 그 춤사위가 또 얼마나 웅장한 것인가. 그랬더니 그리스 사람들은, 예의가 발라서 그랬던지, 한 사람씩 뒤로 물러서서 우리의 탈춤꾼을 위해 손바닥 장단까지 맞춰주었다. 오래된 농경민족의 애잔한 전통가락들이 한데 어우러졌던 탓일까, 결국 모든 식당 손님이 혼연일체가 되었다. 나는 거기서 그리스의 전통가락에 맞춰 훨훨 날던 우리의 탈춤을 보았다. 어디 그뿐인가. 우리의 풍물소리에 맞춰 신명나게 몸을 뒤흔들어대던 흑인의 몸부림도 본 적이 잦다.

이런 의미에서 전통문화는 '만국공용어'라 할 수 있다. 그리고 진정한 의미의 '세계동

포주의'(*Cosmopolitanism*)를 표방한다고 말할 수도 있다. 다른 한편 전통문화는 가장 민족적인 것이 가장 국제적이라는 것을 상징적으로 반증하는 존재이기도 하다.

나는 세계 민속음악 카세트 테이프를 사 모으다가, 한번은 대단히 흥미로운 곡 하나를 손에 넣은 적이 있다. 어느 라틴 아메리카 그룹이 작곡하고 연주한 그네들의 전통 타악기 음악이었다. 그런데 놀랍게도,〈모두가 하나의 종족〉(*All one tribe*)이란 작품제목이 달려 있는 게 아닌가. 나는 감탄을 금할 수 없었다. 얼마나 정확하고 탁월하고 멋들어지고 눈물겨운 제목이었던지. 이 지상의 모든 인간을 동일한 하나의 종족이라 여기고 또 그러한 길로 이끌어가고 싶어하는 전통음악 가락이었던 것이다. 어쨌든 전통문화는 민족적 특성 및 고유성을 잘 담아내면서, 동시에 진정한 인류적 유대를 위해 황야에서 외롭게 토해내는 절규 같은 것이다.

그러나 특정적인 고유문화는 경우에 따라 배타적이고 반인륜적이고 독선적인 상태로 전락할 수도 있음은 물론이다.

예컨대 이민족의 직접적 지배를 받고 있지는 않았으나 다수의 소국가로 민족이 분열되었던 독일 같은 곳에서는 지극히 특수한 문화적 민족관념이 발전하였다.

수십 개의 소국가로 분열되어 있던 독일민족은 무엇보다 프랑스 혁명과 나폴레옹 전쟁의 직접적 영향을 받아 19세기 초부터 민족통일을 강력히 추진하기 시작하였다. 독일의 경우는, 영국 및 프랑스와는 달리, 특히 민족국가의 건설이 일찍 수행되지 못하였기 때문에 자본주의의 발전이 제대로 이루어질 수 없었다. 말하자면 자본주의 발전에 결정적 장애요소가 되었던 관세, 화폐, 도량형 제도의 소 국가별 차이, 통일된 대규모 단일시장의 부재, 대단위 교통망 형성의 난관, 지역별 노동분업의 불가능, 통합된 교육정책의 미비 등이, 다시 말하면 부르주아계급의 강력한 국내적 경제기반 조성 및 해외시장 진출을 지원할 수 있는 통일된 민족국가의 부재가 곧 독일 후진성의 근본원인으로 작용하였던 것이다.

따라서 독일의 지배적 민족관념은 영국 및 프랑스의 그것과 상이할 수밖에 없었다. 독일에서는 통일된 공동체의식을 매개할 수 있는 자신의 고유한 국가나 여타의 정치적 수단이 존재하지 않았다. 곧 민족에 대한 소속감이나 통일된 공동체의식은 국가와 무관하게 발전하게 되었던 것이다. 그리하여 합리적이고 민주주의적인 제반원칙에서 이탈한 신비적이고 관념적인 '민족정신'(*Volksgeist*)에의 호소가 큰 흐름을 형성하게 되었다. 다른 말로 하면 개별적 소국가로 분열되어 있는 전 민족을 하나로 통합시킬 수 있는 공통적인 요소에 대한 강조에 그 역점이 놓일 수밖에 없었다는 말이다. 이는 자연히 문화, 언어, 혈연, 관습, 종교, 전통, 역사 등 복고적이고 객관적인 공통성에 대한 집착으로 연결되었다. 왜냐하면 바로 이 객관적으로 합의될 수 있는 공통요소의 고양만이 국가적 분열을 관념적으로나마 극복시키는 통일적 힘이 될 수 있다고 믿었기 때문이다.

한마디로 여기서는 독일의 세계적인 역사학자 마이네케의 지적처럼 '문화민족'(*Kulturnation*)관이 발달하게 되었던 것이다.

특히 혈통과 언어를 강조하는 문화민족의 원칙은 민족에의 소속 여부를 자연과 역사에 의해 규정된 운명으로 간주함으로써 자유주의적인 민족관념에 맞서 복고적 · 정서적 · 낭만적 · 비민주적 · 비합리적 · 집단적 · 결정론적인 경향성을 숨김없이 드러낸다.

따라서 이 문화민족 관념은 몇 가지 간과할 수 없는 문제점을 지니고 있다. 첫째, 한 민족 내부에 계급별 문화양식의 심각한 차별이 존재한다면, 즉 특권적 문화양식을 향유하는 계급과 그로부터 실질적으로 소외된 사회계급 사이에 극복할 수 없는 틈이 벌어져 있다면 문화적 공통성의 강조는 허구로 전락할 수 있는 것이다. 왜냐하면 예컨대 부르주아계급은 동일민족 프롤레타리아계급의 문화양식보다는 타민족 동일계급의 그것에 더욱 강한 유대감과 연대의식을 가질 수 있기 때문이다. 이럴 때 민족적 일체감을 정당화시키는 문화적 공통성의 고취는 무의미해질 수 있다. 둘째, 만약 문화의 개념이 지극히 고상하고 고차원적인 의미로 이해될 때, 이러한 문화를 소유할 수 있는 집단은 한 민족 내부의 소수 특권층에 국한

될 수밖에 없고 결국은 바로 이 소수가 전체 민족을 대변한다는 모순을 불러일으키기 쉽다. 역사적으로 볼 때 소수 지배계급의 문화가 민족문화의 정통성을 향유하는 경우가 예사로운 일이었음은 널리 알려진 사실이다. 셋째, 만약 한 민족의 문화적 우월의식이 집중적으로 강조될 때 문화적으로 후진적이라 인식되는 이른바 주위 약소민족의 민족적 존엄성과 자결권을 무시 · 억압하는 팽창주의적 문화제국주의가 출현할 가능성도 결코 외면할 수 없다.

이 문화민족 관념이 무엇보다 민족통일 및 민족국가 수립을 위한 민족적 일체감 형성에 지극히 유용한 정서적 호소력을 발휘한다는 것은 물론 거부할 수 없는 사실이다. 그러나 동시에 또한 앞에 지적한 그러한 위험성들을 물리치기 힘들다는 엄연한 현실 역시 결코 무시할 수는 없다. 예컨대 19세기 이후의 독일 민족사는 바로 이 잠재적 위험성이 실질적으로 표출되었던 역사적 체험을 보여주고 있다. 그 와중에 양차 세계대전까지 폭발하기도 하였다.

이런 의미에서 우리의 문화주의는 한 공동체 내부의 인간적 결속과 유대감 증진뿐만 아니라 인류적 단합과 국제적 화해의 심화를 동시에 지향하지 않으면 안 된다. 그를 위해 우리는 한편으로는 민족적 차원에서 문화적 고유성을 심화시키고 다른 한편으로는 국제적 차원에서 문화적 공통성 개발 및 교류 확대에 주력해야 할 것이다.

요컨대 문화적 전통 속에 내재해 있는 병든 뿌리를 잘라내면서 동시에 새싹을 올곧게 키워 거목으로 성장토록 이끌어나가는 것, 그것이 바로 문화주의인 것이다.

3) 공동체주의

사회주의란 과연 무엇인가?

우리는 사회주의를 보다 정의롭고 평등하고 행복한 인간적 공동생활의 최선의 형태가 무엇인가 하는 것을 끝없이 찾아헤매는 인간적 노력의 일환으로 폭넓게 이해할 수 있다. 이렇게 본다면 사회주의는 인간공동체의 생성과 그 궤를 같이하는 장구한 인류사적 전통을 지니는 이상의 하나로 해석할 수 있다. 이런 맥락에서 우리는 사회주의를 개략적으로 무엇보다 공동체 구성원 상호간의 집단적 평등수립을 추구하는 체제 및 이데올로기라 규정할 수 있을 것이다. 이를테면 사회주의는 본질적으로 개인과 개인, 개인과 사회 상호간의 '연대'(*solidarity*) 구축을 지향한다는 말이다.

우리의 공동체주의 역시 이와 유사한 정신적 전통에 입각해 있다. 공동체주의란 한마디로 인간공동체 내부에 집단적 연대를 수립하고자 하는 정신적 결의라 할 수 있다. 이런 의미에서 공동체주의는 원칙적으로 개인주의에 대해 부정적 시각을 지닐 수밖에 없다.

그렇다면 개인주의란 무엇인가?

한마디로 말해 개인주의는 자유주의의 철학적 기초다. 바로 이 개인주의가 자유주의의 기본가치인 자유, 관용, 기타 개인적 권리들의 내용을 규정하는 것이다.

일반적으로 개인주의는 두 개의 측면으로 나누어 살펴볼 수 있다. 그 하나는 '도덕적 개인주의'로서, 요컨대 "개인은 결코 수단이 아니라 언제나 그 자체 목적으로 대우해야 한다"는 식의 칸트의 명제 속에 잘 드러나 있다. 개인의 도덕적 본성에 대한 단호한 일깨움인 것이다.

다른 하나는 '존재론적 개인주의'라 부를 수 있는 것으로서, 사회를 단순히 개인의 집합으로 간주할 뿐만 아니라 사회의 성격 또한 개인의 성격에 의해 결정되는 것으로 믿는다. 말하자면 집단, 공동체, 제도, 조직, 문화, 정치과정 등을 개인의 결정 및 상호작용의 결과로 인식하는 것이다. 이처럼 자유주의적 개인주의는 인간사회 및 그 제도와 조직들보다 개인을 더욱 근본적이고 더욱 실질적인 존재로 여긴다. 뿐만 아니라 그것은 사회나 어떤 사회적 집단보다도 개인에게 더 높은 도덕적 가치를 부여한다. 즉, 개인은 사회 '이전에' 온다. 말하자면 개인의 권리와 요구는 사회의 그것보다 도덕적으로 우선하는 것이다.

한마디로 자유주의는 개인에 대한 두 개의 기본적 가정에서 출발한다. 자유주의는 첫째, 자신의 개인적 이해관계를 가장 정확히 판단할 수 있는 것은 개인이라는 믿음과, 그리고 둘째, 인간의 개별적 이해관계 사이에는 궁극적 조화가 가능하리라는 낙관적 확신을 갖고 있다. 이로부터 자연스러운 결론이 이끌려져 나오는데, 사회적 조화야말로 각 개인으로 하여금 자기 자신의 이해관계를 아무런 방해도 받음이 없이 자유롭게 추구하도록 방임함으로써 비로소 확보될 수 있다는 신념이 그것이다.

어쨌든 개인주의적 자유주의는 이러한 개인에 대한 신뢰와 개인적 이해관계의 자연적 조화가능성에 대한 믿음에 뿌리를 두고 국가와 사회를 바라보는 데 익숙해 있다. 그러므로 국가에 대한 적개심은 자유주의에 선천적인 것이다. 그러나 특히 20세기에 들어서서는 국가에 대한 자유주의적 공포가 극대화되어, 심지어는 사회민주주의적 사회정책이나 복지국가적 개입 등도 전체주의적 위험성을 품고 있는 국가경향으로 풀이하려는 움직임까지 있을 정도다. 자유주의는 이처럼 모든 공동체 이념을 개인적 자유와 개인의 자유로운 발전을 가로막는 장애물로 몰아치는 편협함을 보여주기도 하는 것이다.

그러나 자유주의적 개인주의의 주된 모순은 한편으로 그것은 칸트에게서 여실히 드러나듯이 개인을 '수단'이 아닌 '목적' 그 자체로 간주함으로써 개인적 권리의 평등을 널리 펴고 있으면서, 동시에 다른 한편으로는 개인을 이기적 존재로 옭아맴으로써 타인을 자신의 목적에 이용 가능한 수단으로 여기는 관념을 또한 널리 감싸고 있다는 사실이다. 이는 맑스가 말하는 '국가'안에서 '천국적 삶'을 누리는 인간과 부르주아 '사회'에서 '지옥적 삶'을 살아가는 인간 사이에 내재하는 이중성과도 맥락이 닿는다. 요컨대 국가의 차원에서는 '목적'으로 대접받지만 사회의 영역에서는 '수단'으로 취급당하는 자본주의적 인간의 이중적 모습이 여기에 그대로 투영된다는 말이다.

예를 들어 아담 스미스(Adam Smith)의 '보이지 않는 손'(*invisible hand*) 개념은 원래 각 개인이 자신의 이기적 이해관계만을 충실히 뒤쫓게 되면 결국에는 서로의 이해가 자연스럽게 조화를 이루게 되고 이윽고는 전체 사회의 공공복리를 증진시키는 결과를 빚게 된다는 믿음에 바탕을 두고 있다. 이 신조는 개인적 이기주의의 빼어난 기능과 거두게 될 그 빛나는 성과를 동시에 높이 기림으로써 결과적으로 개인과 개인, 개인과 사회 간에 멋들어진 조화가 만들어지리라는 낙관을 전파하고 있는 것이다. 그러나 자유주의가 닻을 올릴 무렵부터 이미, 바로 방금 언급한 개인주의의 예상 가능한 모순을 극복하는 장치로서 '보이지 않는 손'과 같은 추상적 매개물에 호소할 수밖에 없었다는 것은 암시하는 바가 적지 않다. '보이지 않는 손'이란 사실상 그러한 손이 없다는 것을 의미한다.

자유주의적 개인주의는 개인적 평등과 개체의 존엄성을 힘껏 치켜세우긴 하지만, 실질적으로는 개인과 개인 간의 이기주의적 갈등과 충돌을 그 숙명적 동반자로 삼을 수밖에 없는 근본적 한계를 지니고 있다. 이러한 측면과 관련지어 어느 탁월한 비판적 자유주의 성향의 학자는 개인주의의 맹점을 다음과 같이 날카롭게 찌르고 있다.

> '개인'의 개념은 본질적으로 보편적이고 '평등적'이다. 개인으로서 우리 모두는 평등한 존엄성과 평등한 권리를 향유하는 평등한 존재다. 따라서 개인주의의 이러한 평등주의적 속성을 좇는다면 우리는 높은 수준의 사회적 · 경제적 평등을 요구할 수 있다. 그러나 그 최소한의 요구는 기회의 평등 정도이다. 그러나 이것조차도 실제로는 재산권, 부의 축적과 양도 따위를 건드릴 수 있기 때문에 자유주

의의 한계를 뛰어넘는 것이 된다. 강조하건대, 사유재산이 개인적 자유의 굳건한 토대를 제공한다면 모든 개인은 그것을 함께 '나누어야만' 한다. 그러나 자유주의자는 재산의 수용이나 강제적 재분배, 또는 흔히 평준화라 불리는 어떠한 형태의 시책에 대해서도 결코 달가워하지 않았다.

현실적 대안 : 복지국가 체제

우리 시대의 역사적 발전과정은 '자유 속에서의 평등 구현'을 그 최고의 이상으로 하는 단계에 계속 머물러 있다. 그러나 언제까지 이 단계가 지속될 것이며, 또 그것이 어떤 방식으로 지양될 것인가 하는 것에 대해서는 지금 아무도 명확히 예측할 수 없다.

어쨌든 평등을 가치로 내건 사회주의 사회의 출현은 개인주의에 뿌리내리고 있는 자본주의적 '호랑이의 자유'에 대한 전면적 도전이었다. 그러나 그것은 결국 '앵무새의 평등'으로 막을 내렸다. 자본주의의 '평등 없는 자유'를 뒤쫓는 긴장된 추격전은 결국 국가 사회주의의 '자유 없는 평등'으로 끝맺음하게 되었던 것이다. 사회주의권의 몰락은 바로 이 '자유 없는 평등'의 좌절을 의미한다.

우리들 앞에는 해결을 촉구하는 수많은 문제들이 쌓여 있다. 자유와 평등은 서로에게 상처를 입히지 않고서는 그 실현이 도대체 불가능한가? 만약 그렇지 않다면 자유와 평등이 서로 손을 맞잡을 수 있는 접점은 과연 어디에 있는가? 그리고 자유와 평등을 동시에 극대화할 수 있는 민주주의 전략은 어떠한 것이며, 또 그것은 어떻게 이루어질 수 있는가? 그것은 과연 가능할 것인가?

오늘날 '혁명'이 유실된 틈새를 헤집고 신자유주의의 유령이 전 세계를 배회하고 있다. 이러한 현실세계에서 그래도 실현 가능한 사회적 평등의 구현수단으로 과연 무엇이 남아 있겠는가? 복지국가 체제 정도가 아닐까 한다.

복지국가는, 마샬(Marshall)의 주장처럼, 이미 18세기에 확보된 '인권'(언론, 결사, 집회의 자유, 법 앞의 평등 등 개인적 자유)과 19세기에 획득된 '정치적 권리'(선거권 등 정치적 자유)에 20세기에 들어와서 쟁취된 '사회적 권리'(의무교육, 연금, 의료보험 등 사회적 복지)가 덧붙여진 국가형태라 할 수 있다.

다르게 표현하면, 복지국가는 '자유주의 국가'(*liberal state*)와 '민주주의 국가'(*democratic state*)의 타협의 산물이라 할 수 있다. 자유주의 국가는 자본주의적 사회관계의 기초를 파괴하지 않는 한도 내에서, 즉 노동의 상품적 성격을 보존하는 범주 안에서 사회정책을 시행한다. 반면에 민주주의 국가의 분배논리는 정반대다. 민주주의 국가에서는 개인은 불균등한 가치를 대변하기보다는 평등한 시민으로 만난다. 따라서 민주주의 국가는 노동시장에서의 지위와는 상관없이 개인 및 가정으로 하여금 정상적인 생활수준을 유지할 수 있도록 만드는 수단을 공급하기 위해 끊임없이 노동을 탈상품화하고자 '위협'하는 것이다.

한마디로 복지국가는 불평등을 바탕으로 하는 자본주의 경제와 평등을 촉구하는 정치적 결단의 결합이라 할 수 있다. 그리고 그것은 본질적으로 대립적일 수밖에 없는 이 두 요소 사이의 적절한 균형을 통해 소득과 부의 분배, 그리고 소득증대와 경제적 안정의 면에서 시민들에게 보다 바람직한 결과를 제공하기 위해 노력한다. 그러나 시장의 논리와 그에 대한 정치적 통제 사이에는 항상 긴장과 갈등이 뒤따른다. 이렇게 볼 때 시장 메커니즘에 대한 통제의 폭이 얼마나 넓은가 하는 것이 일반적으로 복지국가가 제공하는 복지의 수준이 얼마나 높은가 하는 것을 규정하는 기준이 된다. 복지국가의 다양한 유형도 실은 이 두 요소간의 힘의 역학관계에 좌우된다고 말할 수 있다.

그러나 가장 심각하고 중요한 문제는 오늘날의 현실에서 이러한 복지국가 체제를 뛰어넘는 바람직하고 현실적인 대안이 과연 무엇인가 하는 점이다.

비가 올 가망이 없을 때는 '낙관적 신념을 불태우며' 마냥 하늘을 바라보고 서 있기만 하는 법이 아니다. 오히려 허리를 굽히고 땅, 땅을 파야 한다.

그러나 이러한 시점에서 우리의 자세는 어때야 하겠는가?

여우도 물을 건너려 할 때는 먼저 그 꼬리부터 물 속에 담가본다고 한다. 비슷한 목소리로 시경(詩經)은 "시작을 잘 하지 못하는 사람은 없어도 끝맺음을 잘 하는 사람은 드물다"고 읊고 있다. 명심할 일이다. 시작하기는 쉬워도 끝맺기는 어려운 법이다.

사막은 어딘가에 샘을 숨기고 있기 때문에 아름다운 것이다. 그러나 그 샘을 찾아야 한다.

1997년 대통령 선거에서 나에게 가장 인상적이었던 선거구호 중의 하나는 바로 '준비된 대통령'이라는 김대중 후보의 외침이었다. 하기야 아무런 준비도 없이 태연히 대통령 후보로 나설 배짱 좋은 사람이 이 지구 위 어디엔들 있을 수 있겠는가만, 가장 높은 자리라는 대통령 직책을 위해서도 '준비'가 필요하다면 우리들 밑바닥 인생들에게는 그보다 수천 수만 배의 준비가 필요할 것임은 불 보듯 뻔한 일이다. 하나 도무지 그렇지 않다.

8·15 이후 오늘날까지 우리 사회를 줄기차게 지배해온 규범이 있다면, 그것은 한마디로 '빨리 빨리, 하지만 아무렇게나' 정신이라 할 수 있다. 이러한 '졸속의 원리'는 조그만 도로공사에서부터 크게는 국가의 운명을 좌우할 중대한 정책결정에 이르기까지 사회와 나라 구석구석에 스며들지 않은 곳이 없다.

요컨대 '후딱후딱'과 '대충대충' 이데올로기가 바로 우리의 정치이념이자 생활철학이었던 것이다. 어디 그것뿐이었겠는가. 우락부락한 한탕주의가 또 그 옆자리에 근엄하게 똬리를 틀고 앉아 있기 일쑤였다. 예컨대 백여 년 전에 일본 사람이 만들어놓은 한강대교와 충무 해저터널은 아직도 끄덕 없이 건재하고 있다. 그런데도 가령 《일본은 없다》라는 책이 베스트 셀러가 되어 우리의 독서시장을 휩쓸었던 우리의 과거를 어떻게 해석해야 할까.

이런 취지에서 나는 우리의 '신 휴머니즘'을 보다 굳건히 추진하기 위해 새로운 구호 하나를 간곡히 제창하는 바이다.

요컨대 "물 한 모금 마실 때도 목숨 바치는 자세로 임하면 만사형통이다!" 이것이 바로 그것이다.

산방비곡(山房悲曲)

박호성

산불이여 타라
마른 가지 활활 타올라
끝없이 타올라
불빛 바라보는 불빛 같이 고운 눈
하늘 우러러
멀고 먼 곳

물소리 차가워
님처럼 차가워
한숨마저 뜨겁고
천년 동굴을 맴돌아 울려오는 소리
가슴은 찢기고,

먼데 하늘은
아직도 불타올라
푸른 꿈
어지러워도

서낭당 쌓이는 돌
또 하나 얹고
하얀 길 백리라
타는 길 천리라도
마다할까만,

촛물 녹아 흐르는 밤
산방(山房)은
슬픈 노래